상위 1%

Smart BRAIN

그들만 알고있는

성공의 비밀

그들에게는
있고
나에게는
없는 것

에프런 테일러 · 에머슨 브랜틀리 **지음** | 황소영 **옮김**

남다른 시각으로 접근하고
창의적인 생각으로 도전하라

 오늘의책

상위 1%

Smart BRAIN

그들만 알고있는

성공의 비밀

: 그들에게는
있고
나에게는
없는 것

초판 1쇄 인쇄 2014년 09월 26일
초판 1쇄 발행 2014년 10월 06일

지은이 | 에프런 테일러, 에머슨 브랜틀리
옮긴이 | 황소영
펴낸이 | 박영철
펴낸곳 | 오늘의책

책임 편집 | 김정연
표지디자인 | 송원철
본문디자인 | 류승인

주소 | 121-894 서울 마포구 잔다리로7길 12 (서교동)
전화 | 070-7729-8941~2
팩스 | 031-932-8948
이메일 | tobooks@naver.com
블로그 | blog.naver.com/tobooks

등록번호 | 제10-1293호(1996년 5월 25일)

ISBN | 978-89-7718-377-3 03320

상위
1%

Smart
BRAIN

그들만 알고있는

성공의
비밀

에머슨 브랜틀리의 서문

2005년 10월 나는 이메일 한 통을 받았다. 부동산을 개발하고 거래하는 일을 도와주기 바란다는 내용이었다. 그의 사업계획은 그리 훌륭하지 않았다. 그러나 15분쯤 뒤에 그로부터 이메일을 또 받았다. 그는 자신이 어떤 사람인지 좀더 자세하게 설명했고 어떤 일들을 성취해왔는지 밝혔다. 그러면서 앞으로 열다섯 달 동안 국가 마케팅 프로그램을 개발하는 데 참여해줬으면 좋겠다는 바람을 적었다. 나에게 이 이메일은 특별하게 느껴졌다. 전에 단 한 번도 개인적으로 만나거나 대화해본 적이 없는 사람이 "2006년 말까지 함께 일했으면 좋겠습니다"라는 메시지를 보내온 것이기 때문이다. 나는 그 제안에 관심을 갖게 되었다. 그와 대화해보고 싶었다. 그는 미쳤거나 자신의 대담성을 강하게 어필하고 싶어 하는 사람일 것이라고 생각했다. 그렇지 않다면 직관과 결정력이 매우 뛰어난 사람일 것이다.

그와의 첫 통화에서 나는 그가 미친 것이 아님을 알았다. 나에게 강한 인상을 남기려는 것도 아니었다. 그는 직관력이 매우 뛰어나고 결정력 있는 사람이었다. 목표에 대한 그의 생각은 매우 명확했으며 30여 년 동안 내가 함께 일해본 어떤 백만장자들보다 뛰어난 사업적인 예리함을 지니고 있었다. 그리고 이제껏 일을 하며 만나본 사람들 중 가장 진실한 사람이었다.

에프런은 흑인이며 이제 막 스물세 살이 된 청년이다. 나는 마흔여덟 살로 중년에 접어든 백인이다. 그러나 어떤 것도 그와 나 사이에 문제가 되지는 않았다. 에프런은 나의 웹사이트에 방문한 것만으로 내가 바로 자신이 원하던 사람이라는 것을 느꼈다고 했다. 그리고 나와 함께 사업을 계획할 결정을 했다는 것이었다. 그의 이러한 특별함은 그와 같은 나이인 나의 딸들에게도 인정받았다. 나는 그가 가지고 있는 비전의 잠재성을 바로 알아보았다. 더 중요한 것은 노력을 아끼지 않고 자금을 마련하며 자신의 목표를 향해서는 무엇이든 할 수 있는 열정을 가진 사람이라는 것이다. 그 특별함에 나는 서명을 했고, 몇 달 지나지 않아 우리 회사에 문을 두드린 다른 장기 마케팅 고객을 '거절'했다.

그렇다면 에프런이 이렇게 끈질기게 매달린 이유는 무엇이었을까? 일반적인 사람들의 기준에서 에프런 테일러의 성공은 검증받지 못했다. 그는 열두 살에 그의 첫 번째 회사인 '플레인 소프트웨어'를 창업하여 3D 비디오게임을 만들었다. 열여섯 살에는 마이크로소프트사에서 후원하는 '10대 청소년 기술 페스티벌(Teen TechFest Challenge)'에서 우승하였고 1000달러의 상금으로 10대 청소년을 위한 엔진을 찾는 일을 시작하였다. 그 후 그는 '커프먼 센터 사업가 리더십 재단'에서 장학금을 받았고 그 돈을 그의 사업 기술을 개발하고 연마하는 데 썼다. 그는 개인적으로 25만 달러 이상의 자금을 유치했고 그의 웹사이트인 GoFerretGo.com은 〈영비즈(YoungBiz)〉 잡지에 '10대가 운영하는 100대 기업' 중 4위 안에 드는 매우 성공적인 회사로 자리매김하였다.

에프런은 그 후 교회 일에 관심을 돌렸다. 자기 아버지의 교회를 모델로 삼아 교회에 들어오는 기부금을 지역사회에 투자하는 일을 시작했다. 예를 들어 재활 시설에 대한 부동산 투자 같은 것이었다. 그는 10여 년 동안 자본시장 흐름에 따라 돈을 벌거나 교회 통장에 예금하여 은행으로부터 이자를 받았다. 이때 그는 열아홉 살이었다.

그는 여러 교회를 다니면서 관리 업무와 재정 관리에 대해 가르치고, 또 단순하게 돈을 거둬들이는 것보다는 지역사회에 베풀면서 재정을 늘리는 방법에 대해 알리기 시작했다. 교구 재정을 사용하여 지역사회에 공헌하거나 교회의 신용으로 부동산을 매입하여 현금 흐름을 원활하게 하고 자산을 확보할 수 있도록 도왔다. 몇몇 시의원들은 이들의 움직임을 인식하기 시작했다. 그리고 그들의 여분의 재산을 (다른 투자자들은 더 큰돈을 위해 무시해버리는) 도시 가정의 재기를 위해 제공하기 시작했다. 사람들은 이런 생각을 갖기 시작했다.

"나의 돈과 신용을 내 교회를 위해 사용하고 싶어요. 그렇지만 내 노후를 위해 어느 정도 이익도 얻을 수 있을까요?"

이것은 오늘날 '시티캐피털사(City Capital Corporaion: CCCN)'에서

계속해서 발전시키고 있는 투자 프로그램의 시작이었다.

이러한 생각들을 확장시켜 4년 뒤인 2006년 봄, 에프런은 미국 전역과 해외를 무대로 하는 억만 달러 공기업 CCCN의 CEO가 되었다. 스물셋에 그는 최연소 미국 흑인 공기업 CEO로 기록되었다. 그는 많은 찬사를 받았고, 1999년에는 '미국의 미래 기업 리더' 주 챔피언과 국가 챔피언이 되었다. 그리고 2002년, 캔자스의 '올해의 기업가 상'을 받았다. 에프런은 또한 주택 문제와 도시 지역사회의 재정 자급 문제, 국내 시장 현황 등에 대해 정부 심사위원으로 일할 것을 제의받았다.

에프런 테일러는 공격적이고 선경지명이 있는 접근법으로 모든 일을 실행하고 능력 있는 개인들을 영입하여 강한 팀을 만들며 그들을 전폭적으로 신뢰하여 비전을 현실로 만드는 능력이 있다. 오늘날 그의 팀은 재정, 마케팅, 개발 등의 225년 이상 된 사업 분야에서 대표적인 기업으로 자리매김하고 있다.

이 책을 쓴 저자 에프런 테일러는 지금 스물네 살에 불과하지만 생물자원 연구와 지역개발 그리고 투자 프로그램 등에 관한 수백만 달러 규모의 기업체를 운영하고 있다.

시티캐피털의 임무인 '지역사회를 강화시키기 위한 사회적 의식이 있는 투자'는 본래 근로자 가정에 주택을 제공하는 일에 중점을 두었지만, 지금은 그 비전이 확장되어 재생 가능한 자원을 개발하고 다른 나라 사람들에게도 혜택을 미칠 수 있는 일로까지 발전시키고 있다. 에프런이 운영하는 이 기업은 비록 영리를 추구하는 회사이나 그 뿌리는 자선에 두고 있고 지속적으로 회사의 상당한 이익을, 많게는 회사 이익의 40퍼센트에 해당하는 금액을 지역사회에 환원하고 있다. 시티캐피털은 지역사회, 주 정부, 연방 정부, 지역단체, 교회, 대학과 연계하여 사업을 추진한다.

에프런 테일러의 이야기와 사회적 의식이 있는 기업 목표는 지역 및 전국 미디어의 관심을 끌기에 충분했다. 그는 종종 CNBC의 〈빅 아이디어(Big Idea)〉와 폭스 뉴스 〈불스 앤드 베어스(Bulls & Bears)〉의 '톰 조이너의 모닝 쇼'와 같은 방송에 기업 전문가로서 출연을 요청받고 있다. 그는 수많은 대학과 기업체에서 기조 연설자로서 강연을 하고, 일류 집단이라고 할 수 있는 '월스트리트 경제 정상 회의'와 '국회 흑인 의원 회의' 등에서 정기적으로 연설하기도 했다.

그는 학부 과정을 마치지도 않았지만 대학 경영학과 수업과 고등학교, 청소년 그룹 그리고 미국 전역의 청소년 기관 등에서 가장 인기 있는 강연자이다. 에프런 테일러는 전당대회의 큰 강당에서부터 어린 이들과 10대들을 위한 작은 교실에 이르기까지 모든 연령대를 대상으로 강의를 한다. 미국의 수도 워싱턴에서, 그리고 월스트리트에서 주택 문제와 경제 성장에 대한 국가 심사위원으로서 강연을 하였다.

에프런 테일러는 투자가와 대기업 고위 경영자, 경제개발그룹 위원회, 정부와 지역사회 리더, 심지어는 국가 원수와 같은 이 사회의 정상들을 이끄는 인물이다. 그의 '도시 번영 투어(Urban Wealth Tour)'는 2007년에 15개의 도시를 방문하였다. 그곳에서 그는 경제 능력에 대한 메시지를 미국 전역에서 온 청중들에게 강연하며 정부의 도시개발 계획이 교육적이며 비영리를 목적으로 하는 긍정적인 개발이 되어야 한다고 역설했다.

2007년 4월 에프런은 미국에서 가장 오래된 흑인 대학인 체이니 대학에 '에프런 테일러 2세 경영학교'를 설립하여 도시의 청소년들에게 현실적인 사업 경영 기술을 가르쳤다. 그는 젊은이들과 소통하고 그들이 성공할 수 있는 길을 찾아주는 일에 관심을 쏟고 있다. 그는 미래의 리더와 기업가, 고용인 그리고 현재 이미 비즈니스 세계에 뛰어든 이들에게 그 자신을 세계적인 기업가로 만들어준 생각과 통찰력을 제공하고 있다.

에프런 테일러는 아직 젊지만 비즈니스 세계에서 존경받는 인물이다. 성공한 많은 기업가들 중에서도 에프런이 특히 주목받는 이유는 그가 지역사회를 발전시키고 상대적으로 기회를 적게 가진 사람들의 삶을 향상시키는 데 힘을 쏟기 때문이다. 지역사회에의 환원과 자선사업을 지원하는 프로젝트는 그의 1/4분기 손익계산서의 사업계획에서 한 부분을 차지한다. 에프런을 잘 아는 사람들은 이러한 깊은 신념과 헌신을 보고 그의 성공을 "고정관념을 뒤집은 성공"이라며 높이 평가한다.

에머슨 브랜틀리 3세(W. Emerson Brantly III)

작가의 말

시작하기 전에 독자들에게 말해두고픈 두 가지가 있다. 하나는 이 책에 대한 것이고, 다른 하는 나에 관한 것이다. 나는 대부분의 사람들이 나의 이야기를 들어보지 않았다는 사실을 깨달았다. 그러나 괜찮다. 왜냐하면 지금 당신이 읽고 있으니까!

나는 열두 살 때부터 일을 해왔다. 세상으로부터 좋은 평판이나 명성을 얻기 위해서가 아니라 단지 사업을 일구기 위해서 일을 시작했다. 사업은 성공적이었고 많은 수익을 창출했으며 사람들의 삶을 향상시키는 데 일조했다. 이 책에서 나는 이 길을 걸어오면서 내가 경험했고 삶을 통해 계속적으로 증명해왔던 진리라고 할 수 있는 사업과 삶에 대한 나의 철학을 나누고자 한다. 어떤 일에 도전하여 목표를 성취하기 원한다면 나의 이 원칙들이 도움이 될 것이다.

이 책을 통해 독자들은 교육을 비롯한 많은 분야에 대한 영감을 얻을 수 있을 것이다. 저마다 다른 환경들이 독자들 각자가 받을 영향을 결정할 것이다. 사람은 자신의 마음과 삶의 경험들을 통해 주변에 있는 모든 것을 걸러내려고 하기 때문이다. 결국에 나는 '나의 인식이 바로 나의 현실'이라는 것을 배웠다. 나는 여러분이 이 책을 읽기 전에 이 점을 깊이 생각해보았으면 한다. 이러한 우리의 성향에 대해 나중에 다시 다루겠지만, 지금 이 순간 여러분 자신에게 자문하기 바란다. 지금까지 나의 인식이 내 현실을 어떻게 만들어왔는가? 오늘날 내 주변에 있는 모든 것들을 어떻게 여과시키고 있는가?

그러면 나는 누구이기에 독자 여러분에게 자신 있게 이런 이야기를 하고 있는 걸까? 나는 남자다. 더구나 젊은 남자다. 나의 이름은 에프런 테일러 2세이다. 나는 에프런 테일러 1세와 다이앤 테일러의 아들이다. 나는 각각 네 살 터울의 두 형제, 마크퀘스트 테일러와 케드런 테일러의 형이다. 나는 미셸 테일러의 남편이다. 그리고 에프런 3세와 매디슨 엘리제 테일러의 아버지이다. 이 책을 쓰고 있는 현재, 나는 막 스물네 살이 되었다.

사람들은 수년 동안 나에게 바보, 얼간이, 몽상가, 신동, 천재, 똑똑한 사람, 행운아와 같은 많은 수식어를 붙여주었다. 또한 언론에서도 나를 '전자 화폐' 그리고 '전자 억만장자' 등과 같은 별명으로 불렀다. 나는 부유한 엔지니어 내지는 거물급 행동주의자로 지칭되었고, 그 수많은 수식어 중에서도 특히 '아무도 할 수 없는 일을 이루어내는 실행 능력을 가진 대단한 공상가', '힙합 세대의 워렌 버핏' 그리고 '살아 있는 흑인 역사'라 불렸다. 또한 흑인이면서 똑똑하거나 성공하는 일은 일어날 수 없는 일이라는 편견에 따라 나의 성공 이야기가 사실

적이지 않고 진짜가 아니라는 비난을 받기도 했다. 나는 모욕적인 말들도 많이 들었지만 대개는 무덤덤하게 받아들였다. 그리고 또한 나에 대한 칭찬들도 나에게 영향을 끼치거나 내 앞길을 가로막게 하지는 않았다.

나는 설교자이자 선생님, 사업가, 기업 소유주, CEO, 대표이사, 자본 조달자, 개발가 그리고 연설가 등등의 역할을 해왔다. 나는 많은 회의에 토론자와 연설자로 초청받았고 많은 라디오와 텔레비전 프로그램에 출현했다. 수많은 잡지와 신문 사설, 그리고 아마도 다 세자면 수천 개는 될 기사들이 나와 나의 성공에 대해 다루었다. 수만 개의 웹페이지 기사는 말할 것도 없다.

열아홉 살 때부터 내 관심사는 개인과 회사와 교회를 연결시켜 서로 풍족하게 부를 쌓아 올리도록 하는 일이었다. 나는 월스트리트 이사회와 로스앤젤레스, 알래스카 앵커리지, 캔자스 위치토, 조지아 매컨을 비롯한 미국 전역의 여러 도시와 마을들을 고객으로 두고 있다. 힙합 아이콘인 스눕독과 같은 유명인들과도 함께 일하고 있다.

성공하기까지 나는 수백만 달러를 벌기도 하고 잃기도 했다. 그리고 도시 전체의 이미지를 바꾸는 일을 돕기도 했다.

나는 내가 춤을 잘 못 춘다는 것과 노래를 부를 때 음표도 잘 볼 줄 모른다는 사실을 꽤 빨리 알아차렸다. 미식축구에 소질이 있었지만 척추측만이라는 진단을 받아 전국 미식축구리그에 프로 선수로 나갈 수도 없게 되었다. 이런 상황에서 많은 흑인 10대들은 자신들을 성공으로 이끌어주는, 그들의 법적 선택권을 쉽게 포기해버린다.

그러나 나는 성공하기 위해서는 무슨 일이든 할 수 있다는 그 생각에 동의하지 않았다. 나는 희생양이 되는 것을 거부했다. 다른 누군가를 위해 일하는 것은 싫었다. 그리고 정부가 나와 우리 가족에게 빚을 지고 있어 우리를 위해 무언가를 해주어야 한다는 생각도 하지 않았다. 나는 훌륭한 부모님 덕에 내가 목표하는 모든 것을 스스로 이룰 수 있다는 사실을 잊지 않았다. 이런 나의 신념과는 다른 말을 하려고 하는 광대들, 정치인들, 그리고 방송 매체에 나오는 유명인들의 말에는 귀도 기울이지 않았다.

동기 부여 강사들은 "내가 할 수 있다면 당신도 할 수 있다"란 말을 한다. 이 말에는 많은 사실들이 담겨 있다. 그 중에서 가장 중요한 핵심이며, 그러나 사람들이 자주 빠뜨리는 부분은, 우리는 우리가 생각한 대부분의 일들을 할 수 있는 능력이 있지만 의식적으로든 무의식적으로든 성공으로 이끌어주는 일들을 포함하여 대부분의 일들을 하지 않으려 한다는 것이다. 나는 이 책에서 그것을 증명해 보이려 한다. 바로 우리의 생각이 우리를 성공으로 이끌어주고 모든 것을 가능하게 해준다는 사실을 말이다.

때때로 이러한 선택은 단지 우리의 선호도, 예컨대 "나는 생계를 위해 햄버거나 뒤집고 있지는 않을 거야"와 같은 결심에 의해 결정된다. 그리고 때로는 자신 안에만 머물러 성공에서 한 걸음 물러나 있기도 한다. 그러나 밖으로 나가 자신이 피하고 싶었던 내면의 문제들에 직면했을 때 우리는 성공을 향해 나아갈 수 있다.

■■■ 진정한 성공은 자신의 재능과 삶에 대한 열정 그리고 자기 안에 잠재되어 있는 유일성과 같은 내면의 섬광을 발견했을 때 시작된다.

우리 각자에게는 특별한 재능이 있다. 그 재능을 어떻게 사용할 것인지는 우리의 마음에 달렸다. 그러니 도전하라!

Contents

에머슨 브랜틀리의 서문	5
작가의 말	11
포기 성명서	18

1. 지금 있는 곳에서 시작하라 — 23

자신에게서 벗어나라	26

2. 자기 삶을 책임져라 — 31

변명의 블랙홀	36
변명 1: 나는 돈이 없어	45
변명 2: 나는 시간이 없어	63
변명 3: 나는 교육을 제대로 받지 못했어	84
변명 4: 나는 충분한 정보와 지식이 없어	91
변명 5: 나는 경험이 없어	98
변명 6: 나는 자동차가 없어	104
변명 7: 나는 아직 준비가 안 됐어	106

3. 두려움이라는 어두운 공간 — 111

마법의 탄환: 자신감	118
두 가지 두려움	126
상실의 두려움과 얻는 것에 대한 희망	136
실패를 선택하기, 성공을 선택하기	138

4. 책임의식 vs. 피해의식   147

책임져야 할 것을 책임져라   154

용서가 열쇠다   161

불편하더라도 두려움을 직시하라   170

일반적인 지혜는 거의 항상 틀리다   176

5. 왜 젊은이라면 누구나 사업을 시작해야 하는가   185

내가 뭘 원하는지 도대체 모르겠습니다   189

나이가 들 때까지 혹은 더 자랄 때까지 기다리지 마라   203

진정한 성공과 사회 환원에 대하여   210

사회적으로 의식 있는 투자   226

6. 성공하기 위해서 필요한 것을 얻어라   229

당신의 시동기는 어떻게 켜지는가   231

성공하는 데 필요한 정보와 지식은 어디에서 얻을까   240

멘토 구하기   243

7. 패배자의 말에 귀를 닫아라   289

에필로그: 더 큰 꿈을 꾸라   299

포기 성명서

이 책을 읽기 전에 한 가지를 분명하게 해두었으면 한다. 이 책은 '어떻게' 해야 부유해지고 명성을 얻게 되는지에 대한 가이드를 제시하는 것이 아니다. 단계별로 따라 하기 '쉬운' 성공 가이드를 제시하려는 사람들은 대부분 자신의 잇속을 위해 가치도 없는 걸 팔려는 것이라는 점을 기억하라. 사실 대부분 정보의 가치는 그 지불 금액과 반비례한다. 다시 말해 더 비싼 수업일수록 현실 세계에 들어맞는 가치는 더 적다는 것이다.

현실적인 수많은 정보 자원들은 오히려 쉽게 얻을 수 있다. 대부분의 유용한 정보들은 비싸지 않고 심지어 무료다. 나폴레온 힐의《놓치고 싶지 않은 나의 꿈 나의 인생(원제: Think And Grow Rich)》이나 콘래드 힐튼의《Be My Guest》, 마이클 게버의《The E-Myth》, 전 GM 회장 알프레드 슬로언의《My Years with General Motors》, 케네스 블랑샤드의《The One Minute Manager》, 콜린스와 포래스의

《좋은 기업을 넘어 위대한 기업으로(원제: Good to Great)》, 댄 펜냐의 《Building Your Own Guthrie》 같은 책들이 바로 그런데 이는 극히 일부에 불과하다. 내가 만일 대학교에서 성공에 대한 강의를 한다면 나는 이 책들을 모두 필수 서적으로 지정할 것이다. 그리고 한 가지 더 내가 전적으로 의지하는 책은 바로 성경이다. 나는 성경에서 성공에 대한 진정한 해답을 찾았다. 그것은 바로 성경이 기본적으로 말하고 있는 '베푸는 일'이다. 이 진리는 내가 필요할 때마다, 특히 내가 가장 힘든 시기나 고통스러운 시기에 처해 있을 때 절대 실패하지 않는 나의 원동력이 되었다.

난 성경에서 아주 놀라운 '사용자 안내서'를 발견했다. 예를 들어 사무엘서 상편에 어린 소년 다윗은 그의 형제들에게 점심을 가져다주기 위해 전장으로 간다. 그는 열네 살 정도였고 여드름도 있었다(성경에 이 사실이 나와 있다는 것을 당신은 결코 알지 못했을 것이다!). 그의 형제들은 군인이었고, 거인 골리앗으로부터 멀리 떨어져 있을 수밖에 없었다. 다윗은 골리앗을 죽이는 사람에게는 어떤 상이 주어지는지에 대해 군인들이 이야기하는 것을 들었다. 그리고 그의 마음이 요동쳤다. 사울 왕은 골리앗을 죽이는 자에게 상금과 그의 딸을 주겠다고 했고, 그리고 일생 동안 세금을 면제해주겠다고 공표하였다. 다윗은 군인들의 대화에 끼어들어 상급에 대해 다시 물었다.

"그게 다 그 거인을 죽이면 받는 것이에요?"

그러나 그의 형제들은 화를 내며 그에게 양을 치러 돌아가라고 말했다. 집에 가! 여기에 얼씬거리지도 마! 여기는 애들이 있을 곳이 아니야!

다음 장면이 아주 중요하고 현실적이다. 누군가가 나를 무시하거나 내게 "넌 할 수 없어"라고 말할 때마다 나는 이 장면을 떠올린다. 성경은 이 다음 부분에서 단지 이렇게 말하고 있다.

"돌아서서 다른 사람을 향하여……."

바로 이것이다. 그는 이 어리석은 사람들의 말을 듣지 않았다. 그는 단지 그들에게서 돌아서서 그의 시선을 상금에 고정시켰다. 그는 얼굴을 돌리고 그들을 무시하였다. 그리고 다른 사람에게 자신이 필요로 하는 정보를 물었다. 그리고 그 다음 이야기는 여러분이 더 잘 알 것이다.

우리는 "할 수 없어"라는 말과 왜 할 수 없는지 그 이유에 대한 수많은 목소리들을 기꺼이 들으며 살아왔다. 왜 우리가 그토록 똑똑하지 않은지, 빠르지 않은지, 부유하지 않은지 등에 관한 타인의 말에 귀를 기울여왔다. 나이와 피부색과 성별이 우리에게 어떻게 불리하게 작용할지에 대한 오래된 통념들도 많이 접해봤을 것이다. 그런데 우리의 꿈은 바로 이 순간에 달려 있다. 이 말을 들어야 하는가, 아니면 돌아서서 다른 사람을 향해야 하는가. 나는 이 두 가지를 모두 해보았다. 모든 경우에, 부정적인 것들로부터 돌아서서 나의 꿈을 향해 나아가야지만 성공을 위해 꼭 필요한 정보와 자원을 얻을 수 있었다.

그러나 앞으로 함께 이야기하겠지만, 올바른 지식과 경험과 자원을 가지고 있다는 것만으로는 부족하다. 성공이 그렇게 쉽다면 모든 사람이 BMW나 허머를 몰고 다닐 것이다. 성공으로 이끌어주는 길에는 또 다른 단계와 전략이 필요하다. 이 책에서 진정한 성공이 무엇인지에 대한 나의 관점과 경험들, 그리고 바른 길로 향하도록 마음과 삶을 정하는 자세한 방법들을 함께 나누고자 한다. 그리고 꿈과 목표에 도달할 때까지 어떻게 관문을 통과하고 그 길에서 벗어나지 않을 수 있는지에 대해서도 이야기할 것이다.

어떻게 해야 성공할 수 있는가

■ □ ■

첫 번째로, 당신이 성공을 바라보는 관점과 내가 성공을 바라보는 관점에 대해 이야기해보자. 일반 통념(이것이 항상 틀리다는 것을 뒤에 보게 될 것이다)이라는 것이 있겠지만 그래도 나는 좋은 옷을 입는 것과 좋은 책을 읽는 것 혹은 상류사회로 신분 상승시켜주는 특정한 학교에 다니는 것이 성공은 아니라고 생각한다. 그러나 많은 젊은이들이 이를 직시하지 못한다. 그들은 멋진 차를 몰고 좋은 집에 살면 모든 일이 잘되고 있고 자기가 그런 것들을 소유할 만하게 행동했다고 생각한다. 200달러짜리 새 운동화를 사러 가거나 누군가에게 보여주러 가기 위해 금 목걸이와 백금 반지를 반짝거리며 나타날 때 그들은 세계를 다 가지기라도 한 듯 보인다.

그래서 젊은이들은 이런 것들을 얻기 위해 여러 가지 일들을 한다. 구걸하거나 빌리거나 심지어는 훔치기도 한다. 자신이 그것을 가질 수 있는 능력이 있는지에 대해서는 신경 쓰지 않는다. 그러나 곧 이것이 정답은 아니라는 걸 알아차린다. 이런 것은 빈껍데기에 불과하다.

이런 걸 소유했을지라도, 혹은 앞으로 갖게 될지라도 당신은 아무것도 얻은 것이 없다. 설사 자신의 노력으로 갖게 되었어도 많은 사람들이 결국에는 모두 잃어버린다. 그러면서 깨닫게 되는 것이다. 이런 물건들이 자신을 특별한 사람으로 만들어주는 건 아니라는 사실을. 성공은 소유하는 것이 아니라 나누어주는 것이다. 어떤 사람들은 평생이 사실을 깨닫지 못하지만 말이다.

생각하는 방식이 궁극적으로 우리를 성공에 도달하게 만든다. 우리의 두 귀 사이에 있는 20센티미터의 공간이 바로 성공의 무기이자 동기이며 창의력이다. 내가 베푸는 사람인지 아니면 취하는 사람인지, 오직 1등을 추구하는 사람인지 아니면 팀을 꾸려 함께 일하는 사람인지를 결정짓는 건 바로 우리의 생각이다. 나는 어떤 식으로 생각을 하는지, 그리고 다른 성공한 사람들은 어떻게 생각하는지 이 책을 통해 여러분께 알려주려 한다.

나는 당신에게 삶의 지도를 줄 수는 없다. 그러나 분명한 나침반과 유용한 여행 정보를 줄 것이다. 나침반은 어떤 길을 택해야 하는지를 알려주지는 않는다. 대신 옳은 길을 가고 있는지를 알려준다. 그리고 그곳에 이미 가봤거나 그 일을 해본 안내자와 함께한다는 것은 큰 도움이 된다. 그러나 궁극적으로 정보에 대해 행동을 취하고 나침반을 사용하는 것은 자신이다. 알겠는가?

Create
Success

크리에이트 석세스

지금 있는 곳에서
시작하라

1

로버트 슐러는 유명한 말을 남겼다.

"당신이 심겨진 그곳에서 꽃 피워라!"

우리는 지금 있는 곳에서 시작해야 한다. 있고 싶은 곳이나 언젠가 있을 곳이 아니라 바로 지금 내가 있는 곳에서 시작해야 한다. 내일은 알 수 없다. 그리고 지금도 삶의 매 순간이 지나가고 있다. 종교적으로 말하자면 "오늘이 구원의 날"이다. 오늘이 꿈을 좇기 시작하는 날이기도 하다.

나는 부유한 가정에서 태어나지 않았다. 재산을 물려받지도 않았고 크게 성공한 거물급 사업가의 가정에서 삶을 시작하지도 않았다. 나는 내가 심겨진 곳에서 자랐을 뿐이다. 우리는 태어날 때 부모를 고를 수도, 어디에서 태어날지도 선택할 수도 없다. 하지만 주어진 일을 어떻게 할 것인지는 결정할 수 있다.

자신에게서 벗어나라

■■■성공하는 데 특별한 비밀은 없다. 성공을 찾기 위해 시간을 낭비하지 마라. 성공은 완벽, 근면, 실패로부터의 배움, 상사에 대한 충성 그리고 인내에서 나오는 것이다.(콜린 파월)

성공하는 것이 쉽다면 누구나 성공할 것이다. 그러나 100명의 사업가가 있다면 오직 한두 명만 성공한다. 나머지는 실패한다. 그건 그들이 값을 지불하지 않았고 잘못을 바로잡기 위해 시간을 투자하지 않았기 때문이다.

순간의 만족이란 없다. 그 안에 가치 있는 것이 있어야 노동은 비로소 가치를 지닌다. 정말 묻고 싶은 것은, 평생 동안 얼마 되지 않는 월급을 받기 위해 뼈 빠지게 일하고 싶은가 하는 것이다. 늙고 돈도 없고 목발을 짚고 다니면서까지 일을 계속하고 싶은가? 휴가철 옷차림으로 검정 발목 양말에 짧은 바지는 정말 바보 같아 보이는데 그걸 깨닫지 못할 정도로 지쳐버리고 싶은가? 나는 아니다!

일을 하고 싶어하는 사람은 없다. 그러나 부유한 집안에서 태어나지 않았다면 선택의 여지가 없다. '생계'를 위해 돈을 버는 것은 선택이 아니라 아담이 받은 저주이다. 일을 해야 하고, 열심히 해야 한다. 그러나 희망이 있다면 이렇게 하다 보면 지혜롭게 일할 수 있는 방법을 찾게 된다는 것이다. 차를 타기 위해 바퀴를 다시 발명할 필요는 없다. 다만 부드럽고 편안하게 달릴 수 있는 휠과 타이어를 장착하면 된다. 같은 것을 다시 만들기 위해 애쓰는 것은 어리석은 짓이다. 또한 더 부유하고 성공한 것처럼 보이려고 물건을 사는 것에 많은 시간을 소비하는 것도 아까운 일이다. 그 길을 이미 걸었던 사람들의 지식을 이용하여 시간을 단축하며 자신의 꿈에 우선순위를 두고 달려 나가야 할 시간이다.

고되게 일하겠는가, 지혜롭게 일하겠는가

■ □ ■

나는 가장 힘든 일은 다른 사람을 위해 일하는 것이라고 생각한다. 그렇게 일을 하면 그 일에 매우 지치게 된다. 돈을 벌고 가족을 부양할 수 있는 기회가 주어진 것에 대해서는 감사해야겠지만, 다른 사람을 위해 하는 일이고 그들의 허락이 있어야만 한다는 현실은 우리를 힘들게 한다.

지혜롭게 일한다는 것은 자신이 걸어가고 있는 길을 생각하고 그 길이 정말 맞는 길인지를 결정하며 하는 것이다. 가장 쉬운 길일 필요도, 가장 편안한 길일 필요도 없다. 다만 목표에 가장 빨리 도달하게 하는 길을 선택해야 한다.

선택 1 ⇨ **다른 사람을 위해 40년 동안 일하라**

이 길을 선택했다면 우선 상사를 행복하게 만드는 일을 가능한 한 적게 하라. 나에게 임금을 주는 사람은 나의 시간을 산 것이다. 나의 시간을 준 것이 아니라 판매한 것이다. 내 인생의 일정한 시간을 그가 샀다. 그래서 임금의 노예라고 부르는 것이다.

당신은 가장 높은 값을 부른 입찰자에게 당신을 팔았다. 때때로 당신은 시장에 내걸린 채 그대로 있기도 한다. 당신이 인생을 팔려고 발버둥치는 걸 그들은 그냥 내버려 둔다. 시간당 몇 달러. 이것이 당신이 알고 있는 전부다. 사실 시간과 날과 달과 해를 판매함으로써 당신의 인생이 짧아지고 있는 것인데 그런 건 생각하지도 않는다.

매년 몇 주 정도의 휴가를 가져라. 매일 8시에 출근하여 6시 정도에 퇴근하라. 주말에는 집에 페인트를 칠하고 은퇴하고 나서 고양이 먹이를 먹고 싶지 않으면 얼마간의 돈은 저축하라. 은퇴한다는 건 마흔다섯이나 쉰쯤에 쓸 돈이 없을 거라는 의미다. 머리를 숙이고, 너무 많이 직장을 옮겨 다니지 마라. 그리고 다른 것에 정신 팔지 마라.

이런 인생은 해변을 거니는 것과 같다. 그리고 7월 4일 미국 독립기념일 같은 날에 인파에 짓눌리는 그런 것. 종종 멈춰 서서 조개껍데기를 줍는다. 바로 새로운 기술, 승진, 인생의 변화이다. 진짜 목표는 해변의 끝에 있는 보물인 은퇴, 더 이상 일하지 않아도 되는 시기다. 하루 종일 놀 수 있고 밤새 파티를 할 수 있는 시간. 원한다면 모래성을 쌓는 데 몇 년을 보낼 수도 있다. 모래성이라고 걱정하지 말길. 다 잘될 것이다! 당신은 넘쳐나는 시간을 가지고 있으니까. 이것이 당신의 삶이다. 걱정하지 말고 행복하게 지내길. 때때로 자신이 모든 걸 통제할 수 있다는 생각이 당신을 속이려 할 것이다.

이러한 걸음걸이에 단 한 가지 문제점은 목표를 성취하는 데 많은 시간이 걸린다는 것과 당신의 보물이 매 분, 매일 파도에 조금씩 씻겨

가고 있다는 것이다. 도착했을 때쯤엔 그 목표와 상이 얼마나 남아 있을까? 그것은 아무도 알 수 없는 일이다. 왜냐하면 은퇴 프로그램은 계속 달라지고 있고, 사회보장제도는 불안정하며, 휘발유 가격은 1갤런(3.79리터)에 3달러 이상, 의료비는 끝없이 오르고 있으니까. 극소수의 사람들만이 너무 늦기 전에 은퇴해야겠다고 생각한다. 몇 십 년 만에 목표에 도달했을 때 보물이 있어야 할 곳에는 몇 푼의 동전만이 남아 있고, 같은 길을 걸어온 수많은 인파를 보게 될 것이다. 파산하고 기력이 다한 사람들이 무엇이 잘못되었을까 생각하며 힘없이 있을 것이다.

'선택 1'을 택한 사람은 인생이 매일매일, 우울한 월요일부터 금요일까지, 주말마다, 휴가 때마다, 월급 때마다 결국에는 은퇴할 때까지 끌려다닌다. 그런 다음 모든 것은 사라지고 만다. 어느 날 일어났을 때 당신은 죽어 있다. 다음에 쇼핑센터에 가게 되면 문 앞에서 인사하는 나이 든 도어맨에게 물어보라. 그가 말해줄 것이다.

선택 2 ⇨ 계속 성장하며 일하라

이 선택은 해변을 따라 달리며 조개껍데기(새로운 지식, 새로운 기술)를 줍기 위해 몸을 굽히는 것이다. 당신은 지치고 비틀거리지만 다시 일어나 계속 달린다. 얼마나 달려야 할까? 영원히 달릴 것 같지만 더 빨리 달릴수록 목표에 더 가까워지고 있는 것이다. 그리고 그곳에 도달했을 때 주위에는 즐길 수 있는 많은 것들이 있다. 뿐만 아니라 해변은 무척이나 쾌적하고 한가롭다. 함께 있는 몇몇 사람들은 모두 같은 길을 달려온 이들이다. 모래성을 쌓으며 시간을 보내다 온 사람은 없다. 그들은 바로 앞에 상이 있다는 것을 안다. 몇 년 후 그곳에 도달하면 평생 쓰고도 남을 엄청난 양의 금 무더기가 있을 것이다. 풍족히 즐기고 교회나 자선단체에 기부할 수도 있을 만큼 충분한 양이다.

그 옆 해변에도 금은 수북하고 사람은 적다. 그들은 인생을 즐기며 매순간 행복해한다. 이것이 바로 당신의 남은 삶의 모습이다. 당신이 아직 어리다면 더더욱 많이 즐길 수 있을 것이다! 당신은 경주에서 이겼다. 충분한 상을 받고 인생을 즐길 만한 자격이 있다. 모든 시간을 자신을 위해 쓰고 호화롭게 지낼 수도 있다. 건강, 가정, 재정적 안정 모든 것이 당신의 손에 있다.

꽤 훌륭하게 들리지 않는가! 목표를 이루고, 자신의 삶을 소유하고, 하고 싶은 일을 마음대로 한다는 걸 상상해보라.

사람들은 달리기를 싫어한다. 두 배로 열심히 해야 하고, 두 배로 똑똑하게 일해야 하고, 그 외에도 여러 가지 일을 해야 하기 때문이다. 나의 멘토 중 한 분이 이렇게 말했다.

"나는 다른 사람이 하지 않는 일을 기꺼이 하고 싶다. 다른 사람을 위해 사는 것은 살지 않은 것과 같다."

당신은 어떠한가? 오직 자신만이 결정할 수 있고 자신만이 삶을 매일매일 만들어갈 수 있다. 매번의 승리마다 자신 안에 무슨 일이든 극복할 수 있는 힘이 있다는 걸 더욱 깊이 알게 될 것이다. 자신감이 생기고, 두려움을 극복할 수 있게 될 것이다. 챔피언이 되는 것이다. 자, 이제 인생의 성공과 실패에 대해 스스로 책임감을 갖자.

Create

크리에이트 석세스

Success

자기 삶을
책임져라

2

자기 인생의 성공이나 실패를 비난하거나 또는 신뢰를 보낼 수 있는 사람은 오직 자신뿐이다. 당신은 지금껏 모든 장애물들을 극복해 왔다. 그럼 됐다. 당신의 능력은 어떤 장애물이라도 극복할 수 있을 만큼 충분하다.

　상사나 동료가 당신을 신뢰하는가? 그들은 당신이 한 일로 승진했을 수도 있다. 그럴 때 기분이 어떠한가? 누군가가 당신의 성공을 자신의 것으로 주장하기를 원하는가?

　누가 어떤 행동을 했든 우리는 비난할 자격이 없다. 우리는 다만 자기의 생각과 감정, 마음 그리고 성공을 위한 결정을 통제할 뿐이다. 나의 성공과 실패는 내 손안에 있다. 그 누구의 것도 아니다.

하지만 내가 겪은 일을 당신은 알지 못하잖아!

■ □ ■

사람마다 처한 환경은 다르다. 당신이 학교를 그만두고 가족을 위해 일해야 하는 환경이었을 수도 있다. 그래서 학위를 얻지 못했을지도 모른다. 그러나 과거는 과거이고 지금은 지금이다. 내가 가진 것으로 무엇을 할 수 있는가, 지금 있는 곳이 어디인가, 그것만 생각하라. 더 열심히 일하라. 야간학교 수업을 듣든, 필요한 어떤 것이라도 하라. 거기서부터 시작하라. 그리고 앞으로 나가라.

가난의 고통을 겪고 범죄와 마약 거래상이 득실거리는 어둠 속에서 자랐는가? 그러나 전쟁으로 황폐한 나라의 피난민은 아니지 않은가! 보스니아나 이라크, 르완다나 수단에서처럼 박해받거나 죽는 일은 없지 않은가. 그런 곳에는 새로운 삶으로 건너기 위한 '길'이 없다. 그곳 피난민들은 수천 킬로미터를 운전하거나 비행기를 타거나 걸어간다. 사람들로 바글바글한 보트나 튜브를 타고 바다로 나가기도 한다. 단지 미국으로 오기 위해 그들은 떠나는 것이다. 아무것도 가지지 않은 채로! 그리고 그들은 해낸다. 당신은 그들보다 낫다.

어린 시절에 신체적으로나 성적으로 학대를 당했거나 심지어 어른이 되어서도 당했는가? 이런 일을 당한 사람들 중에는 고통과 부끄러움, 남은 삶에 대한 두려움으로 살아가는 이들이 있다. 왜 꽉 붙잡고 있는가? 하나님께 맡기고 당신의 삶을 찾아라.

신체적으로, 정신적으로 장애를 가진 사람들은 스스로 그 고통을 이겨낼 능력이 있다고 믿으며 완전한 삶을 살고자 하는 의지가 확고

하다. 그들은 '장애'라는 말조차 사용하기를 원치 않는다. 자신이 아무 것도 부족하지 않다고 느끼기 때문이다! 병이나 장애를 찬양한다는 것이 아니다. 단지 "그거 아니? 나는 내 삶이 무너지도록 내버려 두지 않을 거야! 나는 더 나은 삶을 원해"라고 결단할 수 있다는 것이다.

장애가 없는 사람들은 어떠한가? 자기의 삶이 자기 손에 달려 있지 않다고 변명할 말이 아직도 남아 있는가? 자신만이 자신의 삶에 책임이 있다! 세상의 모든 변명들은 문제가 되지 않는다. 그러니 변명을 내려놓고 자기 인생으로 돌아가라.

■■■ 나의 가장 큰 걱정은 당신이 실패하는 것이 아니라, 실패 안에 계속 머물러 있는 것이다.(에이브러햄 링컨)

나는 당신이 겪어야 했던 혹은 지금 겪고 있는 어려움들을 무시하려는 것이 아니다. 당신이 무엇을 겪고 있든 누군가는 그와 같거나 혹은 더한 길을 통과해왔다. 그리고 어떤 이들은 심지어 우리가 상상도 못할 일들을 경험해왔다. 그러나 그들은 이루어냈다. 당신도 할 수 있다. 제시 잭슨은 1988년에 민주당 전당대회에서 이렇게 말했다.

"나는 슬럼가에서 태어났다. 그러나 슬럼가는 내 안에서 태어나지 않았다. 그리고 당신에게도 마찬가지다. 당신도 할 수 있다. 머리를 높게 들고, 가슴을 넓게 펴라. 당신은 할 수 있다."

깨어진 가정, 가난 등은 변명거리가 되지 않는다. 같은 문제나 혹은 더 심한 문제도 극복한 수많은 사람들이 있다. 우리 사회에서 실패한 인생에 대해 어떤 변명을 하겠는가. 모든 것이 생각에 달려 있다! 우리 삶은 어떤 환경이든 극복할 수 있다. 할 수 있다고 생각하든 할 수 없다고 생각하든 당신이 맞다! 그리고 어떻게 생각하든지 간에, 당신의 생각이 무엇이든지 간에 그것이 바로 당신의 현실이 될 것이다.

변명의 블랙홀

내가 성공하는 데 가장 큰 힘이 된 두 가지는 "너는 할 수 없어"란 말을 받아들이지 않은 것, 그리고 실패에 대해 변명하지 않은 것이다. 나는 가만히 앉아서 목표와 꿈을 기다리지 않았다. 그 일이 일어나도록 만들어서 성취하였다.

비디오게임을 만들겠다고 결심했을 때는 그 일에 계속 초점을 맞추고 성공하기 전까지 멈추지 않았다. 10대를 위한 포털이 필요하다는 것을 알았을 때는 어린 나이에도 불구하고 자금을 마련하기 위해 서너 명의 어른들 앞에서 프레젠테이션을 했다. 나는 사업에 필요한 모든 일을 했다. 큰 부동산 개발 사업의 기회가 처음 왔을 때는 어떤 것이 필요한지도 모른 채 일에 뛰어들었다. 또 에너지 자원 분야는 정말 아무것도 모르는 미지의 영역이었지만 성공을 위해서라면 무엇이든 할 거라는 비전을 가지고 있었다.

이런 일들을 통해 배운 것은 대부분의 사람들이 헌신하지 않고, 준비도 되지 않았고, 준비가 되었다 하더라도 그들의 목표만을 위한 준비가 되었다는 사실이었다. 사람들은 성공은 좋아하지만 그것을 얻기 위해 헌신하거나 열심히 일하지는 않는다. 자신의 잠재력을 결코 깨닫지 못하고 앞에 있는 기회를 잡지 못한다. 목표를 성취할 수 없는 부정적인 이유들을 끊임없이 생각하기 때문이다. 이에 대해 나의 멘토 중 한 분이 보내 온 훌륭하고도 오래된 시 한 편이 있다.

만약 실패했다고 생각한다면

-작자 미상

만약 실패했다고 생각한다면, 당신은 실패한다
만약 할 수 없다고 생각한다면, 할 수 없다
이기고 싶지만 그렇게 할 수 없다고 생각하면,
당신은 절대로 이길 수 없다
만약 패배할 것이라고 생각한다면, 이미 패배했다
세상 밖에서 당신은 발견할 것이다
성공은 자신의 의지에서 시작하는 것임을
모든 것은 마음에 달려 있다
만약 당신이 뛰어나다고 생각한다면, 당신은 이미 뛰어나다
높이 떠오를 것을 생각해야 한다
상을 받기 전
자기 스스로에게 확신을 가져야 한다
삶의 전투는 항상

강하거나 빠른 자에게 승리를 안겨주는 것이 아니다

할 수 있다고 생각하는 자에게

승리가 돌아간다!

이 시에는 지금까지 우리가 이야기한 모든 것이 담겨 있다. 자신을 뒤처지게 만드는 것은 다른 사람이나 상황이 아니라 자신의 머리이다. 이것은 우리가 극복해야 할 두려움에 대한 선택의 문제이고, 꿈을 이루기 위한 결심의 문제이다.

기업 경영 수업에서 나는 학생들과 함께 사업을 시작하는 방법에 관해 이야기를 나눈다. 학교 다닐 때부터 돈을 벌 수 있는 방법들에 관해서 말이다. 나는 학생들에게 사업 아이디어를 발표하도록 하는데 그 후 왜 그 아이디어들이 실효성이 없는지에 대해 모든 이유를 알려준다. 그러면 온갖 변명들이 돌아온다.

나는 학생들이 말하는 변명의 실체를 하나하나를 벗겨낸다. 그렇게 하여 우리가 내리는 결론은 항상 의지가 확고한 사람에게 불가능한 일은 없다는 것이다. 학생들이 자기 자신이나 다른 사람을 납득시키기 위해 하는 변명들을 몇 가지 들어보자.

"글쎄요, 물론 테일러 선생님은 할 수 있겠지만 저는 할 수 없어요. 저는 선생님만큼 똑똑하지 않거든요."

"당신은 돈을 좀 가지고 있지만, 저는 돈이 없어요."

"테일러 씨, 당신은 사업에 대해 모든 것을 알고 있지만, 저는 그렇지 않아요. 제가 어떻게 사업을 시작할 수 있겠어요?"

"나는 어린 소녀에 불과해요. 누가 내 아이디어를 들어주겠어요?"

변명은 계속된다. 이런 변명을 늘어놓는 것을 보면 나는 슬퍼진다. 왜냐하면 나는, 이제는 당신도 그 결과가 어떨지 알고 있기 때문이다. 이런 사람들은 시도조차 하지 않는다.

꿈마저 잃게 만드는 변명들
■ □ ■

영화 〈행복을 찾아서(The Pursuit of Happyness)〉에서 윌 스미스는 홈리스이자 '어떤 일이든 하는' 아버지, 크리스 가드너 역할로 분했다. 가드너와 그의 아들 크리스토퍼는 더 나은 삶을 위한 꿈을 좇으며 살아가지만, 거리에서 자야 하는 처지다. 가드너는 주식계의 거물인 딘 위터의 회사에서 인턴으로 일을 한다. 그러나 한 달 생활하기에도 빠듯한 월급이다.

그러나 크리스 가드너의 현실은 그를 가로막는 모든 난관을 극복하겠다는 의지를 더욱 굳힐 뿐이다. 그의 상사나 고객들은 그가 얼마나 궁핍한 삶을 살고 있는지, 사실은 벼랑 끝에 겨우 매달려 있는 상황이라는 것을 눈치 채지 못하고 그는 성공한 사업가의 모습을 그리며 살아간다. 매일매일 일을 마치면 그는 교회에서 마련해준 간이 숙소 침대를 얻기 위해 달린다. 아들과 함께 안전하게 잘 곳을 찾아다니며, 심지어는 오클랜드 바트 기차역 화장실에서도 '임시로' 잠을 잔다!

그러나 그는 포기하지 않는다. 그리고 굴복하지도 않는다. 사방에서 포위해오는 장애물을 극복할 방법을 찾을 뿐이다. 그는 자신이 크리스토퍼의 아버지임을 한순간도 잊지 않는다. 그런 훌륭한 태도로 그는 모든 것을 이겨낸다. 마치 아빠와 아들이 함께 게임을 하는 것처럼, 모험을 즐기듯 모든 시련을 극복해나간다.

마침내 가드너는 해내고, 그것도 크게 해낸다. 그는 마침내 최고의 인턴이 되어 회사에 고용되고 엄청나게 성공한다. 그는 수백만 달러의 중개 수수료가 있는 집을 소유한다.

그는 변명이 자신을 멈추게 하도록 하지 않았다. 당신도 가드너처럼 해야만 한다.

생각한 대로 될 것이다!

■ □ ■

할 수 없는 수많은 이유를 댄다면 그건 대부분 현실이 된다. 생각했던 대로 당신은 아무것도 하지 않을 것이다. 그런 이유들을 만들어내는 데 자신의 마음과 머리를 너무 써버리기 때문이다. 결국 세상 모든 것들이 마치 자기를 실패자로 만들기 위해 모여서 회의라도 하는 것처럼 생각하게 된다. 이것은 사실 정신 나간 생각이지만 정말 많은 사람들이 그렇게 생각하고, 말하고, 현실이 그렇다고 믿는다.

"할 수 없어"라는 말로 자신을 한정시킬 시간에 '할 수 있는 것'을 찾아보기로 결심하는 게 어떤가? 이런 작은 관점의 변화로 문제보다는 기회를 볼 수 있게 된다. 스티브 코비는 그의 책《성공하는 사람들의 일곱 가지 습관(원제: Seven Habits of Highly Successful People)》에서 이것을 '결과에 집중하는 것'이라고 불렀다.

변명할 여지는 없다. 머릿속 생각들이 모두 목표를 향한 아이디어와 행동에 집중하도록 해보라. 만일 어딘가에 꼭 가야 하는데 자동차가 없다면 택시를 타라. 만약 택시비가 없다면 자전거를 타라. 자전거도 없다면 걸어라. 더 많은 정보가 필요한가? 도서관에 가라. 돈이 필요한가? 직장을 두 개 얻든지 아니면 세 개까지 구하라. 벤처 자본 그룹과 투자자를 찾아라. 투자자와 파트너와 기업 구성원과 심지어는 돈을 줄 수 있는 은행도 찾아가라. 당신 스스로 길을 찾아라.

'어떻게' 그곳에 도달하느냐는 문제가 되지 않는다. 가장 중요한 것은 그곳에 가는 것이다!

나의 목표가 공공회사의 CEO가 되는 것이었을 때 경험이 없다는 건 아무런 문제가 되지 않았다. 공공 주식을 어떻게 제공하는지, SEC(증권거래위원회)와 주주들을 어떻게 다루어야 하는지 등에 대한 아무런 지식이 없다 해도 상관없었다. 중요했던 건 '내가 어떻게든 해낼 것'이라는 확고한 마음이었다. 그 결과 공공사업을 하는 것이 나의 첫 번째 목표가 되었고, 어느 새 나는 공공기업 역사상 가장 젊은 흑인 CEO가 되어 있었다. 지금 내가 집중하는 것은 더 새롭고 더 큰 목표이다.

열정을 개발하고 목표에 집중할 때 재미있는 일이 일어난다. 자신이 가지고 있었는지도 몰랐던, 두뇌 속에 잠재되어 있던 자원들을 발견하게 되는 것이다. 학교 공부를 따라가지 못했던 톰이라는 남자가 있었다. 톰은 부분적으로 귀가 들리지 않았고 그의 마음은 혼란스러웠으며 늘 공상에 빠져 있었다. 때문에 선생님은 그를 바보 혹은 뒤처진 아이라고 불렀다. 학교에서의 몇 개월이 지난 후 그는 집으로 돌려보내졌고 그때부터 어머니가 그를 교육하였다.

분명히 톰은 학교에 흥미가 없었다. 그가 흥미를 느끼는 것은 생각하고, 물건을 발명하고, 문제를 해결하는 것이었다. 그는 그 일에 너무 몰두한 나머지 잠도 거의 자지 않았다. 15분에서 20분 정도의 고양이 잠을 자며 하루 종일 일했다.

그는 한 프로젝트에 흥미를 느끼고 밤낮으로 연구했다. 그는 그 전에 어떤 사람도 생각하지 못했던 일을 생각해냈다. 그의 목표는 분명했고 다른 사람들이 아무리 실패할 거라고 말해도 자신은 성공할 확신이 있었다. 그렇게 하나하나 시작했지만 아무것도 이루어지지 않았다. 수백 개의 가능한 방법이 모두 실패했다. 그는 또다시 수천 번을 시도했다. 그런 거듭된 실패 속에서 그는 어떻게 계속 그 일을 할 수 있었을까? 그에게 물었을 때 그는 이렇게 대답했다.

"나는 절망하지 않았습니다. 왜냐하면 모든 시도가 실패했지만 다른 길이 남아 있었기 때문입니다."

▪▪▪나는 실패하지 않았다. 단지 성공하지 않는 만 가지의 방법을 찾았을 뿐이다.(토머스 에디슨)

마침내 만 번의 실패 끝에 그 아이디어를 성공으로 이끌 한 가지 길을 찾아냈고, 토머스 에디슨은 세계적으로뿐 아니라 역사적으로도 길이 남을 과업을 이루어냈다. 세계 최초로 백열전구를 발명한 것이다.

에디슨을 떠올릴 때마다 나는 이런 생각이 든다. 그가 만일 9999번에서 멈추었다면 어떻게 되었을까? 누군가가 꿈을 이루기 위해 기꺼이 견뎌낼 수 있는 시간은 얼마일까? 그가 아니었다면 인류는 얼마나 더 오랫동안 가스등과 촛불만 가지고 살아야 했을까?

할 수 있는 것에 집중하라

■ □ ■

사람들은 타인 혹은 상사, 정부, 전 부인, 전 남편, 부모님 등에 대해 분노하고 소리 지르고 불평한다. 바로 당신의 모습인가? 그렇다면 감정을 상하게 만들어 미안하지만 단도직입적으로 말하겠다. 내 생각엔 두 부류의 사람들이 변명이란 걸 한다. '현재만 아는 게으른 사람'과 '무슨 일이 일어날까 봐 깨어나기를 두려워하는 사람'이다.

만약 당신이 게으른 사람이라면 그 게으름을 뿌리 뽑지 않는 한 꿈을 이룰 수 없다. 지금 이 책을 덮어도 좋다. 어떤 성공이든 많은 노력과 독창성을 필요로 한다. 이 외에는 더 할 말이 없다. 게으름을 피우는 사람은 삶을 제어할 수 없다. 아무리 부정하고 싶어도 게으른 당신이 선택한 현실은 팥죽 한 그릇에 장자의 명분을 팔아버리는 것과 같은 일이다. 당신은 물론 성취할 수 있는 능력이 있지만 그러려면 일어나서 일을 해야 한다.

■■■게으른 자여, 개미를 보라.(잠언 6:6)

게으른 사람들은 잠깐의 만족을 좋아한다. 지금 좋으면 그만이다. "오늘을 위해 살아라."

"너는 너무 열심히 일해. 마음을 편히 가져. 파티를 즐겨! 내일 일은 내일 염려해."

그러나 기억하라. 게으른 베짱이는 결국 굶주림 속에서 얼어 죽었다. 반면 개미는 따뜻하고 먹을 것이 넘쳐나는 집에서 겨울을 보냈다.

"베짱이가 추위 속에 굶어죽은 것과 같은 안 좋은 일은 우리 손을 벗어난 일이다."

이것은 변명이다. 변명하고 불평하는 사람들은 좋은 일이 일어날 때는 보통 그 외부로부터의 힘을 '행운의 여신'이라고 부른다. 슬프게도 그들은 삶을 바꿀 만한 충분한 힘이 없다고 믿는다. 다른 사람들과 다른 힘들이 그들의 삶을 통제한다. 그리고 자기 삶을 스스로 통제할 모든 욕망을 포기해버린다. 그들은 노예이지만 그 사실을 알지 못한다.

직장에서 이러한 부류를 적어도 한 명 정도는 발견할 수 있을 것이다. 당신이 알고 있는 가장 시끄럽고 비관적인 사람을 떠올려보라. 그 사람은 항상 배가 아프다. 그들은 관리자와 작업 환경, 교통, 정치인, 혹은 다른 사람이 그들에게 저질렀던 부패한 행동들에 대하여 불평한다. 이들은 삶에 불공평한 것들이 너무나 많기 때문에 늘 불평이 끊이지 않는다. 그들은 너무 많이 일한다. 그들은 고마워하지 않는다.

"난 너무 불쌍해!" 그들을 울부짖는다. "왜 나야? 왜 항상 나여야 하냐고!"

모든 문제에 쉬운 답이 있다고 말하려는 것이 아니다. 그러나 푸념은 그만 늘어놓고 참고, 나아가라. 나는 인생의 실패자로 살아가는 사람들을 너무나 많이 알고 있다. 그들이 재능이 없거나 능력이 없어서가 아니다. 사실 그 중 몇몇은 사업에 크게 성공한 사람들보다 더 많은 능력을 가졌다. 그러나 자신의 능력을 변명 속에 가둬두고 사용하지 않는다. 대신 앉아서 친구들에게 불평만 한다. 어떤 일이 자신을 가로막지만 않았다면 할 수 있었을 놀라운 일들에 대해서 말이다.

■■■무언가 시도해보고 실패하는 것이 아무것도 안 하고 성공하는 것보다 낫다.

나를 가장 실망시키는 것이 있다. 일을 시작할 때 이미 머릿속의 80퍼센트가 변명들로 가득 차 있는 것이다. 다른 말로 장애물이 항상 있는 것. 그러나 그건 그 사람이 그곳에 가져다 놓았기 때문이다. 혹은 자기 생각으로 아무런 증거도 없이 장애물을 현실이라고 받아들이고 있기 때문이다. 이에 대해 증명해보자.

변명 1 : 나는 돈이 없어

돈을 벌기 위해서는 돈이 필요하다. 그렇지 않은가? 돈을 많이 소유하는 것은 죄가 되거나 부끄러운 일이 아니다. 큰 성공을 이룬 사람들은 처음에 겸손으로부터 시작한다.

사람들이 부족하다고 말하는 것들, 예를 들어 교육, 경험, 시간, 돈 같은 것들이 없어서 풍족한 삶을 성취하지 못하는 것이 아니다. 그러나 "돈이 없다"는 사람들이 가장 많이 이용하는 변명이다. 사람들은 더 많은 자본이 있었다면 더 크게 성공했을 것이라 믿는다. 그러나 현실은 그렇지 않다. 돈을 쏟아 부으면 다 될 거라고 생각하는 기업이 돈을 투자하지 않는 기업보다 더 자주 실패한다. 모든 건 경영의 문제다. 돈이 아니다.

위험에 대한 과도한 걱정은 거래를 성사시킬 수 없게 만든다. 알지 못하는 것에 초조해하고 결국에는 일어나지도 않는 일들을 예상하며 걱정한다. 위험은 마음속에서 점점 커지고 결국 사람들은 '안전지대'로 돌아간다. 정신적 감옥에서 안전하게 있는 것을 미지의 세계보다 더 선호한다.

정확히 얼마만큼의 돈이 필요한가

■ □ ■

'충분한' 돈이란 소유할수록 점점 모호해진다. 얼마의 돈이 충분한 돈인가? 한 달 생활비와 위급한 상황을 위한 3개월에서 6개월 정도의 생활비를 제외하고 얼마가 있어야 할까?

사람들은 심각하게 생활비를 줄이면서까지 여분의 자본을 모은다. 꿈을 이루기 위해 밴에서 자며 몇 개월 동안 땅콩버터와 팝콘을 먹고 사는 사람들도 있다. 돈을 낭비하는 데는 여러 가지 방법이 있다. 흡

연과 음주를 하며, 유명한 브랜드의 제품을 사고, 새 차 대금을 지불하고, 비싼 아파트를 빌리는 등. 돈을 어떻게 사용할 것인가를 결정해야 한다. 쓰레기에 돈을 버리고 싶은가, 아니면 꿈에 투자하고 싶은가?

매일 아침 출근 전 스타벅스에 들르는 친구가 있다. 그는 여섯 자릿수의 수입이 있다. 그러니 4달러 정도는 아무것도 아니다. 게다가 그는 그럴 자격이 있다. 열심히 일하고 사치를 거의 하지 않기 때문이다. 그러나 아래의 숫자를 보자.

한 주에 5잔(4달러)×50주

=

1년에 1,000달러×30년×6%=89,545.17달러

하루에 4달러의 커피를 소비하는 그의 선택은 사실 9만 달러의 결정인 것이다. 그러나 친구는 이러한 사실을 생각조차 하지 않는다.

나는 당신에 대해 알지 못하지만, 매일매일 몇 달러 정도의 돈으로 가볍게 사먹었던 음료수나 생수를 생각해보라. 내 친구가 이제는 사무실에서 커피를 마시기로 결정했다고 생각해보자. 어떤 사무실에서는 커피가 공짜이고 서로 돌아가면서 커피를 사주기도 한다. 그의 사무실 커피는 25센트면 된다. 이러한 작은 변화가 30년 후 은퇴했을 때 쓸 수 있는 74,117.05달러를 만들어준다.

이러한 종류의 돈은 커피 한 잔에서도, 밖에서 사먹는 점심에서도, 혹은 몇 갑의 담배나 와인에서도 아낄 수 있다. 그리고 연휴를 장식해

줄 귀여운 장식들과 꼭 사야 할 것 같은 세일 상품에서도 아낄 수 있다. 200달러짜리 신발, 고급 디자이너의 옷, 보석도 해당된다.

가장 사소한 결정이 상당한 돈을 잃게 만드는 가장 중대한 결정이 될 수도 있다는 것을 친구의 커피 습관을 예로 들어 설명하고 싶었다. 이 모든 것은 돈의 시간 가치 때문에 일어나는 일이다. 지금까지 당신은 무지 속에서 살았다. 나는 당신의 재정적 결정의 진정한 가치가 무엇인지 알려주려 한다. 가장 최선의 결정을 하는 습관을 가졌으면 하는 마음에서 말이다.

돈의 시간 가치
■ □ ■

돈의 시간 가치는 수학적 사실이다. 직접적인 비용이며 우리가 두려워하는 돈 그 자체다. 그러나 내가 만난 99퍼센트의 사람들은 이 정보에 대해 생각해본 적이 없었다. 대부분의 사업은 매 분, 매 시간에 얼마를 버는지 혹은 잃는지 알지 못하기 때문에 실패한다. 나는 철학적인 관점에서 이야기하는 것이 아니라 진짜 돈에 대해 말하는 것이다. 돈의 시간 가치는 우리를 위해 존재하는 것이지 우리를 공격하기 위해 있는 것이 아니다.

사람들은 미래에 들어올 돈보다 현재 수중에 있는 돈을 더 선호한다. 가장 친한 친구가 10달러를 빌려가면서 금요일까지 갚겠다고 했다. 금요일이 되었을 때 친구가 몇 주 있다가 갚겠노라고 말한다면 당신은 좋겠는가? 당신은 한 달 뒤가 아닌 지금 당장 돈을 원한다. 현재 돈을 갖고 있는 것이 더 가치 있는 것이라 생각한다.

그렇다면 오늘 돈을 가지고 있는 것과 내일 가지고 있는 것에 정말 차이가 있는 걸까? 수학적으로 보면 큰 차이가 있다. 누군가가 당신에게 돈을 준다면 다음 중 어떤 것을 선택하겠는가?

> **A.** 오늘 5000 달러를 받는다.
>
> **B.** 5년 후에 1만 달러를 받는다.
>
> **C.** 10년 후에 2만 달러를 받는다.
>
> **D.** 20년 후에 8만 달러를 받는다.

놀랍게도 모든 답의 금액은 정확히 똑같은 액수이다(천 달러 단위 이하는 생략하였다). 내가 말하고자 하는 것은 이것이다. 모두 정확히 똑같은 액수이고 단지 시간의 차이만 있을 뿐이다.

B, C, D는 지금의 5000달러를 15퍼센트의 복리로 계산해서 나온 값이다(여기서 15퍼센트를 사용한 이유는 이 예가 5년마다 두 배가 된다는 것을 가정한 것으로, 12퍼센트나 17퍼센트보다 사용하기 쉽기 때문이다). 5000달러를 지금 가지고 있고 1년에 15퍼센트의 이자를 얻는 데 투자한다면 5년 뒤의 가치는 10,056.79달러가 되고 20년 후에는 81,833달러가 된다(매달 복리로 계산하면 마지막에는 98,577달러가 된다). 10년 후에 얻게 되는 2만 달러는 지금의 5000달러와 같다(15퍼센트를 벌 수 있다고 생각하라).

진짜 하고 싶은 질문은, 만약 누군가 5천 달러를 당신에게 주거나 당신이 그만큼의 돈을 투자한다면 15년 이후에 4만 달러 이상의 돈으로 만들 수 있는가 하는 것이다. 그렇게 할 수 있다. 15퍼센트의 이자를 주는 투자가 아닌 다른 곳에 투자하면 된다. 나는 한 달이나 두 달만에 이만큼의 돈을 버는 고객을 본 적이 있다. 금액을 두 배로 불릴 수 있는 방법은 많이 있다.

이해가 되는가? 이해가 잘 되지 않더라도 걱정하지 말길. 대부분의 학교에서는 이런 것을 가르쳐주지 않는다. 그러나 놓쳐버리기에는 너무나 중요한 부분이다. 당신의 일생에서 돈에 대한 시각을 바꿔놓을 수도 있기 때문이다. 그러니 이러한 원리가 작동하는 방법에 대해 이해가 될 때까지 계속 읽어보기 바란다.

"돈의 시간 가치는 법칙이고, 모든 투자 수익의 뒤에 있는 수학적으로 확실한 방법이다."

이것이 어떻게 유효한지를 보여주는 많은 수학 공식이 있다. 다음은 72법칙이다.

"72를 당신이 받을 이자로 나누면 이것을 두 배로 늘리는 데 얼마의 시간이 소요될지 계산이 된다."

돈을 두 배로 늘리는 것은 어떤 투자에서든 표준을 제시하는 좋은 방법이다. 집을 사든 회사를 운영하든 이 법칙은 유효하다.

1년에 6퍼센트의 이자를 받을 수 있다고 가정해보자.

"72÷6=?"

휴! 12년이 걸린다. 72를 10으로 나누면 7.2년이다. 나는 경험적으로 15퍼센트의 이자를 사용하는 것을 좋아한다. 왜냐하면 5년마다 돈을 두 배로 늘리는 것은 쉬운 수학이기 때문이다. 그러나 만약 당신이 30퍼센트의 이익을 낼 수 있다면? 혹은 40퍼센트, 아니면 더 많은 이익을 낼 수 있다면? 부동산과 기타 다른 투자에서는 가능한 일이다.

투자 수익률을 100퍼센트 낼 수 있다면? 이것도 가능하고 내가 실제로 해보았다. 한 해 수익을 투자하고 또 여러 번 재투자함으로써 가능한 일이다. 부동산은 우리 주변에 있기 때문에 주식이나 채권보다는 친밀하게 느껴진다. 더 쉬운 이해를 위해 부동산 투자를 가정해보자. 먼저 10만 달러의 집을 산다. 4개월 후에 13만 3천 달러에 판다. 그러면 당신은 3만 3천 달러를 번 것이다. 이 방법으로 3년을 하면 원래 투자금의 100퍼센트의 이익을 낼 수 있다.

33,000×3=$99,000+투자 원금 $100,000=$199,000

부동산에서 가장 중요한 것은 차입금으로 투자할 수 있다는 것이다. 그래서 적은 돈으로 혹은 자본금 없이도 투자할 수 있다. 만약 자신의 돈을 사용하지 않고 구매의 차입금으로 투자를 한다면?

기억하라. 돈의 시간 가치는 $E=mc^2$이나 다른 수학 법칙들과 같은 하나의 법칙이고 수학적인 사실이다. 그리고 우리를 괴롭히는 것이 아닌 우리를 위한 것이다.

결단과 주저, 긍정적 행동과 지체된 행동이 이익과 손해를 가르고 복리 투자에 의해 그 손익은 몇 배로 불어난다. 따라서 긍정적인 결단은 잠재적으로 수만 달러의 이익을 가져다주는 것이다. 사용하는 돈이나 저축하는 돈 모두 마찬가지다. 예외는 없다. 화폐에 대한 모든 결정은 다 이 영향을 받는다.

따라서 재정적인 문제를 빨리 다루지 않는다면 미래에는 더 큰 문제가 되어버린다. 금융에 대한 지식 없이 쉽게 받은 대출이 미국을 빚더미에 앉혀놓았다. 재정에 대한 이해 부족, 재정 계획과 예산을 상의할 수 있는 능력 부족, 혹은 돈에 대한 개념 없음으로 인해 많은 결혼이 깨어지고 있다. 대출은 공짜 돈이 아니다. 대출은 진짜 돈처럼 다루어야 한다. 다음 달에 카드 값을 지불할 수 없겠거든 물건을 사지 마라.

삶의 예산을 짜보라. 그러면 그 예산을 가지고 나중에 사업을 할 수 있을 만한 충분한 원칙이 생긴다.

만약 지금 수익을 내는 것에 어려움을 겪고 있다면 해결책은 두 가지다. 소비를 줄이거나 수입을 늘리는 것. 어려워질수록 소비를 줄이는 편이 더 쉬울 것이다. 돈을 더 많이 번다는 건 두세 개의 직업을 가지고 돈을 벌며 많이 저축해야 한다는 뜻이다. 대개 부풀어진 예산을 줄이면 자신의 목표를 훨씬 빨리 이룰 수 있다. 나는 많은 회사가 작은 자본으로 시작하여 큰돈을 버는 것을 보았다. 그리고 그들은 성공한 후에도 계속해서 소비를 줄인다.

대출이 답이다
■ □ ■

우리는 지금 돈과 재산에 대해 이야기하고 있다. 그러니 당신의 꿈에 투자하기 위한 대출에 대해서도 생각해보자. 좋은 대출은 현금을 사용하지 않고도 가장 영향력 있는 투자를 할 수 있는 수단이 된다. 매년 주머닛돈으로 새로운 투자 자본을 창조할 수 있는 수만 달러의 가치를 지니게 되는 것이다.

이렇게 말할 사람도 있을 것이다.

"내가 케이블 텔레비전 요금과 자동차 대금, 그리고 학자금 대출을 갚기 전에 누군가가 이 말을 해줬더라면……."

많은 사람들이 자신의 대출에 대해 이런 생각을 해보지 않았을 것이다. 사실 대부분의 사람들이 대출은 자동차나 가구 혹은 뜨거운 데이트와 같이 무언가를 사거나 즐기고 싶을 때 받는 것이라고 생각한다. 대출은 편리하며 여러 방면으로 돈을 늘릴 수 있게 해준다. 자동차가 필요할 때 어떻게 하는가? 융자를 받는다. 그래서 자기 자신에게는 적은 돈을 투자하고 자동차에는 큰 돈을 투자한다. 우리가 쓸 수 있는 돈보다 훨씬 많은 돈을 여러 방법으로 사용한다.

필요 이상의 자동차를 사거나 매번 충동적인 소비로 신용카드를 쓴다거나 평면 텔레비전이 갖고 싶어서 현금이 없음에도 불구하고 구매하는 것은 자기 수준에서 벗어난 삶이다. 그러나 우리는 이런 일들을 지금까지 해왔고, 빚에 눌려 살고 있다. 매달 최소의 대금을 지불하며 한 달이 채 가기도 전에 돈이 떨어진다.

대출을 너무 많이 받은 건 아닌가? 만약 아래의 사항들 중에 하나라도 해당된다면 재정의 출혈을 막을 방법을 생각해야 한다.

- 항상 현금이 없어 현금인출기로 달려가는가?
- 매달 최소의 대금만 갚고 있는가?
- 집세나 주택 융자금을 연체하여 갚는가?
- 신용카드 대금이나 금융회사의 청구서를 갚는 데 오랜 시간이 걸리는가?
- 돈을 갚기 위해 다른 곳에서 돈을 빌리는가? 이것은 당신을 나락으로 떨어뜨리는 정말 위험한 재정 피라미드다.

평균 신용카드 지불 금액은 1,700달러이다. 신용카드를 소유한 사람들의 3분의 1이 매달 이 돈을 꼬박꼬박 갚고 있다. 그리고 많은 사람들이 최소한의 금액으로 갚아나간다(미국은행협회 통계 자료). 그런데 몇몇은 큰 문제에 빠져 있다. 미국 행정부의 통계에 따르면 2006년 상반기에 130만 명의 미국인이 파산했다고 한다.

3000달러를 이자가 18.9퍼센트인 현금서비스를 받아 매달 50달러씩 갚고 있다고 하자. 사람들은 대개 이자율을 무시한다. 그리고 플라스틱 카드를 마치 모노폴리 게임 돈처럼 사용한다. 그 카드의 돈을 다 갚을 때까지 얼마의 시간이 걸릴지 당신은 알고 있는가? (앞으로 카드를 쓰지 않는다고 가정하고) 15년이 걸린다. 이렇게 되면 원금의 세 배가 넘는 이자를 갚아야 한다. 이자만 6200달러를 갚아야 하는 것이다.

카드 대금을 매달 10달러를 늘려 갚으면 기간은 8년으로 줄어든다. 그리고 이자의 절반을 줄일 수 있다(그러나 아직도 카드 대금 3000달러에 이자만 3000달러를 갚아야 하는 형편이다). 어떻게 이런 일이 일어나는지는 뒤에서 더 알아보기로 하자.

청구서, 소비, 대출을 관리하는 것은 가장 중요한 일이다

■ □ ■

대출을 받아 쓰레기를 사는 데 쓰지 않고 신용도도 좋다면 좋은 투자를 할 수 있다. 신용을 이용해 투자하는 것은 이자만 갚는 일이 아니라 계속해서 많은 돈을 벌 수 있고 돈이 자신을 위해 일하게 만드는 것이다(당신이 돈을 위해 항상 일해왔던 것 대신에). 그러나 정확히 어떤 게 좋은 신용도이고, 누가 어떤 점을 보고 우리의 신용도를 평가할까?

자신의 신용 기록을 알고 있는가? 내가 이야기해본 대부분의 사람들은 자신들의 신용도에 긍정적인 생각을 가지고 있었다. 사람들은 신용 기록이 자동적으로 잘 되고 있다고 생각하는 경향이 있다. 그들은 청구서를 제때에 갚았고, 신용 회사와 직접적으로 연락하지 않았거나 그들의 신용 기록에 어떤 내용이 있는지 알고 있다.

신용 기록을 적어도 1년에 한 번은 점검하라고 권하고 싶다. 무료이기도 하고, 우리는 자신의 기록이 어떤지를 알고 있어야 하기 때문이다. 나는 내 신용 기록에 어떤 변동이 생기거나 다른 사람이 나의 신용카드나 신분을 사용하려고 하면 즉시 알려주는 온라인 서비스를 이용하고 있다.

아주 작은 것들이 당신의 신용 가치에 영향을 미친다. 예를 들어 대출업자들은 지난 6개월 동안 당신이 얼마나 자주 돈을 빌렸는지도 살펴본다. 그러나 걱정하지는 마라. 개인의 대출 기록은 개인적인 정보인 만큼 특별한 경우가 아니면 조사하지 않는다. 신용도를 높이는 것과 좋고 튼튼한 상태로 유지하는 것은 모두 자신에게 달려 있다.

신용에 대해서는 미리 준비해야 한다. 매달 제때 대출금을 갚고 신용 기록에서 높은 점수를 유지해야 한다. 그리고 빚을 빨리 갚아 당신의 꿈을 이루기 위한 신용도를 쌓아야 한다.

신용도가 미래의 열쇠가 될 수 있다

■ □ ■

신용도가 얼마나 큰 영향력을 미치는지 알겠는가? 신용카드 회사들은 당신이 신용카드로 쓰레기를 소비하기를 바란다. 신용카드는 현명하게 사용해야 한다. 그것이 현재와 미래의 은행예금이 될 수도 있기 때문이다.

당신이 투자 계획에 포함시키지도 않은 신용도가 바로 잠자는 거인이다. 나의 회사 '시티캐피털'에서는 좋은 신용 등급만 가지고 부동산 투자자가 되는 프로그램을 개발하였다. 이는 전국적으로 호응을 얻었다.

몇 백 달러와 몇 장의 신용카드로 시작해 성공한 기업들을 나열하자면 끝도 없다. 신용은 당신의 기업에 더 많은 능력을 준다. 매달 대출금을 갚으면서 다시 새로운 대출을 받아 회사를 확장하고 더 많은 상품을 만들며 마케팅에 투자할 수 있다.

만약 대출을 받을 수 없다면? 이런 경우라면 첫째로 나는 당신의 사업적 능력을 걱정하지 않을 수 없다. 그러나 지금은 잠시 접어두기로 하자. 당신의 꿈이 정말 중요한 것이고 꼭 이루어야 한다면 생각해보자. 만약 종이 클립 하나로 시작해야 한다면 어떻게 하겠는가? 그

종이 클립 한 개를 사업을 시작하는 데 이용할 수 있겠는가? 꿈을 이루는 데, 집을 사는 데 이용할 수 있겠는가? 이쯤 되면 당신은 키득거리며 웃고 있을지도 모른다. 이런 말이 얼토당토 하지 않게 느껴진다면 당신에게 들려줄 사례가 하나 있다. 이것은 미국 전역 뉴스에 등장했던 이야기다.

독창적이고 모험심이 강한 카일 맥도널드라고 하는 한 젊은 남자가 내가 방금 이야기한 일을 정말 해냈다. 그의 계획은 빨간 클립으로 시작했다. 한 가정과 거래가 될 때까지 그는 계속해서 거래할 곳을 찾았다. 정신 나간 생각 아닌가. 그러나 카일은 온라인을 이용하여 실제로 해냈다. 거래를 성사시키는 데는 1년이라는 시간이 걸렸다. 그러나 결국에는 단 한 개의 종이 클립으로 결국에는 집을 소유하게 되었다! 구글에 카일 맥도널드를 치고 그의 이야기를 읽어보라. 이제, 무엇 때문에 망설이겠는가.

온라인 기회

■ □ ■

내가 컴퓨터와 프로그래밍 회사를 시작했을 때부터 자연스럽게 돈을 벌 수 있는 곳이라고 생각한 첫 번째 장소가 바로 온라인 세계였다. 만약 당신이 컴퓨터를 가지고 있다면 컴퓨터를 움직여 얼마나 많은 사업을 할 수 있는지 생각해보라. 인터넷에 접속하는 것만으로 자본금이 전혀 들지 않는 수많은 온라인 사업을 할 수 있다. 가게가 필요하지도 않고 명함을 인쇄할 필요도 없으며 간판을 걸어놓을 필요도 없다. 차도 필요 없고 차려입고 나가지 않아도 된다.

많은 사람들이 이베이에서 물건을 판다. 그러나 그들은 그 사업을 어떻게 하는지는 모른다. 모르거나 혹은 시간이 없다(배울 시간조차 내려고 하지 않는다). 알다시피 오래된 옷이나 물건을 파는 위탁 판매소가 많은 사람들의 물건을 팔아 이익을 남기고 있다. 온라인상에서 다른 사람의 물건을 대신 팔아주는 위탁 판매는 경험이 없어도 쉽게 이윤을 낼 수 있는 사업이다. 이것이 얼마나 쉬운 일인지 보자.

- 고객이 당신에게 물건을 준다. 당신은 돈을 전혀 내지 않는다.
- 고객이 온라인상에 게시해놓은 비용을 지불하고 운송비를 낸다. 때문에 당신은 돈을 조금도 쓸 필요가 없다.
- 온라인으로 가서 당신의 기술을 사용하여 상품을 진열하라.
- 판매가 되면, 진짜 돈을 버는 것이다.

여가 시간을 이용해서도 이런 회사를 하나 운영할 수 있다. 그러고도 다른 일을 할 만한 충분한 시간이 된다. 나의 친구는 일주일에 몇 번 일을 마친 후에 음향기기 상점이나 전파상에 간다. 그리고 버리려하거나 쓸모없는 스테레오가 있는지 혹은 텔레비전이 있는지 물어본다. 그런 물건은 항상 있다. 그는 차에 실을 필요도 없이 그냥 집으로 온다. 그가 필요한 것은 사진과 정보뿐이기 때문이다. 그리고 그는 그 부품들을 이베이에서 판매한다.

어떤 상점 주인은 40~50달러의 매출을 올리며 진열비와 운송비까지 지불하지만 어떤 이들은 밖에서 '쓰레기'를 판매하며 운송비도 내지 않는다. 그러면서도 매출을 올린다. 나의 친구는 이러한 형태의 사업을 좋아하는데 그 이유는 거의 비용을 지불하지 않고 한 달에 1000~2000달러의 수익을 올릴 수 있기 때문이다. 그는 이 돈으로 나중에 직장을 나와 자신의 사업을 시작하기 위해 저축하고 있다.

팔 물건은 얼마든지 있다. 내 친구 중에는 스타벅스의 머그컵과 골동품을 좋아하는 이가 있다. 그는 매달 2만 달러의 물건을 이베이에서 판매한다. 어떤 분야에 대한 지식이나 관심이 있다면 그에 대한 정보도 충분히 있을 것이다. 그것을 온라인 시장에서 판매하면 된다.

이외에도 온라인을 통한 사업 기회는 수없이 많다. 집에서 근무하는 프리랜서들도 있다. 그들은 뉴스레터를 쓰고, 로고를 디자인하고, 팸플릿을 만들고, 심지어는 광고와 마케팅 카피도 만든다. 집에서 말이다. 사실 내가 에머슨을 만난 것도 온라인에서였다. 나는 마케팅이 필요했고 판매에 대한 도움이 필요했으며 광고 카피를 작성할 사람이 필요했다. 그는 자신이 가진 지식과 기술로 상담을 해준다. 당신 역시 할 수 있다.

오프라인 기회

■ □ ■

컴퓨터가 보급되기 전, 사람들은 아이들을 돌보고 머리 손질을 하고 집을 개조하고 하는 사업들을 모두 집에서 했다. 오셀라 맥카티는 집에서 이웃의 옷을 세탁하고 다려주는 일을 하는 여성이었다. 몇년 전에 모든 방송의 뉴스에 이 겸손한 세탁부가 소개되었다. 그녀는 죽기 전에 평생 저축해서 모은 15만 달러를 소수민족 학생을 위한 장학금으로 기부하였다. 그녀는 학교에 다닌 적이 없었다. 그녀는 단지 몇 달러의 돈을 받고 세탁하고 다림질을 하며 살았을 뿐이다. 그러나 그녀는 남부 미시시피 대학의 가장 유명한 후원자가 되었고 그녀가 한 번도 만난 적이 없는 학생들의 삶을 바꾸어놓았다.

오셀라 맥카티에 대해서는 나중에 조금 더 이야기할 것이다. 이 책을 읽는 많은 사람들이 세탁하는 일을 무시해왔을지도 모른다. 그러나 그녀는 다른 사람들이 보지 못한 길을 보았고, 수년 동안 지속적으로 많은 이들의 인생을 바꾸었다.

우리 회사는 부동산에서 바이오 연료로 사업 목표를 크게 전환하였지만, 나는 계속 부동산 일을 한다. 유형의 재산을 소유한다는 건 안전한 일이다. 그것은 진짜 재산이기 때문이다.

게다가 미국에는 부동산 투자보다 부동산을 어떻게 팔고 사야 하는지에 대한 정보를 주는 사업체가 없다. 서점은 수많은 책으로 뒤덮여 있다. 도서관에는 더 많다. 때문에 정보에 접근하는 방법에 대해 변명하는 건 있을 수 없다.

전형적인 가정 대출은 10만 달러짜리 집을 10퍼센트씩 갚아나가도록 되어 있다. 그렇게 해서 집 한 채에 대한 소유권을 가지게 되고, 더구나 열 번에 걸쳐 갚아도 된다! 그러면 당신은 그곳에서 살 수도, 빌려줄 수도, 혹은 투자로서 자리에 앉아서 돈이 불어나는 걸 구경할 수도 있다. 모두 당신의 선택이다.

이런 일들을 시행착오 없이 잘 해낼 방법이 있다. 돈 한 푼 잃지 않고 말이다. 우리 회사 시티캐피털이 투자자들의 계약금 없이 오직 그들의 신용만으로 그들에게 투자 자산을 소유할 수 있도록 하는 프로그램을 개발했다고 앞에서 언급했는데 이 원리는 당신이 사려고 하는 회사나 집에 모두 적용될 수 있다. 앞으로 받을 상에 집중하라. 그리고 그냥 실행하라!

부동산에 뛰어들면 당신은 당신의 꿈에 자본금을 얹을 수 있을 것이다. 집을 거래하는 일에 집중하고 구매자와 협의하라. 그리고 마감시간에 은행에 가서 수표를 모아라. 판매를 통해 얻은 수익이 초기 자본금이 되어줄 것이다.

1년에, 심지어 한 달에도 5~10채의 집을 판매하는 사람을 나는 알고 있다. 어떤 사람은 한 집에서 여섯 자릿수의 수익을 낸다. 그들은 대개 동료 없이 혼자, 대출도 없이 그 일을 한다. 때로는 구매자가 마감시간과 동시에 거래를 성사시키기 위해 현금을 가져오기도 한다. 혹은 그들이 집을 선택한다. 월급날까지 기다려 살 필요도 없다.

물론 이 사업을 배우는 데에는 시간이 좀 걸린다. 그러나 그게 어쨌다는 말인가? 당신이 지금 가지고 있는 그것이 부동산만큼 빠르게 수만 달러를 벌게 해주는가? 왜 도서관이나 서점에 가지 않는가? 왜 책을 펼쳐 보지 않는가? 어쨌든 이 예는 우리 삶에 한 번쯤은 적용되어야 할 일이다.

사업을 시작할 때 언제나 자금이 필요한 것은 아니지만, 만약 내 사업에 돈이 필요하다면 돈을 얻을 수 있는 방법은 너무나도 많다.

당신이 생각하는 장애물은 실제일까, 상상일까

■ □ ■

자신의 실패 원인을 자본 부족 때문이라고 생각하는 것은 그저 생각일 뿐이다. 간절한 욕구가 있는 사람은 자신의 삶에 숨어 있거나 묶여 있는 자본을 찾아내어 활용할 방법을 발견한다. 자본과 신용을 관리할 수 있는 능력을 입증할 수 있고 더불어 꿈을 향한 열정만 지니고 있다면 어떤 것도 우리를 방해할 수 없다. 당신의 꿈에 투자해 그것을 실현해줄 수많은 엔젤 투자자와 벤처 투자가들이 존재한다.

10대였을 때 나는 막대한 자금을 가진 사람들에게 나의 열정을 전달할 기회가 있었다. 그들이 나의 꿈을 실현시켜주기 위해 탁자 위에 돈을 올려놓았다. 나는 열일곱 살 때 25만 달러의 자금을 조달한 적도 있다. 그 자본으로 지금은 수백만 달러의 자산 가치를 지닌 회사 GoFerretGo.com을 성공적으로 성장시킬 수 있었다. 꿈을 따라가라. 그러면 돈이 당신을 따라올 것이다.

에머슨 브랜틀리와 처음 만났을 때 그에게서 들은 이야기는 나를 놀라게 하기에 충분했다. 에머슨도 기업들을 대상으로 사업 자금을 알선하는 일을 한다. 그는 이렇게 말했다.

"에프런, 지금 유효한 거래 수보다 더 많은 자금이 회사에 투자되기를 기다리고 있어."

많은 회사들이 스스로를 과소평가한다. 그래서 자금을 구하는 걸 쉽게 포기해버린다. 그는 그런 회사들을 기다리고 있었다. 당신도 목표를 이룰 때까지 절대 포기하지 말길.

자본을 구하기 위해 실제로 은행이나 친구 또는 지인을 찾아가본 경험이 있는 사람들은 이 말이 농담처럼 들릴지도 모른다. 하지만 에머슨은 정말 그렇게 말했다. 거래는 그것을 찾는 이에게만 다가온다. 자본도 마찬가지다. 여기에서 주목할 점은 단지 바라는 데서 그치는 것이 아니라 찾아나서야 한다는 것이다. 즉 문을 두드리고 직접 부딪치며 프레젠테이션을 통해 요구를 해야 한다.

　또, 기억하라. 자금을 찾는 것과 그것으로 무언가를 하는 것은 별개의 문제다. 내 손안에 지식과 자본이 아무리 많다 해도 그것만으로는 부족하다. 우리를 성공으로 이끌어주는 것은 그 지식이나 자본을 잘 적용하는 일이다. 정보와 교육을 제대로 이용하고 시간을 최대한 활용해야 한다. 그리고 자본금을 현명하게 쓸 줄 알아야 하며 결정과 행동을 두려워하지 말아야 한다.

　자금이 필요하면 가서 얻어라. 자금이 있다면 사용하라. 그리고 계속 추진해가라. 시간은 계속 흘러가고 있다.

변명 2: 나는 시간이 없어

　해야 할 일을 하지 않는 데 대해 돈이 부족하다는 핑계 다음으로 많이 대는 것이 시간이 부족하다는 핑계다. 많은 사람들이 새로운 일을 시작하기에는 시간이 부족하다고 느낀다. 집에 페인트를 칠할 시간이 없고 운동할 시간도 없고 아내와 데이트를 즐길 시간도 없으며 새로운 사업을 시작할 시간도 없다고 생각한다. 이것이야말로 꿈으로부터 멀어지게 하는 결정적인 변명이다. 현실을 말하자면 가장 바쁜 사람들은 주어진 시간으로 대부분의 것을 해내는 사람들이다. 그들은 당신이나 내가 가지고 있는 시간과 똑같은 시간을 가지고 있다.

우리는 모두 매일 24시간을 가진다. 매주 168시간이며 1년은 52주이니 결국 매년 525,600분을 가지는 것이다.

누가 누구보다 단 1분이라도 더 가진 것이 아니다. 우리는 모두 매일 정확하게 같은 시간을 소유한다. 더 적지도, 더 많지도 않다. 그렇기 때문에 어떻게 시간을 관리하느냐가 중요한 것이다. 돈을 어떻게 관리하느냐와 마찬가지로 시간을 관리하는 것이 모든 제약으로부터 해방시켜준다. 시간 관리에 지나치리만큼 집착하고 여가 시간을 최대한 낭비하지 않도록 노력하라. 꿈을 추구하기 위해 항상 자신을 바쁘게 움직여라.

모두에게 똑같이 주어진 한정된 시간을 놓고 아무리 궁리를 해봐도 결국 중요한 것은 매 순간을 최대로 활용하는 각자의 책임이다. 그런데 시간을 관리하는 것도 요령이 필요하다. 이 요령이 부족한 것이 진짜 문제일 수도 있다. 혹은 모든 변명의 핵심일지도 모른다. 시간을 낭비하지 않고 생산적인 시간을 최대한 활용할 수 있는 방법을 배워야 한다. 무엇을 하든 간에 우리는 꿈을 추구하기 위해 시간을 관리해야 한다. 그러지 않으면 시간은 그냥 지나가버릴 것이다. 어느 날 눈을 떠보면 10년, 20년, 30년 혹은 그 이상이 훌쩍 지나 있을지도 모른다. 그리고 꿈도 그렇게 지나쳐버릴 것이다.

시간이 없다는 변명이 내가 성취하고자 하는 일을 방해하게 하지 마라. 충분한 시간이 없었다고 말하는 것은 관리의 문제이자 책임의 문제이다. 이런 변명으로 꿈에서 멀어진다면 그것은 정말 치명적인 변명이 될 것이다.

이미 말했듯이 우리는 개인적으로나 사업적으로나 스스로 현실을 만들어간다. 세상을 유리한 것으로 바라보면 실제로 그렇게 된다. 세상을 장애물로 바라보면 삶은 그런 쪽으로 흘러간다. 자신에게 주어진 황금 같은 기회를 놓치고 스스로를 자책하는 사람을 본 적이 있는가? 할 수 있다고 생각하든, 할 수 없다고 생각하든 어느 쪽이나 다 맞다. 분명 그렇게 될 것이기 때문이다.

어떻게 인식하고 행동하는지에 따라 시간은 적이 될 수도 있고 아군이 될 수도 있다. 그리고 행동에는 대가가 따른다. 모든 결정에는 대가가 따르게 마련이다. 이것은 인생에서 가지는 모든 생각과 두려움에 따른 대가이기도 하다. 자신의 투자에 충분한 시간을 들여 집중하지 않고 단지 시간을 변명거리로만 사용한다면 그 투자에 대한 실망스러운 결과들이 줄줄이 다가올 것이다.

시간은 돈이고 돈은 시간이다

■ □ ■

시간이 돈이라는 것은 의심할 여지 없는 사실이다. 모두 이 말을 들어봤을 것이다. 두 가지 일을 하면서 세 명의 자녀를 돌보는 미혼모에게 그런 말을 해보라. 혹은 6개의 위원회를 감독하느라 딸의 축구 경기를 보러 갈 수 없는 회사 중역에게 말해보라. 기금이 부족해 수업시간에 쓸 공작품을 직접 만드는 중년의 유치원 교사는 어떠한가. 또 모든 잔업을 다 마쳤을 때에야 여유로운 생활을 할 수 있는 시간제 노동자도 생각해볼 수 있다. 이런 예는 너무나 많다.

맞벌이와 엄청난 주택 융자, 자동차 수리, 단체 스포츠, 그리고 더 많은 것을 얻을 수 있다는 아메리칸 드림은 과도한 일을 하고도 임금을 제대로 받지 못하며 스트레스를 받는 절망적인 가정을 의미하는 단어가 되어버렸다. 그 어느 때보다 우리 삶에 더 많은 것이 요구되고 있다.

삶이 너무 치열해서 꿈을 이루는 것이 불가능하다고 생각하는가? 또는 그 꿈을 잠시 미뤄둬야 한다고 생각한 적이 있는가? 우리가 확신할 수 있는 것은 지금 이 순간뿐이다. 지금 가지고 있는 것을 사용하는 일이 가장 중요하다.

■■■ 얼마나 많은 시간을 가지고 있느냐가 중요한 것이 아니다. 매 순간을 어떻게 이용하느냐가 중요하다.

시간이 정말 부족한 이유는 우리가 내리는 결정 때문인 경우가 많다. 예를 들어 사는 곳은 직장생활과 통근 시간에 영향을 준다. 통근 시간이 매일 서너 시간씩 되는 사람들을 나는 알고 있다. 그런 상황이 그들의 시간 활용에 영향을 줄까? 물론 당연하다.

활동을 하고 우선순위를 정하는 것에 대해 우리는 언제나 선택을 한다. 일주일에 한 번 내지 두 번 교회를 가려면 몇 시간을 투자해야 한다. 그러나 일요일 오후 내내 야구 경기를 보거나 비용을 아끼기 위해 스스로 배관을 수리하는 데에도 몇 시간은 걸린다(부동산 투자가들에게 철칙은 절대 스스로 하지 말고 사람을 고용하라는 것이다). 아침에 모두 모이는 데 한 시간 반, 끝없는 음성 메일 확인, 직장의 소프트볼 시합 참여, 자녀를 학습활동과 스포츠센터에 데려다주기. 우리가 하는 모든 일들은 시간이 들며 결국은 인생에서 몇 년을 빼앗아간다.

나는 우리 회사가 실질적으로 발전할 수 있도록 도와줄 수 있는 능력 있는 사람들을 주변에 많이 모았다. 하지만 대부분의 사람들은 이런 중요한 단계를 거치지 않는다. 이것이 바로 소규모 사업이 그 자리에 머무를 수밖에 없는 이유다. 이런 사업체를 가지고 있는 건 직장에 다니느니만 못하다. 그리고 이것은 사업 실패율이 높은 주요 원인이 되기도 한다.

시간을 관리하는 것은 간단하지만 절대 쉬운 일이 아니다. 하지만 다른 대부분의 일들과 마찬가지로 모두 자신의 선택에 달려 있다. 어떻게 시간을 선택할 것인가? 오늘 이 시각 바로 이 순간의 행동들을 어떻게 선택하여 목표를 향해 갈 것인가?

주변에는 많은 종류의 좋은 기회들이 있다. 하지만 누가 그 시간을 움켜쥘 것인가?

가장 가치 있는 자산

■ □ ■

시간은 가장 소중하고 가치 있는 자산이다. 아무리 애를 써도 단 1초라도 더 만들어낼 수는 없기 때문이다. 하루에 25시간 일한다는 농담도 하지만 그것은 바람일 뿐이다. 더 많은 시간을 원할수록 시간은 더욱 가치 있어지고 또 그렇게 되어야만 한다.

불행하게도 우리는 임금의 노예가 되어 살며 시간을 돈으로 교환한다. 그리고 결국에 가서는 인생을 즐길 돈과 시간이 얼마 남지 않았다는 것을 발견하게 된다.

인류가 시간 관리에 대한 개념을 가진 것은 150년 정도밖에 되지 않았다. 농장에서 일하던 때에 시간 관리라는 것은 새벽에 일어나 닭이나 돼지에게 사료를 주고 우유를 짜는 등 동물이 요구하는 것을 하는 것뿐이었다. 사람들은 해가 뜰 때부터 해가 질 때까지의 시간을 쟀다. 물론 단순화하여 말하는 것이지 그 당시의 삶이 쉬웠다고 말하려는 것은 아니다.

노동자들이 농장을 떠나 도시에서 일하기 시작하면서 그들의 임금은 하루에 완성하는 제조품의 수에 따라 계산되었다. 이를 삯일이라고 하며, 이러한 관행은 오랫동안 지속되었다. 정해진 기준은 항상 사람이 할 수 있는 범위를 넘어섰다. 따라서 노동자들이 충분한 제품을 생산하지 못했기 때문에 업주들은 최저 생활 임금을 지불할 필요가 없었다.

마침내 헨리 포드가 하루에 5달러를 지급하는 최저임금제를 도입했다. 이는 그 당시에는 그리 적은 금액은 아니었다. 이때부터 사람들은 진정으로 시간을 돈으로 교환하기 시작했으며 이것이 지금까지 지속되고 있다. 시간에 대해 임금을 받게 되면서 효율적인 시간 관리는 매우 중요한 일이 되었다. 곧 모든 사업장에서 효율성에 관한 연구를 진행시키기 시작했다. 더 효율적일수록 회사의 수익도 올라가기 때문이다. 바꿔 말해 효율성이 떨어지면 수익도 감소된다. 효율성이라는 것은 한 사람이 한 시간 동안 한 일의 양으로 측정하는 것이기에 또다시 새로운 개념의 삯일이 탄생한 것이다.

시간 관리라는 용어는 멈출 수 없고 조절할 수 없는 무언가를 관리할 수 있다는 의미로 받아들여진다. 우리가 관리할 수 있는 것은 자기 자신과 1분 1초를 어떻게 사용하는가 하는 것뿐이다. 결국 소비하고 낭비해버리는 시간을 분배하는 것은 자신에게 달려 있다는 의미다. 일단 시간은 사용하게 되면 다시 되돌리거나 재사용할 수 없다. 당신의 시간은 관리할 만한 가치가 있는가?

••• 나는 시간을 가치 있게 여긴다. 나는 나의 시간을 낭비하고 싶지 않다. 그래서 나는 삶을 즐길 수 있는 시간을 더 얻기 위해 시간을 관리한다.

시간 관리의 가치에 대해 제대로 평가하는 사람은 그리 많지 않다. 자기 자신을 관리하지 못한다면 어떻게 다른 사람을 관리할 수 있겠는가. 다른 사람을 관리하지 못한다면 어떻게 경력을 쌓아갈 수 있겠는가. 자신에게는 작은 변명들은 하면서 어떻게 부하 직원들에게 더 많은 것을 요구할 수 있겠는가. 또는 목표를 향해 가고 있다고 자신 있게 말할 수 있겠는가.

> ■■■ 당신은 아침 9시에서 오후 6시까지 생계를 위해 살아간다.
> 하지만 당신의 삶은 오후 6시부터 시작된다.

다른 사람을 위해 일하는 것으로는 절대 부자가 될 수 없다. 우리 모두가 생각해봐야 할 것이 있다. 자신의 시간을 얼마나 가치 있게 여기는가. 진정으로 가치가 있다고 여기는 것은 무엇인가. 당신의 시간이 당신에게는 얼마만큼 중요한가. 지금 받고 있는 임금으로 자신을 평가하고 있다면 당신은 나의 요지를 파악하지 못한 것이다.

다른 식으로 말해보겠다. 지금 하고 있는 일을 하면서 부업으로 상담을 할 수 있는 기회가 생겼다고 가정해보자. 얼마나 냉정하게 그 일의 가치를 계산해 임금을 받을 수 있겠는가? 대부분의 사람들이 똑같은 일을 했을 때 받는 것이 아니라 말이다. 당신의 그 능력이 얼마나 가치 있다고 생각하는가? 도대체 얼마나?

시간을 돈으로, 돈을 시간으로 생각하며 자라온 사람들에게 이것은 어려운 개념이다. 자신의 시간을 평가하는 방식이 시간의 가치를 결정한다. 이런 생각을 가지게 되는 순간 당신은 절대 전과 똑같지 않을 것이다.

바쁜 일정 속에서 어떻게 시간을 낼까

■ □ ■

첫 번째로 해야 할 일은 목표가 무엇인지를 정확히 이해하는 것이다. 이 책 전체의 내용을 요약한다면 다음과 같다.

자신이 무엇을 원하는지 파악하고 그것을 종이에 적어보라. 다음으로 시간에 우선순위를 두는 방식과 자신이 해야 할 것을 어떻게 최대한 활용할 수 있을지를 이해하라. 마지막으로 이것을 어떻게 하면 다른 사람에게 위임할 수 있는지를 생각하라. 위임은 신뢰의 문제와 관련되어 있기 때문에 가장 어려운 단계다.

나의 어머니는 내가 열 살이나 열한 살 무렵 목표 공책을 가지고 집에 왔던 일을 아직도 기억하신다. 아마도 수업 시간 과제였을 것이다. 하지만 나에게 그것은 단지 숙제에 불과한 것이 아니라 현실이었다. 나는 목표 공책에 무언가를 적으면 그것이 현실로 일어난다는 사실을 알고 있었다.

누군가는 꿈과 목표의 다른 점을 목표는 '적는 것'이라고 말했다. 이 말에 대해서는 잘 모르겠지만 한 가지는 확실하다. 적는 것은 이루어진다는 것이다. 어떤 목표에 대해서 진지하게 생각한다면 그것을 종이에 적어라. 그것이 성공으로 가는 지도가 되어줄 것이다. 그리고 한 발 더 나아가 그 목표에 일정표를 덧붙여라. 이 한 줄이 얼마나 많은 차이를 만드는지를 안다면 꽤 놀랄 것이다.

▪▪▪ 어디로 가야 할지 모른다면 오래된 길이 거기로 안내해줄 것이다.

나와 이야기하는 대부분의 학생들은 자신이 무엇을 원하는지를 안다고 말한다. 하지만 원하는 것을 얻기 위해 명확한 계획을 세우는 사람은 극소수에 불과하다. 이 글을 읽는 독자들 중 목표를 적는 사람은 얼마나 될까? 한 명이나 두 명, 혹은 한 명도 없을지도 모른다. 목표를 가지고 있더라도 대다수의 사람들은 학교에 가고 성적을 받고 열심히 일한다는 것 외에는 구체적인 계획을 가지고 있지 않다.

성공한 사람들은 매일 꾸준히 목록을 작성한다. 자신의 목표와 우선순위를 완전히 파악하고 어디에 서야 할지를 알 수 있는 유일한 방법이기 때문이다. 또한 목표를 이루기 위해 어떤 단계를 거쳐야 하는지를 알게 해주고 우선순위를 변경해야 할 때 더 유연할 수 있도록 도움을 준다.

연간 목표는 매일 검토되어야 하고 주간이나 월간 목표는 필요할 때마다 조정되어야 한다. 개인적인 목표든, 사업적인 목표든 원칙은 같다. 그렇게 하지 않으면 목표에서 이탈해 중요하지 않은 것에 전념하게 되며 비생산적으로 행동하게 된다. 그리고 정작 가장 중요한 것을 해야 하는 순간에 집중하지 못하게 된다.

■■■ 비전이 없으면 사람은 멸망한다.(잠언 29:18)

나는 새롭고 고차원적인 목표를 끊임없이 설정하고 그것을 적는다. 그리고 그것을 이루기 위해 노력한다. 나는 친구와 가족들에게 나의 꿈에 대해 이야기한다. 그리고 그들이 내 꿈을 앗아가는 말을 하거나 놀리지 못하게 한다. 나는 10대에 구인 회사을 만들었고 많은 교회가 더 큰 수익을 거둘 수 있도록 도왔다. 또 공동체와 노동자 계층을 돕고 투자 자금을 모아 회사를 상장시켰다. 이 모든 것들은 다 내가 말하고 적으며 집중했던 목표들이다.

목표를 설정하는 데에는 다양한 방식이 있다. 그 중 SMART 목표 설정법이 있다. 목표가 구체적이어야 하고(Specific), 예측할 수 있어야 하며(Measurable), 이룰 수 있고(Attainable), 현실적이며(Realistic), 시간에 맞춰(Time-based) 실천해야 한다는 것이다. 또 다른 것으로는 ABC 방식이 있다. 목표가 성취 가능한 것이어야 하고(Achievable), 믿을 수 있는 것이어야 하며(Believable), 마지막으로 조절 가능해야 한다는(Controllable) 것이다.

우선 목표는 정해놓은 시간 틀 안에서 이룰 수 있는 것이어야 한다. 그렇지 않다면 아무것도 준비되지 않은 것이다. 지금 최저 임금을 받고 일하고 있는데 향후 5년 안에 빌 게이츠를 누르고 세상에서 가장 부유한 사람이 되겠다는 목표를 세운다면 이것은 누구도 믿을 수 없다. 그래서 나는 목표를 세울 때 다음과 같은 질문을 해본다.

● 이 목표가 믿을 만한가

1년에 10만 달러를 만들려면 어떻게 해야 할까? 한 달에 8,334달러? 아니면 일주일에 1,923달러? 만약 일주일에 40시간을 일한다면 한 시간에 50달러 조금 안 되게 벌면 된다. 아직도 너무 많다고 생각되는가? 일주일에 80시간을 일한다면 한 시간에 25달러만 벌면 된다. 80시간은 긴 시간이다. 하지만 목표를 위해 달리는 시간이라면 빨리 지나갈 것이다. 요점은 바로 이것이다. 당신은 한 시간에 25달러를 벌 수 있는가, 50달러를 벌 수 있는가? 당신이 얼마를 벌 수 있다고 믿는가?

●이 목표는 이룰 수 있는 것인가

무언가를 할 수 있다는 것은 그것을 할 수 있다고 믿는 것과 긴밀한 관계가 있다. 왕족으로 태어나지도 않았는데 공주가 되기를 원한다면 그것은 목표가 될 수 없다. 미국에서 태어나지 않았다면 미국 대통령이 되는 것도 목표가 될 수 없다. 아널드 슈워제네거의 예를 보면 쉽게 답을 얻을 수 있다. 그는 주지사가 되기는 했지만 법이 바뀌지 않는 한 대통령이 되는 것은 불가능하다. 선거에 출마한 적 없는데 정치에 입문하는 것이 목표라면 학교나 시위원회부터, 심지어 방범 대장에라도 도전해야 한다. 주지사는 그다음이다.

●그 목표가 예측 가능한 것인가

앞에서 언급한 것과 마찬가지다. '많은 돈을 원한다', 이것은 목표가 아니다. '1년에 10만 달러 또는 100만 달러'를 원하는 것이 좀 더 나은 목표가 되겠지만 실현 가능하려면 더 세부적이어야 한다. 피아노를 배우고 싶거나 예술 학교에 가고 싶은가? 언제 시작할 계획인가? 언제 그 목표에 도달할 수 있겠는가? 당신의 잣대는 무엇인가? 당신이 생각하는 성공의 기준은 무엇인가? 성공으로 가고 있는지 그렇지 않은지 어떻게 알 수 있는가? 목표를 세분화하지 않으면 10월에 목표에 못 미치는 8만 달러만을 손에 쥐게 될지도 모른다. 따라서 이 단계는 목표를 향해 제대로 가고 있는지를 가르쳐주는 나침반의 역할도 한다. 만약 4월에 목표치의 반을 넘어섰다면 더 높은 목표를 세우는 것이 어떨까? 목표 기한을 8월로 앞당기든지 목표 금액을 12만 5천 달러로 상향 조정하는 것이다. 그것이 당신이 원하는 것이라면 항상 더 많은 것을 성취할 수 있다.

목표를 적고 시간 기한을 정하라. 적어야 하는 이유는 이미 언급했다. 은퇴와 같은 장기적인 목표뿐 아니라 집세를 20개월 안에 다 낸다든지 신용카드 대금을 50달러 미리 내는 등의 단기적 목표도 적는 것이 좋다.

분명한 목표와 우선순위, 목적, 시간 기한을 정하지 않으면 너무 많은 일을 두서없이 하게 되고 결국은 목표로 삼은 기간 내에 끝내지 못한다. 위기 상황이 발생해 눈앞의 불을 끄는 데만 급급하게 될 수도 있다. 그리고 무엇보다 당신의 귀중한 시간을 낭비하게 될 것이다.

무엇을 원하는지를 파악했다면 다음 단계는 그 목표들에 순서를 정하고 어떤 것이 가장 중요한지를 파악하는 일이다.

예를 들어 집세를 낼 때가 되었는데 일이 없다면 그저 대학 생활만 하는 것보다 일자리를 구하는 것이 우선일 것이다. 하지만 학교에 가서 학위를 얻는 것이 장기간의 목표라면 학업에 전념할 수 있을 때까지 야간 수업을 듣는다거나 온라인 수업을 들어야 할 것이다. 당신이 디자인한 것을 매장에 진열시키고 싶다면 색소폰을 배우는 것은 잠시 미뤄야 할 것이다.

많은 사람들이 목표에 우선순위를 매기는 일을 힘들어한다. 그들은 목표를 이루지 못한 채 이리저리 뛰어다니기만 한다. 성취감을 느끼기는커녕 무기력해지고 목표에 압도된 느낌만 받는다. 우선순위를 매기기는 데 첫 번째 단계는 하루를 어떻게 사용하고 있는지 정직하게 평가하는 일이다.

첫 번째 단계: 평가

■ □ ■

가장 힘든 단계 중 하나다. 왜냐하면 예산을 짤 때와 마찬가지로 정직과 정확성이 요구되기 때문이다. 오후 3~4시쯤 되어서 하루가 어떻게 지나갔는지 모르겠다고 생각한 적이 있는가? 일요일 저녁, 한 주 동안 하려 했던 일 중에 겨우 몇 가지밖에 못 했다는 걸 후회한 적이 있는가?

예전에 쓰던 플래너나 공책을 집어 들자. 그리고 출근, 전화 통화, 업무, 방해 요소, 쇼핑, 저녁식사, 인터넷 서핑, 이메일 읽고 답장, 휴식, 텔레비전 시청, 취침 등 자신이 한 모든 일을 적자. 모든 순간을 빠짐없이 말이다. 최대한 세밀하게. 그러면 시간이 어떻게 흘러갔는지 알 수 있다.

이 일은 오직 당신만을 위한 것이다. 몇 주 동안 이렇게 해보자. 〈스타 트렉〉에서처럼 항해 일지를 적는 것이다. 이것을 실천할 때까지 당신은 시간이 없다고 믿으면서 거짓된 삶을 살게 되는 것이다.

이 힘든 작업을 몇 주 동안 진행한 후에는 그 시간을 적는다. 컴퓨터에 능숙한 나는 표에 일일이 다 적어 넣지만 꼭 그럴 필요는 없다. 원한다면 손에 들고 있는 냅킨에 적어도 좋다. 중요한 것은 위의 일들을 하는 데 얼마나 많은 시간을 쓰고 있는지를 기록해두는 것이다. 일주일 168시간 중 몇 시간을 자고 있는지, 전화는 몇 시간이나 하는지, 운전은 얼마나 하는지를 말이다.

이제 몇 시간이 남는가? 여기가 바로 시작점이자 첫 단계다. 당신이 꿈을 추구하기 위해 이미 가지고 있었고 지금도 가지고 있는 바로 그 시간인 것이다.

이 시간 적기를 해본 사람 중 자신이 가진 시간에 놀라지 않는 사람을 나는 본 적이 없다. 하지만 이것은 시작에 불과하다. 아주 힘든 시작이지만 우리가 정말 시간이 있다는 것을 입증하기 위해 꼭 해야만 하는 과정이다.

사람들이 깨닫는 또 다른 하나는 그들이 너무 많은 일을 하려 한다는 것이다. 예를 들어 어제까지 끝냈어야 한다는 생각에 쫓기며 일을 제대로 처리할 충분한 시간을 스스로에게 허용하지 않는다. 그렇기 때문에 항상 반만 끝내고 성취감도 느끼지 못한다.

두 번째 단계: 우선순위 정하기

■ □ ■

이 단계에서는 우리 삶의 단기적인 목표에서부터 장기적인 목표까지 세워야 한다.

우리의 삶에는 '해야만 하는 것', '해야 한다는 의무감을 느끼는 것', '모든 일을 제치고 하는 것' 그리고 '하고 싶은 것'이 있다.

'해야만 하는 것'은 집 청소, 장보기, 업무 처리, 자녀 돌보기 같은 것이다. 평균 통근 시간이 하루에 51분이라는 뉴스를 보았다. 어디에서 살고 일하는지는 우리가 결정할 수 있지만 여전히 '해야만 하는' 현실인 것이다. 그리고 여기에는 안정된 인간관계를 유지하기 위해 '사랑하는 사람들을 위해 해야만 하는 일'도 포함된다. '해야만 하는 것들'은 우리가 가장 통제하기 힘든 부분이다. 하지만 시간을 관리하는 능력을 십분 발휘한다면 여기에서도 몇 시간을 빼낼 수 있다.

'해야 한다는 의무감을 느끼는 것'은 하겠다고 말했지만 속으로는 하기 싫은 일들이다. 또는 다른 사람이 하지 않기 때문에 해야 한다고 느끼는 것들도 포함된다. 직장에서 일을 떠맡거나 교회에서 도움의 손길이 부족해 기저귀 갈아주는 일을 자발적으로 하는 것 같은 일이다. 그러다 보면 3년 후에는 예배 때마다 보육실을 담당하게 될지도 모르고 자신의 성장 기회는 사라질 것이다. 이렇게 시간을 허비하는 활동에 대한 가장 간단한 해결책은 하지 않겠다고 말하는 것이다.

때때로 가장 최고의 시간 관리 비법은 심부름이나 추가 업무, 봉사활동에 대해서 "하지 않겠어요"라고 말하는 한마디다. 당신이 일을 떠맡는다면 사람들은 자기 일까지 당신에게 맡길 것이다. 하지 않겠다고 말하면 상대를 화나게 할까 봐, 자기를 싫어할까 봐 두려워하는 이들이 있지만 자신의 목표와 목적을 위한 일과 단순히 시간을 빼앗는 요청을 가려낼 수 있어야 한다. 자신에게 물어보라.

"지금 이 일을 하는 게 시간을 가장 잘 활용하는 것일까?"

만약 아니라면 하지 않겠다고 말하라. 다른 사람과 나눠라. 다른 사람들도 자신의 몫을 할 수 있는 기회를 주고, 혼자 모든 것을 하지 마라. 어떤 교회든, 단체든, 회사에서든 모든 일을 할 수 있는 것처럼 보이는 사람들이 있다. 그들은 필요하다고 하는 모든 일을 할 수 있고 부탁받았을 때 도움이 되지 못하는 것에 대해 힘들어한다. 하지만 그들의 행동은 타인에게 도움이 되지 않는다. 그 일을 해내지 못해서가 아니라 다른 사람이 그 과정에서 배우고 일을 할 수 있는 기회를 빼앗기 때문이다. 그런 단체는 강해질 수 없다. 오히려 점점 약해지고 한 사람에게 모든 걸 의존하게 된다. 만일 그런 사람이 아프기라도 한다면 어떻게 되겠는가? 때로는 하지 않겠다고 말하는 것이 상황을 호전시킨다는 것을 명심하라. 다른 사람이 그 부분을 배울 수 있게 될 것이기 때문이다.

남의 일을 무조건 떠맡는 것을 팀을 위해 일하고 성공하기 위해 일하는 것과 혼동하지 말라. 매주 봉사하는 것이 당신의 목표라면(나의 목표이기도 하다) 그것을 하라. 하지만 모든 것을 기꺼이 할 수 있는 시간이 있다고 사람들이 오해하게 해서는 안 된다. 당신이 속해 있는 공동체나 자선단체에 가서 일을 하되 역시 시간 관리를 하라. 이것이 자신의 목표와 목적을 이해한 행동이다. 이 부분은 정말 주의 깊게 살펴보기 바란다. 왜냐하면 하지 않겠다고 말하는 것은 성공하기 위해 필요한 추가 시간을 벌어주는 정말 중요한 일이기 때문이다.

'모든 일을 제치고 하는 것'은 갑자기 생긴 일들을 말한다. 왜냐하면 처음에 그것을 처리하는 데 시간을 들이지 않은 일들이기 때문이다. 나의 어머니가 말씀하셨듯이 "사람들은 일을 제대로 하기 위한 시간은 없다. 하지만 그것을 다시 할 시간은 있다." 악어를 만나 목숨이 위태롭게 되면 원래 목적인 늪지를 메우는 일은 잊어버리기 쉽다. 피터 드러커는 이렇게 말했다.

"위기관리는 실제로 경영자들이 선호하는 관리 형태이다."

오늘 해야 할 일을 내일로 미루는 것은 더 쉽다. 오늘 해야 한다! 기억하는가? 아이러니한 것은 이것이 성공한다는 느낌 대신 결점과 실패로 끊임없이 좌절감을 느끼게 한다는 것이다.

'내가 하고 싶은 것'은 사람들이 가장 잘 통제할 수 있는 부분인데 매주 일요일 사업 계획을 세우는 대신 축구 경기를 보는 그런 일들이다. 운동이나 취미생활, 가족과 함께 즐기기, 소프트볼, 친구들과의 바비큐 파티로 시간을 보내고 싶은가? 집에서 빨리 저녁식사를 하여 시간과 돈을 절약하는 대신 외식하러 나가고 싶을 수도 있다. 이 항목의 모든 일들은 사실 우리가 100퍼센트 통제할 수 있다.

'내가 하고 싶은 것'에 사용하는 시간은 바로 휴식 시간 또는 빈 시간이다. 우리에게 필요한 것은 휴식일 뿐이고, 대개는 우리가 실제 취하는 휴식 시간보다 훨씬 적은 시간이면 충분하다. 우리는 게으른 사람이 아니다. 너무나 열심히 일하고 충분한 휴식 시간을 가지지 못했다. 그러나 자신의 여가 시간을 주의 깊게 살펴보고 그 시간이 목표로 가도록 도와주는지(혹은 방해하는지) 확인하라.

나는 항상 내 삶에서 비는 시간을 활용할 새로운 방법을 찾으려 노력한다. 나는 비행기와 택시를 자주 이용하기 때문에 수시로 이메일이나 전화를 할 수 있도록 블랙베리 휴대전화를 들고 다닌다. 업무에 필요한 노트북과 검토할 서류도 가지고 다닌다. 내가 아는 어떤 사람들은 운전하는 길에 동기 부여나 자기 수양에 도움이 되는 CD를 들으면서 다닌다.

"나는 로봇이 아니야. 나만의 시간이 필요해. 나의 모든 시간을 생산적으로 활용하라는 말로 들리는군. 삶의 질을 위한 시간은 어떻게 하란 말이지?"라고 말할 사람도 있을 것이다.

가족과 친구는 우리를 지지해주는 강력한 집단이다. 그러니 그들과 함께할 수 있는 시간을 계획하라. 나는 가족과 함께하는 시간을 회사 달력에 적어놓고 직원들이 볼 수 있도록 한다. 수요일 저녁이면 나는 아내와 아이들을 데리고 교회에 간다. 이런 시간에는 다른 일정을 잡지 않는다. 그 시간은 가족을 위한 시간이기 때문이다. 원하는 모든 일이 다 성취되었을 때 우리가 바라보게 될 사람들이 바로 그들이다. 그들 역시 자기를 위해 시간을 내준 사람을 사랑과 좋은 추억으로 되돌아볼 것이다.

시간을 잘 관리하고 자기 일이 아닌 것은 하지 않겠다고 말하는 것보다 시간을 만들 수 있는 더 확실한 방법이 있다. 그것은 바로 다른 사람에게 책임을 일부 위임하는 것이다. 당신이 모든 일을 책임져야 한다고 누가 말했는가.

가능한 한 위임하라

■ □ ■

당신이 지금 그 일을 할 수 있는 최적의 사람이라는 생각을 버려라. 옆에 자신의 임무를 위임할 사람이 아무도 없는 사람은 거의 없다. 그건 자녀들이 될 수도 있다(한 아이는 빨래를 하고 다른 아이는 설거지를 하는 것이다). 프로젝트를 같이하는 동료일 수도 있고 그 일에 더 경험이 많은 직장 상사가 될 수도 있다.

큰 임무를 작게 세분화하라. 회사 메일을 분류하고 쓰레기를 버리는 것 같은 일들을 다른 사람과 나눠라. 중요한 건 지금 배워두면 다음에 다른 사람을 관리하는 위치에 갔을 때 그들을 위해 일하는 것이 아니라 그들을 관리할 수 있게 된다는 것이다.

완벽주의자들은 자기의 일을 제대로 위임하지 못하는 사람들이다. 프로젝트가 원하는 방향으로 진행되지 않으면 그들은 바로 거기에 가담해 '바로잡으려' 한다. 다른 사람들이 일을 망치고 실패하도록 내버려 두라. 그리고 그것을 배움의 과정으로 이용하라. 누군가가 당신이 할 수 있는 것의 60퍼센트를 해낼 능력이 있다면 그 사람에게 위임하라. 만일 그가 해내지 못한다면 시간을 가지고 그에게 한 번 더 보여주라. 그 과정을 기록하게 하고 그것을 이메일로 보내도록 하라. 많은 양의 문서를 팩스로 보낸다거나 인쇄 부품이 떨어졌을 때는 어떻게 해야 하는지 등에 대해서는 복합기의 매뉴얼을 사용하도록 하라. 그러면 다시 설명할 일은 없을 것이다.

최고의 경영자는 자신의 일을 능숙하게 직원에게 위임하며 그 일이 제대로 처리될 수 있도록 이끌어주는 사람이다. 위임하는 것이 당신에게 책임이 없다는 의미는 아니다. 위임은 팀의 사기를 진작시키고 각자가 자신이 일을 맡고 있다는 자부심을 갖게 해주는 최선의 방법이기도 하다. 게다가 당신은 일을 덜 수 있으며 다른 사람에게 귀중한 경험을 할 수 있게 해준다. 모두 잘되는 길인 것이다.

■■■ 다른 사람이 당신의 시간을 빼앗아가지 못하도록 하라.

당신 삶의 모든 순간을 지키려고 애써라. 명확한 경계를 설정하라. 예를 들어 어떤 사람이 복도에서 당신을 세워두고 프로젝트에 관해 논의하기를 원한다면 약속을 정해 다시 만날 수 있겠느냐고 물어라. 그 사람만을 위한 시간을 따로 내는 것이다. 다른 직장 동료들이 당신의 시간을 빼앗아가지 못하도록 하라. 경영자들이 일주일에 평균적으로 17시간을 회의에 쓴다는 기사를 읽은 적이 있다. 또 다른 조사 결과에서는 회의로 소모되는 시간이 일주일의 절반이나 그 이상이라고 한다. 거기에서 끝나는 것이 아니다. 하루 한 시간 이상을 회의를 계획하고 준비하는 데 쓰며 그 후에 다른 직원들과 후속 조치를 논의하는데 또 몇 시간을 보낸다.

■■■ 어리석은 짓은 똑같은 일을 계속하면서 다른 결과가 나오길 바라는 것이다.

시간 관리는 우리가 삶에서 진정으로 원하는 것을 이룰 수 있는 자유를 제공해준다. 시간을 관리하지 않는 사람은 평범하게 또는 가난 속에서 타인(회사, 직장 상사, 정부)에게 의존하며 살 수밖에 없다. 지금이 아니라도 미래에는 그렇게 될 것이다. 시간을 관리하지 않는다는 건 다른 사람들에게 내 삶의 모든 순간을 통제할 수 있는 권한을 넘겨주는 것이다. 시간만 잘 관리해도 나침반이나 지도 없이 목표를 향해 쉽게 나아갈 수 있다.

에베소서 5장 16절에는 "세월을 아끼라. 때가 악하니라"라고 나와 있다. 다르게 해석하자면 "시간과 기회를 십분 활용하라"라고 할 수도 있겠다. 시간을 관리하지 않으면 모든 방해 요소와 해야 할 일들이 우리의 시간을 빼앗아가기 때문이다.

시간을 관리하기 시작하는 날이 바로 우리가 인생을 진정으로 즐길 수 있는 날이다. 시간을 현명하게 관리하라. 우리와 우리의 꿈은 그만한 가치가 있다.

변명 3: 나는 교육을 제대로 받지 못했어

"나는 사업을 시작하기에는 교육을 충분히 받지 못했어."

젊은이들 중에 이런 변명을 많이 하지만 사실 모든 사람들에게 적용되는 것이다. 교육이라는 것은 시야를 넓혀주고 새로운 세상을 열어주며 세상과 그 안에 살고 있는 사람들에 대해 더 많이 이해할 수 있게 도와주는 것일 뿐이다. 고등교육의 진정한 목적이 돈을 벌기 위함은 아니다. 교육을 받아라. 하지만 교육이 성공을 보장해준다는 생각은 버려라. 교육은 당신의 삶을 풍요롭게 해줄 수 있지만 성공은 당신의 몫이다.

사업의 세계에는 나를 포함해 수백만 명의 백만장자가 있다. 하지만 대학 문턱도 밟아보지 못한 이들도 있으며 대학이 그들을 원하는 곳으로 데려다주지 못한다는 것을 깨닫고 중퇴한 이들도 많다.

- 레이 크록이란 이름을 들어본 적이 있는가? 그는 세계에서 가장 큰 레스토랑 체인 중 하나인 '맥도날드'의 창립자이자 최고 경영인이다. 그는 '햄버거 대학'을 설립했지만 단 하루도 대학에서 공부한 적이 없다.

- 케먼스 윌슨이란 사람은 들어보지 못했어도 '홀리데이인'은 익히 들어봤을 것이다. 윌슨은 홀리데이인의 창립자이다. 그가 홀리데이인을 매도하면 아마도 억만장자가 되겠지만 그는 고등학교도 졸업하지 못했다.

- 여러분들이 잘 아는 브랜드명이 또 하나 있다. 바로 '코카콜라'이다. 1990년대 가장 인기 있는 음료 회사를 이끌었던 찰스 컬페퍼는 대학에 다니지 않았다.

이들은 모두 자신의 능력에 대한 믿음이 있는 보통 사람들이었다. 고등교육을 받지 못한 것이 그들이 가고자 하는 길을 막지는 못했다. 그들은 필요한 지식을 얻을 수 있는 다른 방법을 찾았고 성공으로 가는 자신만의 길을 닦았다.

■■■ 학교 교육은 학교라는 울타리 안에서 일어나는 것으로 일부의 교육이다. 교육은 어디서나 일어날 수 있으며 아이가 태어나는 순간 심지어는 그 전부터 죽는 순간까지 일어난다.(사라 로런스 라이트풋)

나는 교육 자체를 반대하는 사람은 아니지만 현재 미국에서 행해지는 교육에는 반대한다. 지금의 교육 체계는 구식이다. 학위라는 것은 사람들이 보고 "학위가 있으니 좀더 많이 알고 있겠군"이라고 말하는 추가적인 자격 증명서일 뿐이다. 하지만 이 학위만 보고 고용한 사람 중에 어리석은 사람들이 얼마나 많은가? 그들은 이해력도 부족하고 상식도 없으며 기술을 제대로 발휘하지도 못한다. 그들은 자신의 학위로 임금을 받길 원하지만 그들이 회사를 위해 올린 성과가 무엇인가?

교육에 대한 현대적인 개념을 세운 건 얼마 되지 않았다. 1852년 매사추세츠 주에서 8세에서 14세까지의 모든 아이들이 1년에 적어도 석 달은 학교에 있도록 의무화시키기 전에는 미국에 의무교육이란 없었다. 다른 주들은 그로부터 15년이 지나 남북전쟁이 끝난 후에야 공교육을 시작했다. 그리고 1933년에 이르러 48개 주에서 모두 의무교육을 시행하게 되었다. 처음 공교육을 시작한 지 66년 만이었고 미국은 그 사이 스페인과의 전쟁 등 몇 차례의 전쟁을 더 치렀다.

내 개인적인 생각으로 우리는 단지 이론적인 학교 체계를 만들었고 이 나라의 아이들을 애완동물인 기니피그처럼 키웠다. 의무교육이라는 철창 속에 갇혀 열정이 식어버린 교사들에게 현실과 전혀 상관없는 교과서 지식만을 배우고 있다. 그들은 배우기 위해 학교에 가는 것이 아니라 단지 거리에서 방황하지 않고 또 부모들을 귀찮게 하지 않기 위해 학교로 보내진다.

이런 프로그램의 최신판은 '낙제생 방지법'이라고 할 수 있다. 이 법은 교사들이 '시험을 위한 가르침'에 시간을 투자하여 학교가 더 이상 나쁜 성적의 학생들을 배출하지 않도록 하는 것이다. 이제 학교는 학생을 위한 의미 있는 교육을 아예 포기한 것처럼 보인다.

••• 학교 교육이 당신의 참된 교육을 방해하지 못하도록 하라.(마크 트웨인)

오늘날 교육을 받는 것은 과거에 사람들이 생각했던 것과는 완전히 다른 것이 되었다. 역사를 살펴봐도 대학에 진학하는 것이 성공의 열쇠라고 생각할 사람은 없을 것이다. 유명한 속담과는 반대로 지식은 힘이 아니다.

적용된 지식만이 힘이다

■ □ ■

나는 1년 반 정도 대학에 다녔으나 회사에 대한 책임감 때문에 중퇴해야만 했다. 나는 책을 펴보지 않고도 평점 3.8을 유지했다. 나에겐 수백만 달러에 달하는 회사 설립에 집중해야 하느냐 아니면 졸업장을 받기 위해 선택과목을 들어야 하느냐의 선택이 남아 있었다. 내가 얼마나 오랫동안 이 문제에 대해 고민했을 것이라 생각하는가?

사람은 개개인마다 다르지만 의무교육은 모든 사람을 똑같이 취급한다. 180일 동안 1시간 15분씩 매 수업을 듣고 평준화된 객관식 시험을 치르다 보면 자연스럽게 이런 생각이 든다. 정말 이런 것들이 필요할까?

교육을 받으면 우리는 지식과 정보를 얻을 수 있다. 하지만 그것을 활용하는 것은 자신의 몫이다. '교육을 받는 것'이 '대학에 진학하는 것'을 의미하지는 않는다. 교육을 받는다는 것의 진정한 의미는 지식과 정보에 대한 갈증을 느끼고 모든 수단과 자원을 이용해 그것을 얻는 것이다.

자신의 목표에 집중하라. 마음속에 분명한 목표가 없으면 학습, 교육, 지식은 아무런 의미가 없다. 얻은 지식을 적용하지 못하면 그 지식이 어디에서 왔든 그 자리에 그대로 머물러 무가치한 것이 되어버린다.

나는 대학 학위를 받지 않았다. 하지만 그것이 내가 교육을 받지 못했다는 것을 의미하지는 않는다. 이것은 우리 부모님, 특히 아버지와의 사이에서 큰 논쟁거리였다. 정말 큰 논쟁이자 싸움이었다. 나는 집으로 잔뜩 책을 싸가지고 와서 프로그래밍에 능숙해질 때까지 공부했다. 이해할 수 있을 때까지 내 방에서 혼자 책을 읽었다.

학교에 가고 직장을 구하라고 귀에 못이 박히도록 말한 사람은 아버지였다. 나는 빌 게이츠를 예로 들어 그도 역시 대학에 가지 않았음을 강조해서 말씀드렸다. "그가 이룬 것을 보세요." 하지만 아버지는 그 정도로 꺾이지 않으셨다.

나는 아버지에게 시간과 돈이 어떻게 작용하는지를 보여드리기 위해 로버트 기요사키의 《부자 아빠, 가난한 아빠(원제: Rich Dad, Poor Dad)》를 샀다. 무언가를 시작하기 위해 몇 년을 보내야 한다는 것을 이해할 수 없었다. 이미 수백만 달러에 달했던 사업은 그렇다 치더라도 더 큰 꿈과 목표를 제쳐두고 그렇게 할 수는 없었다. 책 속의 아버지도 역시 못이 박히도록 말씀하신다.

"교육을 받지 않고 필요로 하는 것보다 받고 필요하지 않은 것이 낫다."

결국 나는 몇 개 대학에 지원했고 캘리포니아와 시카고에 있는 대학으로부터 입학 허가를 받았다. 또한 바로 이곳 오버랜드 파크에 있는 베이커대학과 온라인에서도 수업을 들었다. 하지만 나는 나의 목표에만 집중했다.

나는 아버지가 컬럼비아대학 서류에 서명하러 나를 데리고 시카고에 가셨던 일을 지금도 잊지 못한다. 입학 허가를 받은 컬럼비아대학은 첨단 기술의 컴퓨터 학교로 유명하다. 나는 등록처에서 마음을 바꾸었다. 어머니는 이렇게 회고하신다.

"에프런은 모든 대학에 가기를 거부하고 단지 컴퓨터에 대해서만 공부하기를 원했어요. 나중에는 모든 컴퓨터 자격증을 따려 했고 집중 강좌와 같은 마이크로소프트 교육을 받으려 했지요."

나는 전문적인 마이크로소프트 교육에만 온 신경을 기울였다. 그 프로그램은 1만 5000달러였다. 내 결심이 얼마나 굳건한지 알고 난 후에 아버지는 등록비를 내주셨다. 내가 열두 살 때부터 혼자 기술 관련 자료들을 읽었다는 것을 아는 아버지는 내가 얼마나 진지한지를 깨닫게 되신 것이다.

자신만의 과정을 계획하는 법을 배워야 한다. 그러지 않으면 다른 사람들이 원하는 쪽으로 흘러가게 된다. 나의 목표를 지원하기로 한 부모님의 결정이 어떤 결과를 낳았을까? 나는 모든 필요한 자격증을 다 갖춘 가장 젊은 기술자가 되었다.

'로치 월드 그룹'의 사장인 로셀라 스프로는 우리 시티캐피털과 손잡고 보조금과 기금에 관해 일을 했다. 최근 그녀에게 우리 '고센 에너지'의 특별 프로젝트 부서를 맡아줄 것을 요청했다. 그녀는 비전을 가진 여성이며 특히나 전국의 역사적인 흑인 대학들에 많은 관심을 갖고 있다. 그녀는 또한 어머니로서 다음과 같은 말을 하기도 했다.

"일곱 살 아이의 엄마로서 나는 아이 교육에 대해 테일러 씨에게서 많은 영감을 받았다. 나는 더 이상 대학에 진학하는 전통적인 고등교육 방침을 원하지 않는다. 모든 것이 형성되는 시기에 환경에 노출시켜주고 할 수 있도록 도와주고 격려하는 것이 나의 책임이다. 그렇게 함으로써 아이가 스스로의 직업 계획을 세우고 리더십을 함양할 수 있도록 해야 한다. 그래도 아직 아들이 대학에 가는 것을 염두에 두고는 있지만 테일러 씨처럼 자신의 사업에 대해 뚜렷한 방침과 통찰력 그리고 전념하는 모습을 보여준다면 진지하게 아이의 노력에 투자를 아끼지 않을 것이며 사업과 경영 수업도 듣게 해줄 것이다."

물론 교육은 필요하다. 하지만 당신이 생각하는 것만큼 필요하지는 않을 수도 있다. 어느 수준 이상으로 교육을 받는 것은 지식을 넓히는 목적이 아니라 안정감이나 자신감 같은 내면의 욕구를 채우기 위한 것이 되어버렸다. 열정과 집중만 있으면 성공할 수 있다. 정말로 필요한 지식과 교육을 얻되 원하는 것을 시작하기 위해 기다릴 필요는 없다.

나는 대학을 마치지는 못했지만 항상 대학 비즈니스 강좌에 초청받는다. 또한 워싱턴 DC 하원 흑인 의원 연맹과 같은 모임에 사업가이자 지역 개발 전문가로서 연설을 하곤 한다. 사건이 터지면 라디오나 텔레비전 뉴스 편집실로부터 논평 요청 전화를 받고 내가 연설을 했던 모든 도시에 기사가 나온다.

변명 4: 나는 충분한 정보와 지식이 없어

사람들이 충분한 교육을 받지 않았다고 말할 때는 대개 자신이 선택한 분야에서 성공하기 위한 지식이 부족하다는 의미인데 이런 변명은 실패의 두려움을 키울 뿐이다. 정직하고 성실한 사람들은 자신이 부족하다고 느낄 때 무능력해진다. 특히나 복잡한 프로젝트의 익숙지 않은 부분을 해결해야 할 때 더욱 그렇다. 많은 투자자들이 투자 결정을 해야 하는 순간에 지식의 부족 때문에 말 그대로 얼어버린 채 한 발짝도 나아가지 못한다. 자신의 분석 능력이 마비되는 것에 무기력해지고 만다. 그래서 지푸라기라도 잡는 심정으로 조그만 지식이나 정보라도 더 얻어보려 애쓰지만 그러다 기회는 멀어진다.

지식 자체는 얻기 쉬운 것이지만 이미 너무나 바쁜 생활 속에서 지식을 얻는다는 건 쉬운 일이 아니다. 남는 시간이 필요할 뿐만 아니라 그 시간에 집중하고 그것에 우선순위를 두어야 하기 때문이다. 그래도 구하기만 하면 지식은 얻을 수 있다. 그리고 사업 전략과 기술에 대한 정보는 그 어느 때보다 많아졌다.

사업체를 사기 위해 나에게 접근한 브로커는 한두 명이 아니었다. 때로는 수백만 달러에 달하는 회사에서 오는 경우도 있었는데 나에게 올 때쯤이면 시장의 변화에 적응하지 못해 큰 손실을 보고 있는 것이었다. 우리 회사와 그들의 사업 모델을 적절히 융합할 가능성이 있고 그들이 시장에서 좋은 관계를 유지하고 있다면 나는 그들에게 제안을 한다. 그것을 판단하기 위해 세상의 모든 지식이 필요할 것이라고 생각하는가? 그렇지 않다. 거래에 필요한 숫자들을 정확히 알고 있고 시장 모델과 사업 구조의 일부를 변화시킨다면 다시 이윤을 창출할 수 있다. 나는 나의 직감과 결정을 믿는다.

결정하기 위해 모든 정보가 다 필요한 것은 아니다. 정말 그렇다. 필요한 최소한의 정보를 결정하고 그 정보와 함께 움직여라. 정보의 흐름을 막지 마라. 필요할 때 변화하고 적응하며 시장의 변화에 순응하라.

■■■ 한 가지는 확실하다. 우리는 무언가를 해야만 한다. 우리는 그 순간에 가장 잘 아는 것을 해야만 한다. 만약 그것이 옳지 않다면 나아가면서 수정할 수 있다.(프랭클린 루스벨트)

주어지는 모든 기회를 잡기 위해서 필요한 정보를 모두 알 수는 없다는 것이 나의 상식이다. 나는 그저 한 사람일 뿐이다. 하지만 그렇다고 그것이 나에게 다가오는 모든 거래들을 이용하기 싫다는 뜻은 아니다. 나는 내가 가진 지식과 전문적 기술에만 의존하지는 않는다. 세상에는 전문화된 교육 방법을 가진 다른 전문가들도 많이 있다.

이미 그 자리에서 경험했던 사람을 찾아라
■ □ ■

모든 것을 알 필요는 없다. 우리가 의지할 수 있는 전문가들은 많다. 그들은 거래 구조를 이해하고 우리에게 필요한 지침을 준다. 나도 그 안에 포함된다. 이것이 바로 획기적인 결과를 얻는 데 다양한 전문 지식과 노력이 가지는 힘이라고 할 수 있다.

나의 초기 사업 경험에서 그 방법을 찾아보자. 나는 지식이 풍부하고 공격적인 팀을 만들기 위해 다양한 분야의 전문가들을 찾아 모았다. 이런 인적 자원은 많은 종류의 기회를 잡을 수 있게 한다. 부동산,

주택 담보 대출, 주식, 석유와 천연 가스, 상업적 개발, 인수와 합병, 토지 통합 등 수없이 많다. 우리 회사는 능력 있는 계약자, 부동산 감정사, 변호사, 시장 전문가들이 회사를 이끌고 계획에 필요한 세부적인 일들을 수행해나간다.

무엇을 기다리고 있는가

■ □ ■

당신은 지금 몇 살인가? 서른? 마흔? 예순? 아니면 열두 살? 내가 열두 살에 사업에 주력하기 시작했다는 사실을 들으면 다들 놀란다. 그 나이에 대부분의 아이들은 자전거를 타고 비디오게임을 하며 그냥 놀며 지낸다. 열두 살에 심각한 아이는 없다.

나도 비디오게임을 좋아했다. 너무나도 좋아해서 한번 시작한 게임은 아주 빠르게 정복해버렸다. 지금도 그럴 수 있다. 부모님은 내가 원하는 새로운 게임을 사주지 않으셨다. 아버지는 그게 그렇게 중요하면 방법을 찾아보라고 하셨다. 그래서 나는 그렇게 한 것이다.

정말 많은 비디오게임을 했지만 그때 겨우 열두 살이었던 나는 프로그래밍에 대한 전문적인 지식이 없었다. 그래서 내가 찾을 수 있고 내 경제력으로 충당할 수 있는 최고의 정보원을 찾아갔다. 바로 도서관이었다. 스스로 공부한 것이다. 그 당시 우리 집에는 컴퓨터도 없어서 학교에 있는 것을 써야 했다.

나중에는 내가 벌어들인 수익으로 책을 사고 프로그래밍 수업도 들었다. 하지만 초기에는 도서관에서 무료 정보를 이용했다. 요즘 고등학교나 대학교에 강의하러 갈 때면 나는 이런 나의 경험들을 지식 확대 프로그램이라고 소개하곤 한다. 책에서 얻을 수 있는 정보는 많다. 하지만 스스로 찾아 공부해야 한다. 누군가 당신에게 가져다줄 것이라 기대해서는 안 된다.

나는 열심히 공부했고 방과 후에는 프로그래밍에 대해 연구하며 가르침을 줄 선생님을 찾았다. 나는 대학교 학위는커녕 고등학교 졸업장도 따지 못했다. 그냥 해낸 것이다. 나는 나만의 게임을 만들어냈다. 그리고 CD로 구워 10달러에 다른 아이들에게 팔았다. '플레임 소프트웨어'의 탄생이었다. 그것이 무엇인지 알기도 전에 나는 이미 이 사업에 뛰어든 셈이다. 이 일을 하기에는 내가 너무 어렸을까? 물론 그렇지 않다. 난 그냥 해낸 것이다.

당신은 사업을 시작하기에 너무 어리거나 나이가 많다고 생각하는가? 난 그렇게 생각하지 않는다. 다른 사람이 당신을 대신해서 해주고 당신에게 건네줄 것이라 생각하는가?

나는 계속 나아갔다. 열여섯이 되었을 때 마이크로소프트사가 주최하는 청소년 기술 페스티벌에서 우승하며 10대를 위한 직업 검색 엔진 사업을 시작했다. 나는 자본을 모았다. 그리하여 월마트, 시티그룹, 스프린트, 타깃, 각 주의 공군 등 여러 기업들과 제휴를 맺었다. 그들 회사의 구인 광고를 나의 검색 엔진에 실었다. 동시에 수학, 과학, 영어 숙제도 했다.

기업가 리더십을 위한 '커프먼 센터'는 캔자스시티에 위치해 있는데 나는 그곳에서 주는 장학금이 있다는 소리를 듣고 신청했다. 그 장학금을 받음으로써 나는 커프먼 센터에 참석할 수 있었다. 그곳에서 배우며 새롭게 성장할 수 있었고 사업 기술에서도 많은 도움을 받았다.

그 후에도 나는 몇 명의 스승을 더 선택했다. 그들은 나에게 사업 확장, 고용, 관리, 자본을 모으기 위해 투자자들 앞에서 프레젠테이션 하는 법 등 많은 것을 가르쳐주었다. 나는 회사를 성장시키는 데 필요한 기금을 2만 5000천 달러 이상 모을 수 있었다.

그리고 회사는 정말 성장했다. 열일곱 살이 되었을 때 GoFerretGo. com은 수백만 달러의 가치를 지닌 회사로 성장했다. 열아홉 살에 은퇴하고 그때부터는 아버지가 새로 시작하신 교회를 도왔다. 기부금을 맡아 관리했으며 지역 공동체 사람들을 위한 주택에 투자를 했다. 2002년에 '캔자스 젊은 기업인'으로 선정되게끔 만들어준 투자 전략을 비롯하여 그동안 배웠던 모든 것을 활용했다. 나는 그 전략을 계속 수정했고 아직도 그것을 회사 전략으로 이용하고 있다. 물론 그 과정에서 습득한 다른 노하우도 몇 가지 더 추가했다.

꿈을 향해 나아갈 적당한 시간이란 언제인가

■ □ ■

돈을 버는 일을 시작하는 데 옳고 그른 시간이 따로 있을까? 지금 당장은 어떤가? 아니면 오늘 안에. 내일은 안 된다. 이 문제, 저 문제를 해결하고 혹은 지금 하는 일을 끝내고 해야지 하는 생각은 안 된다. 우리는 내일에 대한 확답을 가지고 있지 않다. 하지만 오늘에 대해서는 확실하다. 그렇다면 이제 어떻게 해야 할 것인가?

우리는 상투적인 성공 방법들에 대해서는 숱하게 들어왔다. 교육을 받고 사업에 뛰어들어 밑바닥부터 시작해 열심히 일하면 꼭대기로 올라갈 것이라고 한다. 그러나 이것은 굉장히 모호하다. 그냥 어쩌다 보면 성공을 이룬다는 것이다. 하지만 지금 열심히 일하고 있는 직장인들이 모두 다 성공할까? 그들에게 부족한 부분은 무엇일까?

대부분의 사람들은 다른 누군가를 위해 일하고 시간을 돈으로 교환하도록 길들여져왔다. 그리고 자신의 수입에 대해 다른 사람에게 의존적이다. 평범한 사람들의 비문은 다음과 같이 쓰일 것이다.

> 편안히 잠드소서.
>
> 1950 출생   1968 사망   2008 입관

당신이 원하는 것이 안정된 평생직장과 수입이라면, 좋다. 개인 사업을 시작해 사장이 되고 재정적인 결정을 해야 하는 것이 부담이 된다면 하지 마라. 그러나 회사에 당신의 모든 욕구와 필요를 전적으로 의존하지는 말길 바란다. 몇십 년 헌신하고 충성하며 자신의 인생을 쏟아 부은 회사원이 은퇴 계획을 세우기도 전에 감축과 정리해고를 당하는 경우를 보지 않았는가.

다시 말하지만 그렇다고 전통적인 직업의 길을 무시하라는 것은 아니다. 하지만 나는 이 말을 하고 싶다. 무엇 때문에 기다리는가? 왜 두 가지를 다하면 안 되는가? 왜 하고 싶은 것을 학교를 마치고 결혼을 하고 자녀를 낳을 때까지 기다리는가? 왜 열두 살, 열세 살, 열네 살,

열다섯 살에 자신의 사업을 시작하면 안 되는가? 그것이 당신의 꿈이라면 왜 오늘 시작하지 않는가?

당신을 붙잡고 있는 변명들을 허용하지 말 것을 당부하고 싶다. 교육, 지식, 정보, 경험과 같은 것을 어떻게 정의할 수 있는가? 사회가 정의하는 대로 틀에 박힌 방식을 그대로 받아들이려 하는가? 그것이 당신의 꿈과 목적을 위해 어떤 의미를 가지는지 살펴봐야 하지 않을까? 이런 변명거리들을 어떻게 인식하느냐에 따라 운명이 바뀐다. 선택은 당신의 몫이다.

변명 5: 나는 경험이 없어

정보와 지식에 대해서 살펴보았는데, 경험은 어떨까? 경험은 오직 적용된 정보와 지식으로부터 생긴다. 책이나 CD, 강좌나 세미나에서 많은 것을 얻고 배울 수는 있지만 직접 전쟁터에 나가 결정을 내려보지 않고는 경험을 얻을 수 없다.

> ▪▪▪ 훌륭한 판단은 경험에서 나온다. 그리고 경험은 나쁜 판단에서 나온다.

몇만 달러를 들여 부동산 전문가의 강좌나 세미나를 들을 수도 있다. 하지만 부동산 투자에 관한 개인적인 경험을 얻고 싶다면 스스로 기회를 잡아 직접 부동산을 사고 그 과정을 통해 배워야 한다. 이것이 바로 경험이다. 스스로 뛰어들어 기회를 잡아라.

경험의 가치

■ □ ■

사업의 모든 부분에 풍부한 경험을 가진 사람은 별로 없다. 다른 분야에 대해서는 이런 사실을 대개 의심 없이 받아들인다. 예를 들어 법적인 계약을 변호사 없이 진행하는 사람은 거의 없다. 우리는 매번 새로운 경험을 얻지만 변호사가 될 만큼 법에 대해 세밀하게 알 수는 없다고 생각한다. 아무리 병원에 많이 다녔다고 심각한 질병에 대해 스스로 진단할 수 있는가?

자동차를 운전하기 위해서 기계를 공부하는 사람이 얼마나 되는가? 우리는 그저 차 문을 열고 들어가 열쇠를 꽂고 시동을 건다. 전자 제어 연료 분사기를 가진 DOHC 24밸브 엔진이 어떻게 작동하는지 알고 있는가? 차가 굴러가기만 한다면 이런 것들에 우리는 신경을 쓰지 않는다. 그런데 왜 사업을 시작할 때에만 모든 경험과 이해가 필요하다고 생각하는가?

마이클 거버는 자신의 저서 《E 신화(원제: The E-Myth Revisited)》에서 이것을 '치명적인 가정'이라고 했다. 그에 따르면 사람들은 사업의 기술적인 부분을 이해하면 그 기술적인 부분을 시행하는 사업에 대해서도 알 수 있다고 믿는다고 한다. 그는 심지어 자신이 잘 이해하고 있고 경험이 있거나 좋아하는 분야의 사업은 시작하지 말라고까지 말한다.

시장의 필요를 이해하기 위해 많은 경험이 필요한 것은 아니다. 단순한 디자인과 개념을 이해하기 위해 반드시 엔지니어가 될 필요도 없다. 지식의 부족한 부분에 대해서는 전문가를 고용하면 된다. 그것만으로 비전을 가진 기업가, 협상의 해결사가 될 수 있다.

■■■ 경험을 쌓아가는 것의 문제점은 우리의 교육 체계가 가끔은 방해가 된다는 것이다.

이 부분에 대해서는 '변명 3: 나는 교육을 제대로 받지 못했어' 편에서 다룬 바 있다. 지난 100년간의 교육 체계는 사람들에게 교육, 정보, 지식에 대한 단편적인 정의만을 가르쳐주었다. 그리고 실전 세계의 경험을 얻을 수 있는 능력은 이 고정된 공식에만 맞춰졌다. 8시간 동안 학교에 갇혀 있고 방과 후에는 운동이나 각종 놀이나 활동들만 한다면 성공하기 위해 필요한 경험은 언제 쌓는가?

지난 한 세기 동안 아동과 교육, 아동 노동, 아동 복지에 관해 수많은 운동과 토론이 있었고 국민투표가 진행되었다. 하지만 어떤 것도 실제 아동의 복지와 관련되어 있지 않았다. 오히려 그 안에선 다른 일이 일어나고 있었다.

젊은이와 어른들은 항상 함께 일해왔다. 아이는 어른만큼 힘을 쓸 수 없지만 누구도 아이들이 일을 하지 말아야 한다고 생각하지 않았다. 심지어 오늘날에도 전 세계의 많은 어린이들이 가족과 공동체를 부양하고 있다. 실습생 제도와 현장 교육은 지금도 계속 행해진다. 미국에서는 이런 모든 것들은 무지하고 오래된 방식이라고 평가한다. 현대의 학교는 일주일에 5일만 수업을 하고 나머지 시간은 자율적으로 놀도록 한다. 이것이 현명한 일이라고 생각하면서. 우리의 교육 체계는 단지 교육받는 것 이외에는 다른 여지를 남겨두지 않는다. 만약 어떤 아이가 나처럼 다른 생각을 가지고 있다면 어떻게 할 것인가? 우리는 순응하지 않는 아이들을 위한 준비가 없다. 기본적으로 획일화된 교육만을 하고 있다.

대공황 시기, 실업률은 치솟았고 사람들은 무료 급식을 타기 위해 줄을 섰다. 아무리 능력이 있어도 아이들은 어른과 경쟁할 수 없었다. 아이들은 어른의 직업을 빼앗을 수 없었기 때문에 법원에서는 아이들에게 '보호'가 필요하다는 결정을 내렸다. 나는 산업적인 측면의 노동 착취 공장이나 아동 학대에 대해 들춰내고자 하는 것이 아니다. 하지만 이 모든 발전들이 아이들의 이익을 위해 만들어졌다고 생각한다면 오늘날의 상황을 만든 경제적, 정치적 변화를 못 본 체하는 것이다.

10대들이 어른에 비해 열 배, 이라크에서 근무 중인 해군에 비해 두 배에 달하는 규칙과 제약을 가지고 있다는 조사 결과를 읽은 적이 있다. 그리고 또 하나, 연방 교도소에 있는 범인이나 죄인보다도 두 배나 많은 제약이 10대들을 짓누르고 있다.

결론을 말하자면 오늘날 우리의 시스템은 아이들이 어른의 직업을 빼앗지 못하도록 차단하고 있다. 아이들과 10대 청소년들에게 고등학교를 졸업할 때까지 실전 경험을 얻을 수 있는 기회를 주지 않고 있다. 요즘에도 그들이 할 수 있는 일이라고는 햄버거를 뒤집고 그릇을 치우며 세차를 하는 등의 낮은 보수가 주어지는 것들뿐이다.

세대차이

■ □ ■

오늘날 우리의 아이들은 현실 세계와 동떨어진 환상 속에 살고 있다. 아이들이 매일 하는 활동은 어른들이 하는 활동과 전혀 연관성이 없다. 아이들은 부모 및 다른 어른들과 분리되어 살고 있다. 이것을 '세대차이'라고 여기는가? 그런 생각은 어디에서 비롯된 것인가?

어른들은 10대들이 원래 무책임하고 아직 어른이 될 준비가 되어 있지 않다고 생각한다. 사업을 시작하고, 예금 계좌를 가지며, 서류에 서명하고 차를 운전하고 일을 하면서 경험을 넓히고 꿈을 향해 가는 그런 어른들의 일을 할 수 없다고 생각한다.

아이들은 부모들이 구식이며 현실에 맞지 않다고 생각한다. 부모들은 전혀 이해를 못한다. 그래서 어른들은 아이들을 위한 세계와 자신들을 위한 세계를 분리하였다.

이런 상황을 만든 건 우리의 교육 체계이다. 아이들과 어른들은 서로 공감대를 형성할 수 없고 서로를 믿지 못한다. 그리고 젊은이들이 필요한 경험을 얻기 위해 사회에 뛰어드는 데에는 많은 어려움이 따른다.

내가 고등학교를 아예 포기하지 않은 데에는 한 가지 이유가 있었다. 매일 오전 11시에 하는 현장 교육 때문이었다. 그것은 학교를 떠나 실제 세계를 경험하는 것이었다. 지식을 적용하는 것. 우리는 그곳에서 성장할 수 있었다. 나는 그곳에서 내 스승 존 밴더웰의 땀 흘리는 일꾼이자 잔심부름꾼이 될 수 있었다.

경험을 쌓는 것은 꿈에 투자하는 일이다

■ □ ■

젊은 시절에 우리는 성공하기 위해 경험을 쌓는 노력을 하기보다 햄버거를 뒤집으며 버는 푼돈에 연연한다. 나는 일주일에 60~80시간을 존 밴더웰 밑에서 일했고 다른 스승 밑에서도 똑같이 열심히 일했다. 힘든 시간이었다. 하지만 나는 미래를 위해 필요한 지식을 하나도 빠짐없이 흡수했다. 나는 그것을 일이라고 생각하지 않았다. 모든 친구들과 심지어는 가족들도 나를 보고 공짜로 일하는 바보라고 말했다. 그가 나를 이용하는 것이라고. 그러나 오히려 그 반대였다. 성공하기 위해 필요한 경험들을 쌓기 위해 내가 그를 이용하고 있었던 것이다.

나는 다른 열여섯 살들은 절대 들어갈 수 없는 이사회실과 사무실에 들어갔다. 나는 직접 보고 들으며 사업에 대해 배웠다.

고등학교나 대학에는 인턴십 프로그램이 많이 있다. 기업일 수도, 비영리 단체일 수도 있다. 중요한 것은 경험을 원한다면 그것이 당신을 기다리고 있다는 것이다. 경험을 찾고 있다면 기회가 주어질 것이다. 당장의 수입을 포기하게 되더라도 교육에 대한 투자, 즉 등록금이라고 생각하라.

〈행복을 찾아서〉의 크리스 가드너를 기억하는가? 그는 노숙자 생활을 하고 있을 때 딘 위터의 무급 인턴으로 일하기로 결심했다. 그가 미쳤다고 생각하는가? 아니다. 그는 자신이 무엇을 하고 있는지 정확히 알고 있었다. 그는 자신의 경험에 투자하고 있었던 것이다. 그런 태도였다면 6개월 후 최우수 인턴이 되어 회사에 고용되지 못했더라도 그간의 지식과 경험을 바탕으로 수백만 달러의 증권 회사를 운영하고 성공할 수 있었을 것이다. 영화 〈로키〉의 주제곡에서처럼 그는 '호랑이의 눈'을 가지게 된 것이다.

어떤 특정한 회사나 장소에서만 경험을 얻을 수 있다고 생각하지 않는다면 경험은 의외로 쉽게 얻어진다. 이 점을 꼭 명심하기 바란다. 그렇게 하면 성공하기 위해 필요한 경험을 찾을 수 있을 것이다.

변명 6: 나는 자동차가 없어

이 부분에 대해서 동정표를 구할 생각은 하지 말길. 내가 두 사업체를 시작했을 때 나는 운전을 하기에는 너무 어렸다. 나의 유일한 교통 수단은 두 다리, 자전거, 버스 그리고 부모님이었다. 이런 시절이 있었다는 것을 최근에 갔던 벨리즈 출장에서 새삼 깨달았다. 벨리즈는 카리브 해 서쪽 지역에 위치한 가난한 나라이다. 가이드는 벨리즈 사람 대부분이 BMW를 이용한다는 말을 했다. 우리는 한참 동안이나 주변을 둘러보았다. 벨리즈는 지구상에서 가장 가난한 나라 중 하나이기 때문이다. 가이드는 웃으면 설명해주었다. BMW는 '걷는 게 더 낫다

(Better Me Walking)'를 의미한다는 것이었다.

이 문제에 관해서는 길게 언급하지 않겠다. 사실 별로 중요한 문제가 아니기 때문이다. 차가 없는 것이 당신에게는 큰 문제가 될 수도 있다는 것을 알고 있다. 하지만 현실을 똑바로 보라. 인터넷 사업처럼 교통수단 없이도 할 수 있는 사업에 대해서는 앞에서 이야기했다. 카일 맥도널드를 기억하는가? 그는 자신의 아파트에서 사업을 시작했다. 인터넷 옥션과 같은 사업을 할 때는 우체국에서 무료로 발송용 상자를 얻어 집에서 라벨을 붙이고 운송료를 지불할 수 있으며 모든 거래는 전화와 이메일로도 가능하다. 그리고 차는커녕 컴퓨터도 필요하지 않은 사업도 이미 소개했다.

자동차에 대한 집착을 버려라
■ □ ■

어떤 종류의 사업이라도 자기 집 거실에서 시작할 수 있다. 인터넷 사업이 아니라도 말이다. 제이미라는 열네 살 소녀가 있다. 그녀는 아이들에게 수학을 가르친다. 겨우 열네 살이고 모든 과목에서 A를 받는 학생도 아니지만 그녀가 가르치는 아이들 중엔 열일곱이나 열여덟 살도 있다. 그들의 부모가 데려와 제이미에게 한 시간에 10달러씩 주며 수학을 가르쳐달라고 부탁한다. 꼭 차가 필요하다고 누가 그러는가?

오셀라 맥카티는 세탁 일을 하며 자신의 전 재산을 장학금으로 기부했다. 그녀는 일생 동안 차를 가져본 적이 없다. 만일 당신이 집에서 일을 하며 그만큼의 돈을 모은다면 더 큰 목표를 위해 정말로 차가 필요할 때는 이미 차를 소유할 충분한 돈이 있을 것이다. 어떻게 생각하는가?

밖으로 나와 돌아다녀야 하는 사업이라면 버스나 택시, 지하철이 언제든 원하는 곳에 데려다줄 것이다. 그렇게 절약된 돈을 사업 자금으로 써라. 다른 사업과 마찬가지로 고객을 위해 써라. 그것은 판매를 위한 비용이 될 것이다. 차를 모는 것보다 대중교통을 이용하는 것이 훨씬 싸다. 기름 값, 보험료, 수리비, 유지비 등을 생각해보라. 또한 대도시에서는 대중교통이 훨씬 빠르고 편하다.

만일 소매점을 구상하고 있다면 걷거나 자전거를 이용할 수 있도록 집 근처에서 하는 것은 어떨까? 행인이나 지인들이 당신에게 오도록 하라. 무언가를 간절히 원한다면 교통수단처럼 작은 문제가 당신을 막을 수는 없다. 단지 가는 길에 시간이 좀더 소요될 뿐이다.

변명 7: 나는 아직 준비가 안 됐어

이것은 항상 미루는 사람이 하는 가장 일반적인 변명이다. 이 변명은 우리 논의의 마지막 주제이며 어떤 상황에서도, 심지어 다른 변명들이 적용되지 않을 때에도 유효한 변명이다. 당신도 들어봤을 것이다. 어떤 이유가 있든지 간에 이 변명은 다른 모든 변명의 위에 있다.

100만 달러를 손에 쥐고 있으며 이미 돈을 지불한 사무실과 광고, 1년 동안 무상으로 제공되는 재고품, 은행에서 미리 받은 직원들 월급까지 모든 것을 다 갖추고 있는 사람이 이런 변명을 하기도 한다. 사업을 시작하기 위한 1년의 휴가를 받고도 이런 변명을 하는 사람도 있다. 그들은 사업을 당장 시작하는 데 준비가 되어 있지 않다는 온갖 이유와 평계를 댄다.

이들은 성공을 향해 가야 할 시간을 낭비하고 있는 것이다. 이런 변명을 하는 건 내면 깊이 자리 잡은 두려움 때문인데 자신이 현명하다고 생각하면서도 다가올 위험을 피하기 위해 계속 일을 미루고 싶어 한다. 일을 미루는 사람들과 완벽주의자들은 그만큼 절실하게 원하지 않는 것이기도 하다.

미루기

■ □ ■

당신도 이런 상황을 본 적이 있을 것이다. 총명하고 활동적인 한 동료가 새로운 사업에 대한 완벽한 구상을 세우고는 판에 박힌 일에서 벗어나 자신의 일을 시작할 꿈에 부풀어 있다. 그는 시장을 조사하면서 이 사업이 대박이라는 확신을 더욱 굳힌다. 사업체를 위한 이름과 슬로건, 심지어 로고까지 만들어둔다. 매일 점심시간만 되면 다른 사람들이 지겨워할 때까지 그 이야기를 한다. 하지만 그러고는 아무 일도 일어나지 않는다. 끝이다.

그는 '완벽한 구상' 단계에서 벗어나지 못한 것이다. 왜 사업을 시작하지 못했냐고 물으면 그럴듯한 변명을 늘어놓는다. 시장이 변하기를 기다렸다거나, 아니면 자신이 시작하기 전에 이미 시장이 변해서 다시 기다려야 할지도 모른다고. 절대 자신의 사업 계획을 수정하거나 다른 각도에서 바라보려 하지 않는다.

혹은 사업을 시작하기 위해 충분한 자금을 모으고 있는 중인지도 모른다. 그런데 갑자기 차가 고장 나서 그동안 모은 돈을 다 써버렸을지도. 또 처음부터 다시 시작해야 하는 것이다. 이번에는 은행 대출을 받으려 했으나 거절당하고 만다. 다른 은행을 알아보아야 하지만 사장이 시간을 주지 않는다. 알다시피 은행 업무는 9시에서 4시까지다. 점심시간이나 토요일 회의 시간을 이용할 수도 있지 않은가?

그는 결국은 은행에 가게 될 것이다. 단지 아직 준비가 덜 되어 있을 뿐이다. 걱정하지 말자. 정말로 준비가 되면 그는 목표를 향해 전진할 것이다.

노력의 정도와 변화하려는 의지는 그 꿈을 얼마나 가치 있게 생각하고 그것을 위해 얼마나 굳게 결심했는가와 직접적으로 관련이 있다. 어떤 사람들은 이런 골칫거리들을 하나하나 정리하고 시작해나가려 한다. 그들은 충분한 추진력과 의지가 있지만 모든 세부 사항을 완벽하게 계획하다가 앞으로 나아가기도 전에 막혀버린다. 나아가는 도중이나 그 후가 될 수도 있다. 그래서 심지어 사업을 시작하고 난 뒤에 사전 계획이 잘못되었다는 것을 발견하기도 한다. 그들은 오로지 '계획'에만 집중하다 목표를 향한 새로운 방향을 제시해줄 표지판을 놓친다.

목표로 가기 위해 기꺼이 계획을 변경하라

■ □ ■

내 말 뜻은 계획과 준비를 하지 말아야 한다는 것이 아니다. 무엇을 해야 할지 미리 생각하는 것은 현명한 일이다. 단지 계획이 흐트러져 헛수고하기를 원치 않는 것뿐이다. 젊은 사람들이 종종 성공하는 이유는 하지 말아야 할 일이 뭔지 모르거나 현명하게 생각만 하는 사람들의 방식을 따르지 않기 때문이다. 콜린 파월이 한 말을 기억하라.

"찬성 의견에 이의를 제기하는 것을 두려워하지 마라."

무모하게 사업에 뛰어들라는 것이 아니다. 젊은이들은 일이 어떻게 진행되어야 하는지 정확하게 파악하지 못하고 자기가 실수를 하게 될 것이라는 사실도 모르지만 젊은 패기와 무한한 창의력이 있으며 자신이 무엇을 원하는지 분명히 알고 있다. 일이 잘못되었을 때 뒤로 한발 물러나 다시 적응할 수 있는 힘을 가지고 있다. 다시 일어서기 위해 먼지를 털고 새로 시작한다. 이런 것들이 성공을 위한 필수 요소이다. 물론 현명한 사람이라면 실수를 줄여줄 수 있는 스승을 옆에 두려할 것이다.

왜 우리 삶에 변명이 넘쳐나는가

■ □ ■

자기가 성취한 일에 대해 일일이 설명을 늘어놓는 사람은 많지 않다. 그냥 "단지 운이 좋았어"라고 말하며 지나친다. 하지만 근본적으로 우리는 실패에 대해서는 변명을 하거나 다른 사람에게 책임을 돌리려 한다. 왜일까?

어째서 이 발전 가능성 없는 변명들로 가득 찬 삶을 기꺼이 받아들이려 하는 것일까? 왜 사람들은 이것을 너무나도 당연하게 생각할까? 마치 자신이 희생자라도 된 것처럼 말이다. 나는 이 생각에 동의하지 않는다. 나는 아프리카에 전도하러 간 적이 있다. 그리고 거기에서 진짜 희생자들을 보았다.

'진짜 희생자'와 '두려움에 사로잡힌 사람들' 간의 차이점을 나는 알고 있다. 모든 변명들 뒤에는 두려움이 자리 잡고 있다. 그건 그냥 단순한 두려움이다. 다양한 형태일 수 있겠지만 결국은 두려움인 것이다. 변명을 늘어놓든, 약물을 복용하든, 사회에 비난을 퍼붓든 그 행동의 기저에는 두려움이 있다. 우리는 모두 두려움을 가지고 있다. 이 두려움을 어떻게 처리하느냐가 우리의 운명을 결정한다.

Create

Success

크리에이트 석세스

두려움이라는
어두운 공간

3

자신을 믿지 못하고 스스로 나아가며 꿈을 따르지 않는 모든 이유와 변명을 한 단어로 요약하면 그것은 바로 '두려움'이다. 일반적으로 사람은 미지의 것에 두려움을 느낀다. 그리고 무일푼으로 살거나 형편없는 직장과 인간관계에 묶여 있는 것이 커다랗고 위험한 세상에 맞서 변화를 맞는 것보다 더 편한 일일 수 있다. 어떤 사람들에게는 말이다. 미지의 무언가에 맞서는 것, 삶에서 일어나는 만약의 사건들에 맞서는 것……

　모든 변명과 이유의 근원을 두려움이라고 부르는 이유를 아는가? 그건 우리가 두려움에 기초해서 행동을 바꾸기 때문이다. 자동차가 시속 160킬로미터로 달려오면 심장이 뛰고 숨이 가빠진다. 그리고 자동차를 피한다. 반응을 하는 것이다. 우리는 믿음에 응답하지만 두려움에는 반응을 한다. 그런데 믿음은 우리를 좋은 방향으로 나아가게 해주지만 두려움은 지체만 시킬 뿐이다.

너무 겁에 질려 결정하지 못하거나 준비될 때까지 미루는 사람들은 두려움에 반응하고 있는 것이다. 마트에서 당신을 괴롭히는 사람이나 당신과 이야기할 때 눈을 마주치지 못하는 사람 모두 두려움에 반응하는 것이다. 화와 분노로 가득 찬 사람이나 우울함을 느끼는 사람들은 사실 모두 두려움을 느끼고 있다. 두려움은 단지 겁을 먹는 것 이상의 일이다. 나는 두려움을 이렇게 정의하고 싶다.

FEAR: False Expectations that Appear Real(두려움: 진짜처럼 보이는 거짓된 예상)

두려움은 믿음과 반대되는 말이다. 신, 자기 자신, 자신의 능력과 판단, 다른 사람이나 상황, 기회 등 어떤 것에 대한 믿음이건 간에 말이다. 두려움은 거짓이 전문이다.

위에서 중요한 말은 '거짓된'과 '보이는'이다. 두려움은 잠재의식 속에서 우리를 끊임없이 괴롭히는 걱정과 의심을 먹고 자란다. 그리고 거짓된 예상을 만들어낸다. 더 나쁜 상황을 예상하는 것이다. 무엇에 근거해서? 두려움은 모든 실패의 중심에 있다. 그리고 두려움은 인생에서 가장 좋은 것들을 누리지 못하게 한다.

사람들에게 가장 큰 두려움 중 하나는 대중 앞에서 말하는 것이다. 이것은 죽음의 두려움을 능가하기도 한다. 나는 아직도 첫 연설을 맡았을 때를 기억한다. 나는 연설할 자료의 내용을 모두 알고 있었다. 그리고 완벽하게 준비되어 있었다. 하지만 처음 댄스파티에 나가는 6학년생 같았다. 생각해보라. 6학년생이라니!

첫 문장은 너무나 떨려서 요들송을 부르는 것 같았다. 대부분의 문장을 "나는……", "그러니까……", "음…… 내 말은……", "어……"로 시작했던 것 같다. 목소리는 갈라지고 목구멍은 타들어가는 것 같았다. 도대체 뭘 그렇게 두려워했을까? 일반적으로 두려움은 평범한 삶의 환경이 아니라 곧 닥치게 될 신체적 위험과 결부시켜 정의된다.

희망, 비전, 꿈과 같은 것들이 더 큰 효과가 있고 오래 지속되기는 하지만 두려움도 강력한 자극제가 될 수 있다. 사람들은 두려움을 느낄 때 슈퍼맨과 같은 초인적인 힘을 발휘한다. 다친 아이를 구하기 위해 차를 들어 올린 어머니처럼 말이다. 한번은 집에 가기 위해 혼자 어두운 밤거리를 걸어가는데 갑자기 누군가 나를 따라온다는 생각이 들었다. 내 인생에서 그렇게 빨리 달린 적은 없었다. 그날 내가 전력 질주하는 모습을 보았다면 육상 코치는 나를 선수로 뽑았을 것이다.

그런데 오직 두려움에 의해서만 자극을 받는 사람들도 있다. 두려움을 기다리고 숨기도 하며 때로는 두려움에 의해 앞으로 나아가기도 한다. 그들이 무언가를 하기 위해서는 두려움을 느껴야만 한다. 어떤 영업사원들은 해고되거나 집세를 못 내 쫓겨날 지경이 되어야만 실력을 발휘한다. 그래서 과격한 영업부에서는 "사원들을 굶주리게 하라"는 철학을 내세우기도 한다.

■■■두려움 그 자체 외에는 두려워할 것이 없다.(프랭클린 루스벨트)

사람은 본질적으로 두려움에 집착한다

■ □ ■

두려움에 정복당하거나 두려움을 정복하는 건 우리의 선택에 달려 있다. 내 강의의 청중들은 대개 이 사실을 받아들이고 싶지 않은 모양이지만 이는 분명한 사실이다. 실제로 닥친 신체적 위험에 대해 사람들은 당연히 두려움을 느낀다. 전장에서는 가장 노련한 군인도 두려워한다. 그런 상황에서 두려워하지 않는다면 무언가 잘못된 것이라 생각할 것이다. 내가 당신에게 두려움 없이 살아가라고 말한다면 나에게 문제가 있는 걸까? 좋든 싫든 두려움은 항상 존재한다.

대부분의 두려움은 천천히 그리고 끊임없이 우리 마음속에서 자란다. 두려움이 사는 곳은 우리 마음이다. 누군가 총을 겨눈다거나 벼랑 끝에 서 있는 것 같은 실제적 위험과 마찬가지로 우리는 미지의 상황을 두려워하는데, 이것은 '거짓된 예상'일 뿐이지만 마음속에서는 차이를 느끼지 못한다. 우리의 마음과 감정에는 그 미지의 무언가가 실제처럼 보이기 때문이다. 두려움의 생각에 빠져들수록 그 두려움은 실제가 되고 우리의 힘과 의지를 빼앗아간다. 무슨 일이 일어나고 어떻게 일어날지 알 수 없으니 오로지 두려워하는 것이다.

지나치게 두려움을 느끼는 사람은 기피행동을 보이게 된다. 작은 공간과 대중을 두려워하는 밀실공포증을 가진 사람은 늘 엘리베이터 대신 계단을 이용한다. 물론 건강에는 좋겠지만. 실패나 성공을 두려워하면 움츠리게 되고 그것이 현실이 될지도 모른다는 생각에 전진도, 후퇴도 못한다.

여태까지 생각 못해봤을 수도 있고 지금 이 순간에도 믿지 않을지 모르지만 삶에서 두려움을 느끼는 것은 선택이다. 두려움의 요인 자체를 제거할 수는 없지만 두려움을 정복하고 그것에 얽매이지 않는 삶을 선택할 수는 있다. 두려움을 인식하고 무엇인지 확인하여 그것을 해결하는 방법을 배울 수는 있다. 이것도 역시 선택이다. 그렇다면 구체적으로 어떻게 해야 할까? 다른 모든 감정 문제와 마찬가지로 첫 번째로 할 일은 두려움이 내 삶에서 어떻게 자리 잡고 있으며 어떻게 삶을 지배하는지를 이해하는 것이다.

두려움보다 강하고 긍정적인 힘들이 있다. 그 중 하나가 바로 믿음이다. 빛이 어둠을 이기듯 믿음은 두려움을 이긴다는 말이다.

성공을 방해하는 두려움을 분리해내고 정복하는 데에 믿음보다 강력한 힘은 없다. 믿음에는 신에 대한 믿음과 자기 자신에 대한 믿음이 있는데 둘 모두 두려움과의 싸움에서 강력한 힘이 된다. 신에 대한 믿음을 가지고 있다면 그 믿음에 기대어 안정과 평화를 느낄 수 있다.

또 하나 자신에 대한 믿음은 다른 말로 자신감이라고 부르는데 이는 치명적인 의심과 불안으로부터 균형을 잡아주고 때로는 그것들을 넘어서게 해준다. 자신감을 갖는 것은 의식적 선택과 자신에 대한 헌신에서 시작된다. 때로는 매일 싸워야 하는 두려움만큼 실제적으로 느껴지지 않을 수도 있지만 그렇게 될 때까지 자신의 능력과 힘을 주기적으로 일깨울 수 있는 방법을 찾아야 한다. 심지어 그때까지 알고 있는 척해야 할지도 모른다.

마법의 탄환: 자신감

성공한 사람들이 가진 공통점은 자신에 대해 무한한 믿음을 가지고 있다는 것이다. 이것이 의식적인 믿음은 아닐지 모르지만 그들은 자신이 얼마만큼 믿음을 가지고 있는지 알고 있다. 사람들이 숨을 쉬고 눈을 깜빡이는 것과 같이 자연스레 말이다. 일부러 생각하려 하는 게 아니라 그냥 믿는다. 나에게 자신감은 모든 문제를 해결하고 성공으로의 길을 찾아주는 마법의 총알 같은 것이다.

■■■ 똑같은 지능과 자원이 있을 때 긍정적인 자신감을 가진 사람은 자신감이 없는 사람보다 더 많은 것을 이룰 수 있다.

이것은 생각해보면 강력한 의미를 가진 문장이다. 돈, 외모, 교육, 기회, 모든 종류의 불이익, 불리한 조건, 두려움, 인종, 성 등 모든 것이 다 똑같은 상황에서 경쟁한다면 긍정적인 마인드를 가진 사람이 앞설 수밖에 없다. 그 이유는 간단하다.

■■■ 자신감이 있으면 마음이 목표를 이루는 쪽으로 당신을 데려간다. 당신의 마음이 어디로 이끌든지 당신의 몸은 그대로 따라갈 것이다.

다시 말해 마음이 성공을 기정사실로 믿으면 몸은 그에 맞춰 성취하려 한다. 여기에서 '생각하면'이라고 하지 않고 '믿으면'이라고 한 것에 주목하라. 이 둘은 같은 의미가 아니다. "나는 그 일이 일어날 것이라고 생각해"와 "나는 그 일이 일어날 것이라는 걸 알아"의 차이라고 할 수 있겠다.

어떻게 성공을 확신할 수 있을까

■ □ ■

큰 성공을 거둔 사람들은 이런 말을 한다. 자신의 목표나 목적에 대해 생각할 때 마음속에서는 이미 그 일이 일어났다고 믿었다는 것이다. 다시 말해 그들은 목표에 대해서 그것이 이미 사실인 것처럼 생각한다. 그들에게 그것은 사실이다.

올림픽에 출전하는 육상 선수들은 우승하는 것을 상상하며 다리를 움직이고, 메달이 수여되는 장면을 그리며, 관중의 함성과 국가가 울려 퍼지는 것을 듣는다. NBA 최고의 선수들도 골을 넣기 전에 3점 슛이 골대를 건드리지 않고 깔끔하게 들어가는 것을 상상한다. 미식축구에서 공을 안고 달리는 선수는 자신이 수비를 뚫고 몸을 숙이며 뛰어들어 터치다운하는 장면을 그린다.

타이거 우즈는 모든 홀과 장애물과 야드를 마음속에 그려보고 벙커와 러프가 어디에 있는지를 생각한다고 한다. 그리고 첫 번째 공을 치러 나갈 때 그 공이 홀로 들어가는 것을 상상한다고 한다. 그는 공을 치기 전에 그것이 어디로 갈지 알고 있다.

나는 많은 아이들이 내가 만든 비디오게임에 심취하는 것을 미리 보았다. 수천 명의 10대 청소년과 대학생들이 GoFerretGo.com에 가입해서 직장을 구하는 것을 상상했다. 그리고 시티캐피털이 수백 만 달러의 국제적 사업체가 되는 것을 마음속에 그렸다. 이런 일들이 실제로 일어나기 훨씬 전에 말이다.

아침에 태양이 떠오르는 것처럼
■ □ ■

어떤 사람들은 자신감을 가지고 태어난다. 자신감의 중요함을 아는 스승이 주변에 있어 가르침과 도움을 받아 계발해나가는 사람도 있다. 너는 특별하며 꿈을 이룰 수 있고 바라는 것을 성취할 수 있다는 이야기를 반복해서 듣기 때문에 아직 먼 미래의 일이라 할지라도 그에 대한 확신과 믿음을 가지고 산다. 이미 마음 안에서는 그 일이 일어난 것처럼 말이다. 대개 이런 단순한 인식의 변화가 모든 것을 현실로 만들어주는 도화선이 된다.

자신감은 그냥 얻어지는 것이 아니다. 마치 근육을 키우는 일과 같다. 근육은 돈으로는 살 수 없다. 건장한 체격을 갖기 위해서는 운동이 필요한데 같은 방식으로 자신감이라는 근육을 키우기 위해서는 운동을 해야만 한다. 자신감을 키우는 유일한 방법은 운동선수가 근육, 체력, 기술, 정확도를 키우는 과정과 정확히 일치한다.

그러기 위해서는 자신을 안전지대 밖으로 밀어내야 한다. 처음에는 성공을 거의 경험하지 못하겠지만 점점 성공의 길에 가까이 가게 된다. 긍정적인 격려와 지지를 받지 못하고 자신에 대한 수많은 의구심

을 품고 자란 사람은 자신감을 얻는 것이 이룰 수 없는 목표처럼 느껴
질 것이다. 갈구하지만 얻을 수 없는 성배처럼. 하지만 그렇게 생각할
필요 없다.

자신감, 자아 존중의 다른 이름
■ □ ■

자신을 존중하지 않으면 자신과 자신의 능력에 대해 자신감을 갖기
도 어렵다. 자신을 존중하지 않는 사람은 현실에서 쉽게 구별이 되는
데, 아무리 자신감에 차 있어 보여도 주변 사람을 존경심으로 대하지
않는 사람이 바로 그들이다.

자신감은 진정한 자아 존중이 시작되는 지점이다. 우리가 다른 사
람을 존중하지 않으면 이것이 자신에 대한 감정으로 바로 되돌아온
다. 다른 사람을 존중하는 마음으로 대해야 자기 인식 전체가 완전히
바뀐다. 왜냐하면 다른 사람들도 그에 반응해 나를 존중하고 나의 꿈
을 격려해주기 때문이다.

자아 존중은 자신감을 가지기 위해 절대적으로 필요한 부분이다.
이 점을 이해하고 받아들여야 한다. 우리 문화는 무례와 경시를 조장
하는 것처럼 보이며 그 뒤에는 자기 자신을 존중하지 않는 수백만 명
의 사람들이 있다. 항상 밑바닥에 머무르고 누군가를 미워하는 사람
들이 있다. 하지만 그들이 가장 미워하는 이는 바로 자기 자신이다.
당신도 이런 사람이라면 그 습관을 버리기 바란다.

옆에 두고 싶은 사람은 남을 헐뜯고 비난하는 사람이 아니라 칭찬

하고 격려해주는 사람이다. 희망과 믿음이라는 긍정적인 면을 부정적인 태도와 전망으로 바꾸는 사람이 아니라 그에 대해 긍정적인 태도를 가진 사람이다. 타인들도 스스로를 믿도록 도와주며 심지어 믿지 않을 때도 믿도록 만들어주는 이들이다. 받기만 하는 사람이 아니라 주는 사람이 되자. 사랑 속에서 살며 베풀자. 지금보다 부족한 삶이 아닌 넘치는 삶을 살자. 물 잔의 물을 채우기 위해 얼마가 더 필요한지 재면서 살지는 말자.

■■■ 자신감이 없는 사람도 자기 자신 속에서 자신감을 찾을 수 있을까? 물론이다. 기술을 개발하라. 연습하고 연습하고 또 연습하라. 다 되었다면 조금 더 연습하라.

지금 자신 있는 부분이 무엇인지, 그리고 그것을 어떻게 얻었는지 생각해보라. 어떤 것이든 상관없다. 서명하는 일은 어떤가? 이런 건 생각도 안 해봤을 것이다. 서명을 할 수 있는지, 없는지 걱정하지 마라. 그냥 하는 것이다. 우리는 말도 하기 전부터 자신의 이름을 들어왔다. 모두들 자기 이름과 친숙하다. 그러니 눈을 감고도 할 수 있다.

자전거 타기도 비슷하다. 대개 자전거 타는 법을 알지만 많이 넘어지고 긁히면서 배운 힘든 과정이었을 것이다. 균형을 잡고 페달을 구르며 동시에 핸들을 조정하는 일을 우리는 어떻게 할 수 있게 되었을까? 연습하고 넘어지고 또 연습하면서 기술을 향상시켜왔다. 그리고 시간이 흐르면서 완벽하게 익히게 되었다. 당신도 자전거에는 자신감을 갖고 있을 것이다. 자전거를 타본 지 몇 년이 흘렀다 해도 어떻게 타는지 알고 있다고 생각할 것이다. 처음에는 살짝 비틀거리기도 하겠지만 여전히 두발자전거를 탈 수 있다는 데에는 의심의 여지가 없을 것이다. 이것은 보편적인 사실이기 때문에 사람들은 자전거 타는 것을 예로 들기를 좋아한다. "뭐든지 자전거를 타는 것과 같다. 일단 어떻게 하는지를 배우면 절대 잊지 않는다"와 같이 말이다.

목표가 이미 내 것이라는 자신감과 함께 시작하면 그 전에는 미처 생각하지 못했던 방법들을 찾게 된다. 목표를 향해 가는 데 도움을 줄 사람들도 만나게 된다. 그 목표가 무엇이든, 얼마나 크든 중요하지 않다. 계속 나아가기만 한다면 방법을 찾을 수 있다. 할 수 있다는 것을 알고 있고 이미 이루어진 것처럼 느끼기 때문이다.

이런 태도는 성공적이고 행복한 삶을 위해 절대적으로 필요하다. 인생은 단 한 번뿐이다. 리허설은 없다. 자기 자신과 꿈을 믿고 그것이 이루어졌다고 믿어라. 낡은 변명과 두려움은 버려라. 그런 건 성공에 도움이 되지 않는다. 오히려 방해만 할 것이다. 지금 이 문제를 해결하지 않으면 성공의 문턱에 도달했을 때 큰 곤경에 빠질지도 모른다.

자신감의 값어치

■ □ ■

불안함을 느끼며 스스로 의구심을 가지는 것, 이것이 거래와 성공을 망치는 가장 큰 이유이다. 자기 자신과 꿈과 목표에 자신감이 부족하면 계속 노력하려는 시도조차 할 수 없다. 자신감의 결여는 사업뿐 아니라 인간관계에도 비참한 결과를 낳는다. 안전지대 밖으로 나가 여러 문제나 사람들과 직면하고 솔직하게 해결해나가라. 그것에 두려움을 품으면 삶의 기쁨과 성공은 멀리 사라진다.

이런 불안감은 아무 의미 없는 사소한 일들에서 오해를 불러일으켜 인간관계와 사업 관계도 망쳐버린다. 사소한 것에 모욕을 느끼고 상처가 커져 전쟁이 시작된다. 그리고 서로를 향해 총을 겨눈다. 이런 감정과 태도를 그냥 방치해두면 그것이 삶을 지배하게 된다.

자신감이 없다는 건 자기 자신을 믿지 못한다는 것이고, 이 말은 자신의 결정과 판단을 믿지 못한다는 말이다. 얼마나 끔찍한 일인가. 하지만 많은 사람들이 이 때문에 고통받고 있다. 우리들 대부분은 자신의 능력에 대해 완전한 자신감을 갖지 못한 채 태어난다. 그리고 저마다 잠재적인 두려움을 품고 있어 실수를 하면 그것이 정말 큰 문제라고 느낀다. 잘못된 판단으로 평생 동안 모은 돈을 다 잃을 수도 있다고 생각하고, 자신이 무언가를 하겠다고 말하는 순간 다른 사람이 마녀나 늑대인간으로 변할지도 모른다고 생각한다. 사람들은 중대한 결정을 할 때 다 어려움을 느낀다. 특히나 돈이나 인간관계가 얽혀 있고 실패의 위험이 실제처럼 느껴질 경우에는 더욱 그렇다.

스스로 안전지대 밖으로 나와 자신의 껍데기를 벗어던져야 자신감을 쌓을 수 있다. 이 과정에서 가장 큰 도약은 믿음을 위한 한 걸음을 내딛고 목표를 이루기 위해 필요한 모든 일을 하는 것이다. 다시 말해 성공하기를 원한다면 숙제를 하고, 책을 읽으며, 운동이나 연습을 하고, 경험하며, 연구하고, 신분에 어울리는 복장을 하고, 스승을 찾는 등 필요한 모든 일을 해야 한다. 자신이 충분히 준비가 되어 있다면 자신에 대한 믿음을 가진다는 건 훨씬 더 쉽다.

6학년 때 나는 처음으로 사람들 앞에 서서 연설을 해야 했다. 너무나 두려웠다. 두려움을 없애기 위해서 나는 모든 것이 잘 준비되었다고 생각했다. 상상의 방에서 계속해서 연습하고 문장을 수정했다. 몇 명의 친구들 앞에서 리허설을 하고 어떻게 들리는지 물어봤다.

그러나 연단으로 나갔을 때 나는 사시나무처럼 떨고 있었다. 하지만 나에 대한 소개가 끝날 무렵에는 스스로를 통제할 수 있었고 그다음부터는 점점 쉬워졌다. 미리 준비해둔 덕에 자신감이 있었고 무사히 마칠 수 있었다. 내게 필요한 것은 약간의 안도감, 그것뿐이었다.

그 겁먹었던 작은 꼬마는 두려움과 불안을 극복하고 1999년, 미국의 미래 경영 지도자 연설대회에서 우승을 한다. 나는 두려움과 불안을 극복하는 방법을 배웠고 지금도 그 방법들을 이용하여 월스트리트 이사회, 주요 은행, 공기업 등에서 프레젠테이션을 하며 수천 명의 사람들을 설득하고 있다.

■■■ 사람들은 그들이 가진 것에 대해 지불을 한다. 그리고 그것이 원하는 것을 이루어주었을 때 더 많이 지불한다. 사람들은 이것을 매우 간단하게 지불한다. 자신이 영위하는 삶으로써 말이다.(제임스 볼드윈)

이 말은 사실이다. 두려움과 맞서고 그것을 극복하려면 반드시 대가가 따른다. 원하는 가격을 항상 내가 정할 수는 없다. 그러나 포기하고 실패의 대가를 치르는 것과 성공의 대가를 치르는 것 사이에서 선택할 수는 있다. 그 대가는 얼마일까? 원하는 삶을 살고 꿈과 목표를 성취할 수 있다면 어떤 대가라도 상관없지 않을까. 당신은 얼마나 가치가 있는가?

두려움을 좀더 쉽게 이기는 방법이 있다. 대부분의 두려움은 두 영역 중 하나에 포함된다. 자신의 두려움은 다르고 그 두려움이 너무 커서 아무도 이해하지 못할 거라고 말하는 사람도 있을 것이다. 하지만 당신은 모든 두려움을 정복할 수 있다. 그것이 쉽다는 뜻이 아니다. 모든 사람에게 다 쉽다면 모든 사람이 성공했을 것이다.

다음의 내용은 모든 두려움의 종류를 과학적이고 심리적으로 다룬 논문이 아니다. 그저 단순화함으로써 두려움을 더 작고 덜 위협적으로 만들려는 시도일 뿐이다.

두 가지 두려움

사람들을 무기력하게 만드는 두려움은 크게 두 가지로 요약될 수 있다. 사람에 대한 두려움(fear of people)과 실패에 대한 두려움(fear of failure)이다. 나는 이것들을 사람들 앞에서 말할 때에는 'FOP'과 'FOF'라고 부른다. 좀 가볍게 느껴질진 모르지만 절대 웃고 넘길 수 있는 일이 아니다. 이런 두려움들이 성공을 방해하고 비참한 삶을 만들기 때문이다.

사람에 대한 두려움

■ □ ■

나는 전국에서 정기적으로 많은 투자가와 단체, 경영대학, 그리고 여러 전문직 사람들 앞에서 연설을 하는데, 연설이 끝난 후 사람들이 나를 찾아와 이런 이야기들을 한다. 자기는 다른 사람들 앞에서 말을 하려고 하면 바로 얼어버린다고. 그들은 교육을 잘 받았거나 성공한 이들이다. 그런데 그들은 이사회 회의나 조찬 모임 기도를 할 때나 심지어 결혼식에서 건배를 할 때에도 떨린다고 한다.

■■■ 나는 성공의 열쇠는 모른다. 하지만 실패의 열쇠는 모든 사람을 다 기쁘게 하려는 것이다.(빌 코스비)

사람들을 기쁘게 하려는 행동은 이런 형태의 두려움을 상쇄하려는 하나의 방편이다. 당신은 남들을 기쁘게 해주는 사람인가? 배우자, 상사, 동료들을 기쁘게 해주려고 항상 노력하는 사람들을 나는 많이 보아왔다. 그들의 삶은 꼬여 있으며 항상 다른 사람의 기분을 상하게 하거나 거절당할 것을 걱정한다. 그러나 이것이 바로 잘못된 예상이다. 다른 이유들보다 단지 이 두려움 때문에 사람들은 돈벌이가 되는 일을 하지 못한다.

무언가를 망쳐서 다른 사람 앞에서 난처해하고 더듬거리며 변명을 해야 하거나 아무것도 생각나지 않아 바보같이 되어버리는 상황에 대한 두려움이 있는가? 이것은 감정적인 고통에 대한 두려움, 다른 사람에 의해 판단될 것이라는 두려움, 그리고 다른 사람보다 열등하다는 데에서 오는 두려움이다.

이런 두려움은 우리가 하고 싶은 것을 못하게 만들고 진짜 감정을 표현할 수 없게 하며 오히려 친밀한 인간관계를 방해한다. 어떻게 인간관계를 망치느냐 하면, 두 사람이 서로에 대해 진실하고 솔직하지 못하게 하기 때문이다. 대신 심리전과 말로 진실을 포장한다. 상대를 모욕하는 것이 두려워 문제를 해결하지 않고 그 주변만 맴돈다.

그래서 사람들은 협상에서 두각을 나타내지 못하고 모든 사람의 친구가 되지 못한다. 사람들은 저마다 자기가 더 작은 조각의 파이를 먹으려 한다. 그것이 평화를 의미한다면 말이다. 물론 나중에는 이용당했다는 생각에 더더욱 분노하며 자존심은 무너진다. 그러고는 새로운 종류의 변명을 만들어낸다.

우리는 자신을 보호하기 위해서 이 말도 안 되는 벽을 쌓기 시작했다. 그 벽은 우리를 방해하고 가둔다. 벽은 우리 자신이 만든 것이다. 다른 누구도 그 문의 열쇠를 가지고 있지 않다. 자기 자신만이 가지고 있는 것이다. 그러니 다른 사람의 생각에는 신경 쓰지 말자.

■■■ 찬성자들에 맞서 도전하는 것을 두려워하지 말라. 그들의 세력권 안에 있을지라도.(콜린 파월)

다른 사람이 나를 어떻게 생각하는지에 연연하다 보면 자기 자신의 생각과 꿈도 다시 생각하게 된다.

실패에 대한 두려움

■ □ ■

실패에 대한 두려움과 자기 보호 본능의 차이를 구별하도록 하자. 전자는 단순한 두려움이고 후자는 지혜이다. 지붕에서 뛰어내린다거나 빨간 신호에 거리를 건너지 않는 것은 자기 보호 본능이다. 암 환자는 삶에 대한 욕구로 암을 이겨내기도 한다. 그들은 자신이 병에게 질 수도 있다는 실제적 두려움과 매일 맞서 싸운다. 지는 것은 곧 죽음이다. 하지만 불치병 환자들 중 일부는 싸움을 선택한다. 이런 태도의 변화가 그들이 살아나는 유일한 힘이 된다. 자기 보호 본능은 좋은 것이다. 지혜도 좋은 것이다.

■■■ 삶의 폭이 아니라 길이에만 연연하는 것보다 비극적인 일은 없다.(마틴 루서 킹 주니어)

하지만 실패에 대한 두려움은 일을 지연시키고 자신에 대한 의구심만 키운다. 우리는 삶에서 일어날 수 있는 만약의 사건들과 씨름한다. 그리고 실패를 두려워한 나머지 성공에는 기회를 주지 않는다. 혼자가 되고 버려지는 것을 두려워한다. 또 미지의 것에 뛰어들었을 때 생길 수 있는 일들에 잘못된 예상을 한다.

실패에 대한 두려움은 노력도 하지 않게 만든다. "실패하면 어떡하지?" 하는 두려움 때문에 말이다.

사업에서 가장 심각한 두려움 중 하나가 바로 실패에 대한 두려움인데 그 두려움은 나쁜 결정을 내리게 하며 황금 같은 기회를 놓쳐버리게 만든다. 실패에 대한 두려움 때문에 시작하기도 전에 주저앉는 사람들이 수도 없이 많다. 이 두려움은 너무 교활하고 미묘하기 때문에 알아차리기 쉽지 않은데 많은 사람들, 심지어 가장 현명하고 능력 있는 사람들조차 이 두려움을 극복할 수 없는 장애물로 생각하고 있다.

실패는 두려워하고 부끄러워할 일이 아니다. 실패가 없는 성공은 없다. 항상 이기기만 하고 지지 않는 사람은 없다. 아리스토텔레스도 많은 결점을 가졌고 숱한 실패를 겪었다. 미국의 가장 위대한 정치가이자 영웅이었던 한 사람은 완벽히 실패자로 여겨졌었다. 이런 경력을 가진 사람에게 당신은 한 표를 던질 수 있겠는가?

• 32세 사업 실패	• 44세 의회 출마, 실패
• 33세 주 의회 의원 출마, 실패	• 49세 의회 재출마, 실패
• 34세 두 번째 사업 실패	• 56세 상원의원 출마, 실패
• 37세 신경 쇠약	• 57세 부통령 후보 출마, 실패
• 39세 의장 도전, 실패	• 59세 상원의원 재출마, 실패
• 41세 선거인 도전, 실패	

굉장해 보이지 않는가? 이 사람은 누구나 할 수 있는 것도 하지 못

했다. 선거인은 단지 전당대회에 보내져 선거에 출마한 후보에게 표를 던지는 사람이다. 그는 정말 말 그대로 실패자이다. 하지만 그는 멈추지 않았다. 자신을 믿었고 모든 실패로부터 배움을 얻었다.

솔직하게 말해서 당신이라면 30년이 넘도록 실패를 거듭해도 계속 시도하겠는가? 나는 그에게 경의를 표하고 싶다. 그는 계속 시도했고 절대 포기하지 않았다. 이 후보의 이런 형편없는 경력을 본다면 그를 대통령으로 선출할 수 있겠는가?

거의 30년의 실패를 거듭한 뒤인 1860년 대통령이 되었다. 그는 그 유명한 에이브러햄 링컨이다. 그가 마지막 상원의원 도전에 실패한 이후 포기했다면 어떻게 되었을까? 아니면 신경쇠약에 걸린 후에 그냥 포기하고 부끄러움에 고개를 숙였다면? 다시 시시한 변호사 일을 하거나 작은 농장을 꾸려나갔을까?

그런 큰 좌절을 겪고 싶은 사람이 어디 있겠는가. 그렇게 포기했다면 우리가 그의 이름을 알 수나 있었겠는가. 그렇게 포기하거나 또 한 번의 실패에 대한 두려움으로 움츠렸다면 미국은 여전히 반으로 나뉘어 있을지도 모른다. 평판이 좋지 못했던 전쟁을 역사에 길이 남을 윤리적 사건으로 승화시킨 사람이 바로 링컨이다. 링컨은 남부 연방이 자신들의 길을 가도록 두자는 압력을 많이 받았다. 그러나 그랬다면 모든 산업은 북부에 다 몰렸을 것이고, 그 모든 노예들은 누가 신경 썼겠는가? 그저 개인적 자산에 불과한 그들을. 많은 사람들이 노예 제도에 대해 불편한 감정을 가지고 있었지만 다른 사람의 자산은 신경 쓸 일이 아니라고 생각하는 사람들이 더 많았다.

다른 지도자가 항복했다는 이유로 얼마나 많은 사람들이 수개월 또는 수년 동안을 감옥에서 보내야 했겠는가? 쉬운 길을 택하면 되었을까? 정직한 링컨만큼의 고통, 상실, 실패를 경험하지 않은 다른 지도자들이 무엇을 했겠는가? 노예 제도가 영원하진 않았을 테지만 얼마나 오랫동안 더 지속되어야 했을까? 얼마나 많은 삶이 희망도 없이 찢겨지고 노예로 살아야 했을까?

링컨이 멈추지 않고 포기하지 않았기에 노예 해방은 이루어질 수 있었다. 그에게는 그 전의 숱한 실패가 있었기에 계속 나아가기로 결심할 수 있었을 것이다. 히틀러를 멈출 수 없을 것 같았던 어둠과 절망의 2차 대전 당시 윈스턴 처칠은 모교에서 연설을 했다. 적의 공격을 받던 1941년의 런던은 밤에도 폭격이 계속되고 사람들은 두려움에 떨며 고립되어 있다고 느꼈다. 미국은 공식적으로 중립인 상태였다. 그 해 위대한 영국의 정치가 처칠은 관중들을 둘러보며 한 단어, 한 단어에 힘을 실어 이렇게 말했다.

■■■ 절대로 굴복하지 마라. 절대로, 절대로, 절대로, 절대로. 아무 것도. 크건 작건, 많건 적건, 명예와 선의의 확신 이외에는 절대 굴복하지 마라. 힘에 굴복하지 마라. 명백히 압도적인 적의 힘 앞에 굴복하지 마라.(윈스턴 처칠)

이기기 위한 최고의 전략은 이기겠다고 굳게 결의하는 것이다. 그 대답으로 안 된다고 말하지 말길. 내가 참여했던 미식축구 팀은 끝까지 포기하지 않고 마지막 순간까지 최선을 다해 우승을 거머쥔 적이 있다.

> ■■■ 성공은 끝이 아니고 실패는 치명적인 것이 아니다. 계속해나가는 용기가 중요한 것이다.(윈스턴 처칠)

실패란 무엇인가? 권투 선수가 자꾸 바닥에 쓰러지면 그는 패자인가? 아니다. 계속 쓰러지는 권투 선수가 꼭 패자가 되는 것은 아니다. 그가 계속 넘어져도 다시 일어나기만 한다면 패자가 아니다. 그것이 비결이다. 쓰러졌을 때 다시 일어나라. 한 번 더 일어나라. 그리고 절대 멈추지 마라.

> ■■■ 실패는 단지 앞으로 나아가라는 신호에 불과하다.(헬렌 켈러)

헬렌 켈러는 다시 일어서는 일을 잘해야만 하는 사람이었다. 그녀는 아기 때부터 눈이 멀고 귀가 먹었다. 그래서 사람들은 그녀가 말을 하지 못할 것이라고 생각했다. 그녀는 거친 아이였지만 설리번 선생님의 도움으로 이런 장애를 헤쳐 나가고 목소리를 찾을 수 있었다. 그녀는 전 세계에 알려졌고 많은 사람들이 두려움과 변명을 극복하고 앞으로 나아가도록 격려하는 사람이 되었다.

실패에 대한 두려움은 사람에 대한 두려움과 싸운다

■ □ ■

이 두 가지 두려움은 따로 존재하는 것이 아니다. 두 두려움은 서로 얽히고 싸우며 갖가지 사악하고 유해한 두려움들을 또 만들어낸다. 우리는 단지 빈털터리가 되는 것을 두려워하는 것이 아니다. 빈털터리가 되는 것을 존경하는 누군가가 보는 것이 두려운 것이다. 부동산 시장이 붕괴하거나 정리해고되기 직전에 집을 사는 바보가 되는 것을 두려워하는 것이다. 실패했을 때의 당황스러움을 극복하기가 쉽지 않은 이유는 우리를 걱정하는 가족이나 친구들뿐 아니라 인생에서 그냥 지나쳤으면 좋겠다고 생각하는 사람들까지도 우리의 실패를 알아차리고 왈가왈부하기 때문이다.

두려움과 실제 현실은 관련되어 있을 수도 있고 그렇지 않을 수도 있다. 마치 유리잔 안에 물을 어떻게 보느냐와 같다. 반이 비어 있는가, 아니면 반이나 차 있는가? 둘 다 맞다. 하지만 각자의 개인적인 관점이 결과를 좌우한다. 그 차이란 바로 유리잔을 바라보는 시선의 차이인 것이다. 우리의 관점과 인식은 삶에 대한 태도를 반영한다고 할 수 있다.

유리잔에 물이 반이 비어 있다고 생각하면 우리가 보는 모든 것은 부족한 게 된다. 적당하기보다는 항상 부족하다고 느낀다. 그나마 조금 가지고 있는 것을 잃을까 두려워한다.

그러나 그런 인식은 바뀔 수 있다. 단지 "걱정하지 마. 다 잘될 거야" 같은 감상적인 말을 하려는 것이 아니다. 인생의 모든 부정적인 것과 변명들을 긍정적으로 바라보는 건 우리의 선택에 달려 있다.

유리잔, 즉 우리의 인생은 반이나 차 있다. 우리는 많은 것을 가졌고 충분하다. 이것이 사실이다. 인식은 현실이 된다. 누군가는 실패를 패배한 것으로 보지만 어떤 사람은 새롭게 다시 시작할 수 있는 계기로 바라본다. 유일한 차이는 바로 마음가짐. 두려움은 단지 마음속에 있는 것이다.

우리의 인식을 명확하게 확인할 수 있는 것은 바로 인생을 어떻게 바라보느냐 하는 관점이다. 부족한 부분에만 집중한다면 나약해지고 항상 주저하며 지는 것을 두려워하게 된다. 하지만 인생이 충만하다고 느끼면 고무되어 대담하게 행동할 수 있다.

■■■ 어떤 종류의 성공이건 인내보다 더 필수적인 자질은 없다. 그 것은 거의 모든 것, 심지어 천성까지 극복한다.(존 데이비슨 록펠러)

단체 스포츠에서 수비하는 팀은 공격을 막으며 지지 않기 위해 뛴다. 그러나 그것이 전체 팀의 전략이라면 득점은 할 수 없다. 운동장에서건 체스판 위에서건, 전쟁이든 삶이든 방어만 하는 것으로는 이길 수 없다. 강력한 수비는 상대팀의 득점을 막고 때로는 기회를 가로채 득점을 올리게도 하지만 최고의 수비 기술을 가진다 해도 게임에서 이길 수 없다. 이기려면 공격이 필요하다.

수비의 가장 큰 목적은 다른 팀을 막으려는 것이지 공격적으로 돌진해서 이기는 것은 그들의 역할이 아니다. 우리는 삶에서 이기기 위

해 경기를 해야 한다. 하지만 그러려면 그 과정에서 무언가를 얻을 것
이라는 희망을 가져야 한다.

상실의 두려움과 얻는 것에 대한 희망

실패에 대한 두려움에 대해서는 앞에서 살펴보았다. 상실의 두려움
은 바로 그 구성요소라고 할 수 있다. 하지만 여기에서는 우리의 의사
결정을 좌우하는 태도와 자극제에 대해서 이야기하겠다.

유리잔이 반이 비어 있다고 생각하는 사람들은 부족한 것에 근거해
서 결정을 내린다. 그들은 그나마 조금 가진 것을 잃을까 두려워한다.

예를 들어 어떤 사람들은 잃을 것이 두려워 프로젝트나 사업, 주식
에 투자를 할 때 정신적 압박감을 느낀다. 또는 친구를 잃는 것이 두
려워 나쁜 관계를 유지하고 있을 수도 있다. 음악이 멈췄을 때 자신이
마지막으로 남는 것이 무서워 투자금을 모두 빼는 경우도 있다. 이것
이 바로 상실의 두려움에 대한 전형적인 반응이다.

그러나 얻는 것에 대한 희망이 있으면 높은 수익을 올릴 수 있는 기
회를 보고 이를 분석해 긍정적이고 결단력 있는 행동을 취할 수 있다.
일단 결정이 내려지면 걱정하거나 두려워할 것이 없다. 전 재산을 건
것도 아니고 두려움 때문에 행동한 것이 아니기 때문이다.

결정하지 않는 것도 결정이다

■ □ ■

긍정적인 행동을 취하지 않는 것이 바로 잃기 위한 가장 확실하고 유일한 방법이다. 매일 잃는다면 그건 더 큰 손실이다(이것이 바로 돈을 시간의 가치로 여기는 것의 어두운 면이라고 할 수 있다). 결정을 하는 데 자신감을 가져라. 망설이는 것이 태만으로 이어지지 않도록 하기 위해 결정을 해야 한다. 당신의 꿈과 목표를 이루기 위한 방향으로 긍정적인 결정을 내려라. 무슨 일이 일어날 것인지가 두려워 부정정인 결정에 현혹되지 마라.

그러나 일단 긍정적인 결정을 한다 해도 항상 쉬운 것은 아니다. 하지만 꿈과 목표를 위한 결정이 열쇠가 되어준다. 그 가능성의 문을 열고 난 후에 믿음을 유지하는 것은 우리의 몫이다. 포기하지 않고 성공이 나의 것이라고 끊임없이 주문을 걸자. 캘빈 쿨리지 대통령은 인내의 중요성과 사람들이 인생을 망치는 모든 변명들에 대해서 다음과 같이 말했다.

▪▪▪ 이 세상에 어떤 것도 영원한 것은 없다. 재능도 마찬가지다. 재능 있는 사람이 성공하지 못하는 것보다 더 흔한 일은 없다. 천재도 예외는 아니다. 좌절한 천재는 거의 공식이 되어버렸다. 교육이 성공을 보장해주는 것은 더욱 아니다. 이 세상은 교육을 받은 멍청이들로 가득하다. 하지만 끈기와 결단력을 가진 사람은 무엇으로도 꺾을 수 없다. "계속 밀고 나가라"라는 표어는 인류가

지난 모든 문제를 해결해왔고 앞으로도 그럴 것이다.(캘빌 쿨리지)

나의 아버지는 이런 식으로 달리 표현하셨다. 할아버지가 들려주신 이 짧은 시를 항상 암송하곤 하셨다.

어떤 일이 시작되면
끝날 때까지 놓지 마라.
그 일이 위대하건 사소하건
잘 해내지 못할 것 같다면 아예 하지 마라.

다시 말해 자신의 신념을 확고히 하라는 것이다. 인내를 가지고 다른 사람이 말하는 것이 꿈과 목표를 방해하지 못하도록 하라. 두려움이 아닌 희망과 믿음을 기반으로 결정을 내려라.

실패를 선택하기, 성공을 선택하기

내가 변명과 두려움에 대해 이야기한 것은 당신을 비난하기 위한 것이 아니다. 우리는 모두 각자 해결해야 할 문제들을 가지고 있으며 이 책을 보면서 서로 다른 자신의 모습을 발견할 것이다. 이 책을 가까운 사람에게 읽히고 우리의 삶에서 무엇을 보는지 말해달라고 해보라. 아마 당신은 놀라게 될 것이다. 때때로 우리가 다른 사람에게 잘

숨기고 있다고 생각하는 것들은 사실 다 공개되어 있다. 마치 술에 취한 사람이 자신은 침착하고 냉정하다고 생각하지만 다른 사람들은 그가 취했다는 것을 알고 있는 것처럼 말이다. 마음속에 생각하고 있는 것을 다른 사람들은 모른다고 생각하지만 실은 그렇지 않다.

주변의 사람들은 생각보다 더 많이 보고 있다. 평생 동안 가면을 쓰고 자신이 멋지거나 터프한 것처럼 행동할 수 있지만 주변 사람들은 다 알고 있다. 우리는 다치지 않기 위해 평생 보호벽을 치면서 살고 있다. 하지만 밖에는 늑대들이 우글거리고, 결국에는 자신이 쌓은 벽에 갇히게 될 것이다. 늑대들은 이미 우리 마음속에 자리를 잡고 우리의 생각과 행동을 지배하며 우리를 두려움으로 채우고 있다.

자신을 인정하는가

■ □ ■

우리는 모두 인생에서 사람에 대한 두려움, 실패에 대한 두려움과 맞서 싸운다. 위대한 영웅들조차 용기는 두려움이 없는 것이 아니라 두려움을 극복하는 것이라고 말한다. 위대한 사람들도 우리를 괴롭히는 똑같은 두려움과 의심들을 겪고 극복해나갔다. 사람에 대한 두려움과 실패에 대한 두려움은 성공의 가장 큰 적이라고 할 수 있다.

마찬가지로 우리는 모두 이따금 변명을 한다. 그것은 자연스러운 것이다. 그러나 어떤 사람들은 아주 능숙하게 비난의 화살을 다른 사람에게 돌린다. 우리가 이야기했던 변명들이 모든 상황에 대한 즉각적인 답변이 된다면 당신은 스스로를 희생자로 만드는 죄를 짓고 있는 것이다. 설령 그것이 자신에게만 한 말이더라도 이미 비난의 게임을 하고 있는 것이다.

선택은 이 책의 주제이며 우리 삶에서 좋고 나쁜 모든 것의 열쇠가 된다. 선택은 책임을 지고 승리하기 위해 긍정적이고 미래 지향적인 행동과 결정을 하는 것을 의미한다. 또한 아래와 같은 의미이기도 하다.

· 부정적이고 정체적인 전략들과 지지 않기 위한 결정 거부하기. 이기기 위한 행동 하기.

· 결단력이 없도록 결정하기. 결단력이 없다는 것도 그 자체로 결정이다. 우리는 결단력이 없을 때 상황이 그냥 일어나도록 내버려 두는 결정을 하게 된다. 결단력이 없으면 자기 운명이나 자기가 가진 통제권을 다른 사람이나 상황에 맡기는 결정을 하게 되는 것이다. 결국 "……했어야 했는데", "……했더라면"이라는 후회의 희생자가 되는 걸 결정한다.

우리는 선택을 할 수 있는 천부적인 능력을 가지고 있다. 현재 머물고 있는 상황에 편안하게 안주할 것인가, 아니면 모든 기회를 잘 활용해서 인생의 무언가를 이루어야 하는가. 당신은 그만한 가치가 있는가? 나는 그렇다고 생각한다. 당신은 어떻게 생각하는가?

▪▪▪ 어떤 사람들이 있다. 그들이 모르는 것을 당신이 말해줄 수는 없다.(루이 암스트롱)

우리는 매일 의식적으로 수백 번의 결정을 한다. 사람을 물가로 데리고 갈 수는 있지만 물을 먹일 수는 없다. 그들을 묶어서 신발에 콘크리트를 붓고 물속으로 던질 수는 있다. 그래도 여전히 물을 먹일 수는 없다. 주저앉히고 호스를 가져와 물을 마시게 할 수는 있다. 하지만 준비가 되지 않았다면 마시지 않을 것이다. 사람들은 자신의 인식과 두려움 그리고 변명들에 근거해서 결정을 할 수도, 목표를 향한 믿음과 희망에 근거해서 결정을 할 수도 있다.

대부분의 사람들은 실패를 선택한다

■ □ ■

많은 사람들이 이 말에 동의하지 않겠지만 나는 이것이 절대적으로 옳다고 생각한다. 내 연설 중에 이 말에 반응하고 화를 내며 나가는 사람들이 있었다. 그들에겐 유감이지만 상관없다. 그들의 선택이니까. 나에게 이것에 대해 편지를 쓰지 마라. 좋든 싫든 이 말은 사실이다. 우리는 성공하느냐 마느냐를 선택한다. 이것은 태만에 의한 선택일 수도 있다. 둘 중 하나도 선택하지 않는다면 결국은 실패를 선택하게 된다.

이것은 손을 들고 자기는 성공하고 싶다고 말하는 그런 문제가 아니다. 우리는 매일 행동을 통해 우리의 선택을 나타낸다. 많은 사람들이 자기는 살을 빼고 싶다고 말한다. 사실 나도 살을 빼고 싶다. 하지만 나의 행동도 살을 빼고 싶다고 말하고 있을까? 아니다. 내가 밖으로 나가서 운동할 것 같은가? 아니다.

나는 살을 뺄 필요가 없다고 말하는 것이 아니다. 미국 전역에, 특히 아이들 사이에서 비만은 큰 문제가 되고 있다. 맛은 정말 좋지만 높은 열량과 지방을 함유해 건강에 좋지 않은 패스트푸드가 그 주요 원인이다.

나는 살을 빼지 않는 것에 대해 수백만 가지 변명을 할 수 있다.

"나는 바쁜 회사 중역이고 또 회사를 경영하고 있어. 과도한 스트레스로 먹는 것뿐이지. 나중에 빼면 돼."

나 말고 이 변명들을 믿는 사람들이 있을까? 아마 없을 것이다. 내가 계속 살이 찌는 것만 보게 될 것이다.

나는 매일 새로운 도전을 한다. 나에게 중요한 것이면 매우 집중한다. 그리고 그것을 위해 시간을 낸다. 내가 원할 때면 비디오게임을 할 수 있는 시간을 언제든지 낼 수 있다.

내가 정말로 살 빼기를 원한다면, 그리고 그것이 나에게 중요하다면 나는 방법을 찾을 수 있다. 하지만 나는 살을 빼지 않기로 결정했고 내 행동들이 그것을 증명해준다. 튀긴 바닷가재와 키라임 파이를 먹는 것을 선택했다면 내 의도를 충분히 알 수 있지 않겠는가? 이것은 성공이나 인생의 다른 결정에서도 마찬가지다. 당신의 상황과는 상관없이 당신은 그것을 선택할 수도, 그러지 않을 수도 있다. 당신이 할 수 있다고 생각한다면, 혹은 할 수 없다고 생각한다면 그게 옳은 것이다. 어느 쪽이든.

나폴레옹 힐은 이렇게 요약했다.

"사람의 마음이 인식하고 믿는 것은 성취할 수 있다."

이 말은 성공을 믿는 것과 실패를 믿는 것, 둘 다 포함하는 말이다. 우리는 자기가 살아갈 삶의 조건과 상황을 만들어간다. 우리는 결정을 한다. 그리고 흥정을 한다. 당신은 어떤 종류의 흥정을 원하는가?

인생

-작자 미상

나는 돈 몇푼에 인생을 내놓았다.
그리고 인생은 더 이상 주지 않았다.
내가 초라한 상점에서 계산을 하며
아무리 부탁을 해도.
인생은 단지 고용주이기에
인생은 당신이 요구한 것을 준다.
일단 임금을 정하면
일을 해야만 한다.
나는 비천한 일을 했다.
결국 실망하며 배웠다.
내가 인생에서 요구하는 어떤 임금이라도

무엇이 차이를 만드는 걸까? 모두 우리의 인식, 결정, 선택, 그리고 우리가 인생에서 하는 흥정의 문제이다.
　시티캐피털 개인 투자가 중에는 의사들이 많은데 그들은 두 명의 똑같은 불치병 환자에 대해서 말해주곤 했다. 그들은 똑같은 치료를 받으며 나란히 누워 있지만 한 환자는 회복하지 못하고 상태가 악화되나 다른 환자는 완전히 치유된다. 이미 두려움 파트에서 이야기했던 부분이다. 의사들은 왜 한 명은 살고 다른 한 명은 죽었는지에 대해 의학적으로 설명하지 못했다고 한다. 단지 산 사람이 "나는 절대 병과의 싸움에서 지지 않을 것이다"라고 말했던 것을 제외하고는. 한 사람은 살고 다른 한 사람은 죽은 것은 그들의 태도와 인식의 차이 때문이다. 의사는 그저 고개를 저었다. 그 사람을 살린 것은 의학적 치료가 아니라 환자의 마음가짐이었던 것이다.

> ▪▪▪ 네 입의 말로 네가 얽혔으며 네 입의 말로 인하여 잡혔느니라.(잠언 6:2)

이것은 감기나 다른 질병에 걸린 사람에게도 적용된다. 잠언에서 말하고자 하는 것은 자신을 믿고 그렇게 말할 때 우리는 '우리의 혀에 의해 잡힌다'는 것이다.

어떤 사람들은 충만하고 긍정적인 방식으로 삶을 산다. 그들은 인생에서 자신을 막는 모든 장애물을 다 극복할 수 있다는 마음가짐으로 살아나간다. 그렇지 않은 사람들도 있다. 그들은 실패한 삶을 산다. 실의에 빠져 죽었다는 표현을 들어본 적이 있는가? 어떻게 사람이 상심해서 죽을 수 있는가? 아무런 문제가 없고 심장마비도 아닌데 죽을 수 있다. 그것은 심장에 신체적인 문제가 있어서가 아니다.

살고자 하는 의지가 사라지면 몸도 기능을 멈추어버린다. 배우자와 사별한 후에 삶의 의지와 목적을 찾는 것은 사별로 인한 슬픔과 분노를 이겨나갈 방법을 찾는 것을 의미한다. 모두 마음의 문제인 것이다.

생각은 매우 강력하다

■ □ ■

인간의 생각은 세상에서 가장 빠르고 큰 컴퓨터보다 훨씬 더 강력하다. 사실 인간의 생각이 컴퓨터를 만든 것이고 아직까지 컴퓨터는 인간의 마음에 비해 훨씬 더 많은 한계를 가지고 있다. 슈퍼컴퓨터가 숫자와 사실을 처리하는 데는 더 빠를 수 있지만 생각은 하지 못한다. 데이터를 계산하고 분석하고 해석할 수는 있지만 생각은 하지 못한다. 과학은 여전히 우리가 어떻게 생각하는지 설명하지 못하고 있다. 어떻게 우리가 추론을 하는지 말이다. 회백질, 살과 피, 전기 시냅스로 이루어진 우리의 뇌가 어떻게 단 몇 초 만에 10년 전에 만났던 사람의 얼굴이나 목소리를 기억해내는지 말이다. 우리는 뇌의 단 10퍼센트도 사용하고 있지 않다지만 그 안에 몸을 치유할 충분한 힘을 가지고 있다. 물론 기능을 멈출 힘도 가지고 있다. 실제로 이런 일이 일어나고 있다.

인생의 위험과 기회를 인식하는 데 영향을 주는 변명과 내면의 두려움은 궁극적으로 그 사람의 현실이 된다. 그것은 선택의 문제인데, 우리는 삶의 이런 늑대들과 친해지고 편안해져서 그것들은 포용할 수도 있다. 또는 운명과 자기 자신을 조절하기 위해 그것들을 거부하거나 도전하며 맞설 수도 있다. 불편하겠지만 새로운 항로를 정하면서 우리의 꿈을 이룰 수도 있다.

두려움과 변명을 극복한 성공적인 삶의 반대편에는 평범하고 비참한 삶이 있다. 바로 외부의 힘에 휘둘리는 희생자의 삶이다.

희생자의 삶의 반대편에는 앞을 내다보며 자신이 한 행동에 책임을 지는 삶이 있다. 다른 사람들을 끊임없이 비난하는 대신에 상황을 살펴보고 그 상황에 자신이 어떻게 기여했는지 생각해본 후 변화시킬 수 있는 방법을 찾아야 한다. 자신에게 물어보라.

"나에게 잘못이 있을까? 아니면 내 문제를 만든 것이 운이나 다른 사람 때문인가?"

이것은 어려운 질문이고 자신에 대한 진지한 평가를 요한다. 진실한 대답만이 당신을 구해줄 것이다.

나는 희생자의 삶보다 정복자의 삶이 훨씬 더 풍요로울 것이라 믿는다. 당신이 한계 없는 삶을 선택하길 바란다. 그것은 순전히 당신의 선택이다.

Create

크리에이트 석세스

Success

책임의식 vs. 피해의식

4

변명과 비난에 사로잡힌 사람들은 머지않아 피해의식까지 갖게 된다. 나는 치료될 가망이 없는 피해의식에 사로잡힌 사람들을 너무도 많이 보아왔는데, 이런 사람들을 '프로페셔널 피해자'라고 부른다. 물론 그들이 당한 고통을 가벼이 여기려는 것이 아니다. 이들이 자신의 실패에 대해 늘어놓는 변명은 어린 시절에 당한 학대나 실직, 차별, 직장 상사나 배우자의 무시 등일 것이다. 하지만 이들이 실제로 무엇을 했는지는 중요하지 않다. 중요한 것은 그런 상처와 피해를 당했을 때 실제로 어떤 행동을 했느냐 하는 것이다.

여기서 내가 말하고자 하는 것은 회사에 지각했을 때 가끔 거짓말로 핑계를 늘어놓는 그런 평범한 변명들이 아니다. 내가 지적하려고 하는 것은 어떤 일에 실패했을 때 그 실패의 이유를 주변 아무에게서나 찾으려는 행동이다. 그런 사람들이 거짓말을 하는 것은 아니다. 적어도 그들의 마음속에서는 정말 그렇다고 믿기 때문이다. 이들은 무슨 일이 잘못될 때마다 그게 다 다른 사람의 잘못 때문이라고 실제로 믿고 있다. 혹은 '행운의 여신'과 같은 보이지 않은 힘이 자기 편이 아니었다고 탓한다. 결국 이들은 언제나 자신이 피해자가 되려는 것이다. 그들은 대개 항상 불행하다고 느끼며, 마음속 더 깊은 곳으로 들어가 보면 자신의 삶을 바꾸기에는 스스로가 너무 무력하다고 생각한다.

"내 잘못이 아니야."

■ □ ■

피해의식에 시달리고 있는가? 다른 사람이 당신을 피해자로 만들고, 당신이 하려는 모든 일을 방해하려고 하는 것 같은가? 당신도 프로페셔널 피해자에 속할까? 여기서 간단한 테스트를 한번 해보자. 당신은 다음 문장들을 얼마나 자주 말하는가?

- 그건 내 잘못이 아니야.
- 이번엔 운이 없었던 것에 불과해.
- 나는 절대로 이길 수 없는 사람인가 봐.
- 나한테 ○○만 있었다면…….
- 나한테 뭘 기대해?
- 만약 내게 이런 일만 없었다면 난 할 수 있었을 텐데…….
- 그 사람은 정말 나를 화나게 해.
- 어쩔 수 없었어.
- 너는 절대로 이해 못해.

이런 전형적인 피해자의 변명을 늘어놓을 때마다 타인에게 자기 인생의 권한을 넘겨주는 것이다. 그러나 프로페셔널 피해자들은 이렇게 피해자가 되는 것을 즐긴다.

놀라운가? 어떻게 사람이 피해자가 되는 걸 좋아할 수 있을까? 생각해보면 적어도 표면적으로는 피해자가 되는 것이 그렇게 좋아 보이지는 않을 것이다. 무엇 때문에 자신이 무기력하게 느끼는 것을 좋아하겠는가? 이 사람들은 피해자라는 단어 자체를 사용하지 않을는지도 모른다. 하지만 그들이 "나는 못해"라는 말을 할 때면 이는 "내가 통제할 수 있는 범위를 넘어서는 훨씬 더 거대한 어떤 것이 있다"라는 뜻이다. 신문에 프로페셔널 피해자가 되는 법에 대한 광고가 나왔다고 상상해보자. 그리고 그 이점이 무엇일지 생각해보라.

세상사가 당신을 짓누르고 있다고 느껴진 적이 있으십니까? 더 이상 살 수 없다고 느껴지는 적도 있으신가요? 이제, 프로 피해자가 되십시오! 프로 피해자 홈 스터디 코스만 있다면 매우 쉽습니다.

- 이제 당신 인생에 대한 책임감은 다시는 전혀 느끼지 마십시오.
- 실패했을 때 책임을 덮어씌울 사람 혹은 대상을 60초 안에 찾아내는 방법을 배우십시오. 그러면 당신은 이제 어떤 실패나 단점에 대해서도 다시는 책임감을 느끼지 않아도 될

것입니다.

- 당신이 어떤 인종이든지, 성별이 무엇이든지 상관없습니다. 당신의 숨겨진 잠재력을 억누르고 있는 사람을 가장 빨리 찾아내십시오.

- 이 코스만 들으면 실패를 무마시킬 강력한 문구들의 힘을 개발할 수 있습니다. 강좌에는 "만약 내가 정말로 그 일을 하길 원했다면……", "당신은 이해 못할 거야" 등의 100가지 이상의 문구가 등장합니다. 사용하기 쉽도록 포켓 사이즈의 메모 카드에 담았습니다.

- 가장 활용도가 높은 비난 및 평계 상위 25위 문구를 찾을 수 있습니다. "당신이 나를 이렇게 만들었잖아" "당신이 내게 상처를 주었어" 등 모든 상황에서 사용할 수 있는 많은 문구들이 있습니다.

- 책의 한 장은 이 중 가장 강력한 평계인 '만약'에 할애되어 있습니다. 이는 어디에서나 논란의 여지가 없으며, 최고 수준의 프로페셔널 피해자들이 가장 많이 사용하는 평계입니다.

- 비난과 흠집 잡기를 통해 자신의 단점에 대해 다른 사람들의 관심이 집중되는 것을 어떻게 피해갈 수 있는지 알 수 있습니다.

- 어떻게 하면 하면 감정을 조작하고 다른 사람의 삶을 조종할 수 있을지 알 수 있습니다.(스스로의 삶을 사는 것보다 다른

사람의 삶을 조종하는 것이 훨씬 쉽습니다! 그리고 당신은 그들이 성공할지 실패할지에 대해서 언제나 올바른 판단을 내릴 능력이 있다고 믿게 될 겁니다.)

- 보너스로 스페셜 리포트가 주어집니다. "내가 그럴 거라고 말했잖아!"라는 말의 활용법이지요. 어디에서 어떻게 하면 이 말이 최대 효과를 발휘할지 알려드립니다.

아직도 믿지 못하시겠다고요? 그렇다면 저희가 제공해드리는 30일 무료 버전을 한번 사용해보시지요. 프로 피해자가 되는 것이 얼마나 쉬운지 그 효과를 증명하기 위해서, 여러분이 제품에 만족하지 못하신다면 100퍼센트 환불해드립니다.

이런 식의 광고를 통해 장난치는 것은 언제까지라도 할 수 있지만, 독자 여러분이 내가 무슨 말을 하려는지 다 알아들었으리라 믿고 이제 그만하도록 하겠다. 프로페셔널 피해자가 되는 것은 개인적인 책임으로부터 벗어나는 '프리 패스'를 얻는 것과 같다. 만약 모든 일이 당신이 아닌 다른 누군가의 잘못이 된다면 어떠한 것도 자신의 문제가 되지는 않을 것이다. 만약 당신에게 일어나는 그 어떤 선한 일도 다 외부적인 환경에 의해서라면 인생에서 모험을 걸 만한 일은 아예 생기지 않을 것이다.

당신이 피해의식을 갖고 있는 사람에게 무슨 말을 하려고 하거나 그의 변명 혹은 인생관에 대해서 물으려고 한다면 그는 아마도 화를 내거나 방어적인 태도를 취할 것이다. 결국 여러분이 그가 얼마나 엉터리로 행동했는지에 대해서 잘 알고 있다면 그에게 정당화할 여지조차 주지 않을 테지만 그는 당신에게 얼핏 보기에는 논리적이고 이성적인 것 같은 증거를 대면서 왜 자신이 아닌 다른 사람이 그의 실패에 대한 책임을 져야만 하는지를 말하려고 할 것이다.

프로 피해자들은 자기 자신의 단점에 대해서는 절대로 돌아보는 일이 없다. 그들은 삶과 일에 대한 접근법을 근본적으로 바꾸어야 할 시기라고 말해주는 주변에 널린 신호들은 모두 깡그리 무시해버린다. 그러나 그들이 아무리 불행하다고 이야기하더라도 그 말에 속지 말기 바란다. 그들의 사고방식은 자신의 행동에 책임을 져야만 하는 새로운 대안을 선택하기보다는 현재 상황이 훨씬 더 편안하다는 것이니까.

책임져야 할 것을 책임져라

프로페셔널 피해자들은 정말로 이렇게 말한다.

"다른 사람과 예상치 못한 사건들이 내 계획을 실패하게 만들었고, 이 모든 일을 극복하기에는 나는 부족하기만 하다. 내 인생의 이 모든 실패는 정말 내 문제가 아니다."

하지만 그 모든 것이 그들의 잘못이 아니라면 자신의 인생에 대해 전혀 책임감이 없는 것이다.

책임감이란 이 책에서 말하고자 하는 주제의 가장 기본적인 내용이다. 사람들은 거의 대부분 자신은 책임감이 있는 사람이라고 이야기하지만, 정말 그럴까? 가장 기본적인 책임감은 인생 자체에 대해 책임을 지는 것이다. 다른 사람들과 주변 환경은 그들 스스로가 어떤 권한을 부여하지 않는 한 목표로 가는 길을 절대로 막을 수 없다. 실패했을 때 다른 사람과 주변 환경에 그 책임을 묻는다면 그때마다 인생에 대한 어떤 권한을 그들에게 넘겨주는 것이다. 책임감은 인생의 진정한 힘이 시작되는 지점이다.

> ■■■ 무릇 많이 받은 자에게는 많이 찾을 것이요, 많이 맡은 자에게는 많이 달라 할 것이니라.(누가복음 12:48)

이는 양쪽 모두에 해당된다. 더 많은 권한이 주어지면 책임져야 할 것도 늘어난다. 권한과 책임, 이 둘은 항상 함께 움직인다. 인생에서 더 많은 권한이 주어진다 해도 책임지는 것이 두려워 좋아하지 않는 사람들이 있다. 더 많이 인정받고 더 많은 부를 얻는다 해도 말이다. 성공하기 위해서는 치러야 할 대가가 있다는 이야기는 이전에도 했다. 그 대가 중에 하나가 성공과 함께 찾아오는 책임을 짊어지는 것이다.

어떤 사람들은 이 대가를 아예 치르지 않기를 원한다. 성공이 가져다주는 달콤한 열매는 원할지 모르지만 그 열매에 대해서 책임지기는 싫고 하고 싶은 일을 하고 싶은 때에 할 수 있기만을 바란다. 사실 대다수의 사람에게 성공이란 이런 식으로 요약될 것이다.

"만약 성공하게 된다면 마음껏 과시할 것이다. 다른 사람을 위한 역할 모델이 될 필요는 없다. 내게는 내가 원하는 방식으로 살 권리가 있다."

사람들은 모두 자신이 원하는 대로 살 수 있다는 것을 알고 있다. 이는 전혀 새로운 일이 아니다. 돈이나 명성이 가능하게 하는 것도 아니다. 그렇다면 왜 이기적인 불한당처럼, 오로지 자기 자신만 아는 것처럼 행동하는가? 그 점에 대해서도 역시 어떤 변명도 찾을 수 없다. 성공했어도 전혀 성장하지 않았고, 오히려 더 정신 나간 사람처럼 군다. 이는 결국 인간 됨됨이의 문제다.

"많이 맡겨진 자에게는 많이 달라 할 것이니라."

이런 바보들이 좋은 차를 몰고 번쩍거리는 사치품을 온몸에 휘두른 채 마치 높이 나는 것처럼 보인다면 젊은이들은 성공에 대해 잘못된 생각을 갖게 된다. 사람들은 성공에 대해서 어떠한 노력이나 책임감도 없는 허황된 '슈퍼스타'의 이미지를 보고, 그것이 성공의 전부라고 생각한다.

토머스 스탠리와 윌리엄 댄코는 《이웃집 백만장자(원제: The millionaire Next Door)》라는 책에서 실제로 일반적인 백만장자가 어떻게 사는지, 어떤 옷을 입고 어떤 차를 타며 어떤 곳에 사는지에 대해 탁월한 분석을 했다. 스탠리와 단코는 미디어의 과잉 홍보가 만든 유명인사의 허황된 이미지에 어떤 문제가 있는지 밝혀냈다.

실제로 대부분의 백만장자는 호화주택에 살고 있지 않으며, 비싼 옷을 과하게 갈아입지도 않으며, 국산 자동차를 탄다. 반 이상이 포드를 타고 있었으며 36퍼센트가 새 차보다는 중고차를 사서 탔다. 미국

백만장자의 80퍼센트가 재산을 상속받지 않았으며, 3분의 2가 스스로 경영하는 사업체를 통해서 돈을 벌었다.

아, 그리고 사치품을 뽐내고 다니는 생활 방식에 대해서는 어떨까? 구찌 신발이나 롤렉스 시계, 그리고 명품 의류에 이들은 관심이 없었다. 조사 대상의 반 이상이 시계 하나에 235달러 이상을 쓰지 않았고 신발에 대해서 140달러 이상을 쓰는 법이 없었으며 25퍼센트 미만만이 양복 한 벌에 600달러 정도를 쓴다고 했다.

진정한 성공이란 지위를 나타내는 어떤 상징물을 자랑하는 것이 아니다. 성공은 다른 누군가를 감동시키고 좋은 인상을 주려는 것이 아니다. 정말 성공한 사람들은 자신이 가진 명성이나 부로 다른 사람에게 영향을 주고 있는지 여부에는 그다지 신경 쓰지 않는다. 그들은 그저 스스로의 삶 속에서 자기가 효과적으로 재정적 통제를 하고 있는지에 대해서만 신경 쓸 뿐이며, 이는 책임을 지는 태도에서부터 시작되는 것이지 갖고 있는 현금을 자랑하는 데서 오는 게 아니다.

■■■ 권한은 요구하지 않는 어떤 것에도 부여되지 않는다. 이제껏 한 번도 그랬던 적이 없고, 앞으로도 그럴 것이다.(프레더릭 더글러스)

우리 모두는 책임감이 있다. 물론 책임져야 할 것을 멀리할 수는 있지만, 그래서는 당신이 카메라 렌즈 앞에서 아무리 화려한 사치품을 흔들어대도 절대로 성공할 수 없다. 책임질 것이 없다는 것은 진정한 권한이 없다는 뜻이고, 이는 자신이 무기력하게 되길 선택한 것이며, 그런 식으로 권한을 포기한다면 꿈을 이루며 진정으로 성공할 모든 기회를 잡지 못할 것이다. 당신은 지게 될 것이고, 그렇게 게임은 종료된다. 지금껏 한 모든 행동, 이사회와 스튜디오 그리고 거리에서 한 모든 성취는 아무 의미가 없을 것이다. 책임지지 않는 것을 원한다면 절대로 승리자가 될 수 없다. 남아 있는 것은 실패와 여태껏 계속 반복된 그저 그런 평범한 삶뿐이다.

> ■■■ 책임지지 않는다는 것은 통제권이 없다는 뜻이다. 통제권이 없다는 것은 권한이 없다는 것이다. 권한이 없다는 것은 성공하지 못했다는 뜻이다. 성공하지 못했다는 것은 인생에서 실패했다는 말이다.

인생은 이런 식으로 흘러간다. 하지만 책임을 지라고 이야기를 하는 것은 10대 소년에게 힙합 음악을 그만 들으라고 말하는 것과 같다. 차라리 전신주에 대고 소리를 지르는 게 나을지 모른다. 그러나 책임을 지는 것은 성공하기 위해 자기 자신을 훈련시키는 일이다. 무책임한 자세는 성공에서 끌어내리기만 한다. "이봐, 나는 지금 인생에서 마땅히 누릴 재미를 보느라고 매우 바빠! 앞으로 몇 년 동안은 파티를 하면서 시간을 보낼 거야. 그리고 나면 좀 진지해질 테니 두고 봐."라고 말하면서 책임감을 슬쩍 피하려는 사람들이 많다. 하지만 이런 사고방식은 결국 꿈을 이루는 데 더 많은 시간만 소요시킬 뿐이다. 더 많은 시간을 흘려보낼수록 더 많은 시간 고군분투해야 할 것이고, 결국 근근이 겨우겨우 살아가며 삶의 수지타산을 거의 맞추지 못한 채 도대체 내 인생은 왜 이런지 의아해하게 될 뿐이다.

더 나쁜 것은 스스로의 인생에 대해 책임지지 않는다면(사소하고 세밀한 모든 부분까지 다 책임지는 것을 말한다.) 다른 사람들 혹은 다른 어떤 상황이 당신을 통제하게 될 것이라는 점이다. 책임을 지지 않는다면 인생에 대한 통제력도 없다. 책임을 진다는 것은 당신이 무언가를 통제한다는 의미다. 책임감을 가진다는 건 성공에 대해서 동기 부여가 되어 있는 상태를 의미한다. 그러니 자신의 인생에 책임을 지고, 인생의 목표를 이루기 위해서 지금 바로 필요한 일을 시작하라.

책임지기

■ □ ■

변명과 비난은 삶에서 힘을 고갈시킨다. 스스로의 삶에 대해 책임을 지는 것, 그리고 성공이나 실패에 대해서 책임을 지는 것은 반대로 힘을 쌓아준다. 힘을 기르는 것은 우리 삶에 절대적으로 핵심적인 요소이다.

동기도 있으며 의지가 충만한 사람은 어떤 일이든 가능하게 만든다. 반대로 힘이 빠져 있는 사람은 무기력하고 어떠한 일도 성취할 수 없다. 힘 있는 사람은 지역사회를 변화시키고 나라도 변화시킬 수 있다. 하지만 나약하고 기운이 빠져 있는 사람들을 보라. 이들은 대개 남의 시중을 들며 자신의 보스가 어떻게 일을 망치고 있는지만 불평한다. 타인이나 사회의 시스템 그리고 환경이 모든 책임을 져야 한다고 생각하기 때문에 자기의 상황을 바꿀 능력이 없다. 결국 그들의 운명은 다른 사람에게 달려 있다. 그들에게는 힘이 없다.

해리 트루먼 대통령은 "모든 책임은 여기에 있다(The buck stops here)"라고 쓰인 문구를 항상 책상 위에 둔 것으로 유명하다. 이것은 우리들 역시 마음에 새겨야만 하는 철학이다. 인생에 대한 책임은 스스로 져야 한다. 상황이 어떻든 그것은 정말 자신의 문제이다. 그러니 빠져나가려고 쉬운 길을 택하지 마라. 비난하려는 마음과 분개하는 마음에 빠져들지도 마라. 피해자가 되어 책임을 전가할 것이 아니라 스스로의 행동에 대해 정직하게 책임을 져라. 다시 말하지만 당신 인생에 대한 책임은 지금 바로, 스스로 지도록 하라. 자신이 비난 게임을 하고 있다는 생각이 든다면 거울을 보고 다음의 문구를 반복해서 말해보라.

••• 나는 내 인생을 책임지는 사람이다. 나는 일이 되게 만드는 사람이다. 그리고 어떤 일이 잘못되면 그 이유가 무엇이든 간에 나는 그 실패에 대한 책임이 있다. 내 인생에 일어나는 모든 현실은 결국 내 책임이다. 더 이상의 말은 필요 없다.

하지만 만약 다른 사람이 정말로 우리에게 상처를 주고, 고의적으로 우리가 잘못되도록 만들었다면 그럴 때는 어떻게 해야 할까? 승리하는 사람은 또한 용서할 줄도 안다. 그들은 자신에게 잘못한 사람을 용서하고, 또 자기 자신을 용서할 줄도 안다. 때때로 용서를 한다는 것은 가장 어려운 결정이지만, 경영에서든 인간관계에서든 성공하기로 선택한 사람은 '용서'가 그 감옥을 열 열쇠가 된다는 것을 알고 있다.

용서가 열쇠다

　용서는 결코 쉬운 일이 아니다. 하지만 어떤 일이 잘못되었더라도 그때마다 그 일을 빨리 용서하고 잊는 패턴을 습관화하라고 권하고 싶다. 작은 모욕과 무례한 행동, 식료품점과 주유소에서 일어난 사소한 일이라도 당신을 괴롭힐 수 있다. 그러나 작은 일에서부터 용서하는 습관을 들여라. 그래서 정말 큰일이 다가올 때 '용서 근육'을 움직여 제대로 용서를 하라. 궁극적으로 누군가를 용서하는 것은 '결정'이며 자기 자신만이 통제할 수 있는 마음속 과정이다. 분노와 적개심을 품고 있어서 괴로운 사람은 결국 자신뿐이다.

　용서했더라도 잊지 않는다면 그 역시 다 용서한 것은 아니다. 당신 앞으로 끼어든 바보 같은 운전자를 용서하기로 했다면 그 순간부터는 그 사람도, 그리고 그런 불편한 상황도 당신 마음 가운데 어떤 부분도 지배하지 못한다. 당신이 결정을 내리는 것이다. 그 결정을 내리는 순간부터 더 이상 무기력하고 화가 난 상태가 아니라 충만한 에너지로 가득한 상태가 되어야 한다. 분노와 적개심을 계속 품고 있는 것은 스스로의 에너지를 그저 포기해버리는 일이다. 그런 부정적인 감정이 계속 주변을 맴돌고 맴돌아서 당신의 생각을 지배할 것이기 때문이다. 결국 용서는 당신의 선택에 달려 있다. 그리고 당신이 용서하기로 결정할 때 당신은 삶과 환경 전반에 대한 책임을 행사하는 것이다.

물론 나는 당신이 어떤 일을 겪어왔는지 아는 바가 없다. 그러나 여태까지 지나왔던 환경들은 당신이 아무리 중요하다고 생각할지라도 그저 외부적인 환경에 지나지 않는다. 그 중 어떤 것은 긍정적인 의미로, 어떤 것은 부정적인 의미로 다가왔을 것이다. 그런데 긍정적인 경험과 부정적인 경험 모두 우리 발목을 잡을 수도, 익숙하고 편안하게 느낄 수도 있다.

"인생은 너무 좋은 것이어서, 쓸데없는 풍파를 일으키고 싶지 않다. 인생은 너무 어려운 것이어서, 이 절망과 채무의 악순환에서 빠져나오기란 불가능해 보이며 빠져나가는 길을 전혀 찾을 수 없을 것 같다."

이 문장들에서 의미를 갖는 단 한 가지는, 당신의 발목을 잡는 게 무엇이든 간에 얼마나 더 오랫동안 그냥 내버려 둘 것인가 하는 문제다. 도대체 얼마나 더 당신이 갖고 있는 힘을 그저 포기하고 말 것인가? 당신은 인생의 모든 역학 관계를 바꿀 수 있는 능력이 있고 생각하는 방식과 성공의 형태를 결정할 능력도 있다. 분명히 이는 선택의 문제이다. 마술 봉을 휘두르는 동화 속 요정의 문제가 아닌 것이다.

물론 선택을 하는 데는 시간이 필요하다. 어떤 이는 다른 사람에 비해 좀더 많은 시간이 걸릴지 모른다. 과거에 일어난 사건과 당신을 붙잡고 있는 일들에 앞으로 얼마나 더 매달려 있을 셈인가? 그저 당신에게 일어난 나쁜 일을 용서하라, 그리고 앞으로 나아가라.

당신이 직면하고 있는 현실은 무엇인가
■ □ ■

인간의 마음이 가진 힘이란 정말 강력하고 강력하며 강력한 것이다. 대부분의 사람들은 자신이 갖고 있는 힘의 10퍼센트도 채 쓰지 않고 있다고 한다. 물론 쓰지 않고 있는 그 부분이 어떤 역할을 하는지 하나님만 알고 계시겠지만, 이 점만은 분명히 말할 수 있다. 우리가 직면하는 현실은 우리가 현실을 어떻게 인식하느냐에 달려 있다는 것이다. 우리의 마음은 우리가 선택한 세계를 창조할 능력이 있다.

몇 해 전, 과학자들이 서로 다른 현실이 객체의 행동에 얼마나 영향을 줄 수 있는지 알아보기 위해서 물고기를 이용해 실험을 한 적이 있다. 그들은 커다란 물고기를 어항에 넣고 그 물고기가 제일 좋아하는 음식인 잔챙이를 먹이로 주었다. 며칠이 지난 후에 연구진들은 어항에 유리로 된 슬라이드를 넣어 어항의 구획을 나누어 반대편에 잔챙이들을 몰아넣었다. 물고기는 잔챙이를 보고 먹으려고 달려들었지만 커다란 유리에 부딪히고 말았다. 깜짝 놀랐겠지만 여전히 배가 고팠던 그 물고기는 자꾸만 같은 행동을 계속해 유리에 쿵쿵 부딪치기를 반복했다. 몇 시간이 지나자 결국 그 물고기는 이 모든 시도를 멈추고 아픈 코를 움켜쥐고 가만히 있기로 했다.

이후에 과학자들은 며칠이 더 지나기를 기다렸는데 그동안 물고기는 조금도 움직이지 않았다. 학자들은 이제 그 어항을 나누었던 유리를 꺼냈다. 순식간에 잔챙이들은 어항 속 이리저리를 헤엄치고 다녔으며 큰 물고기 바로 코앞까지 오기도 했다. 말 그대로 먹을 것이 사방에 널려 있는 셈이었다. 그러나 물고기는 단 한 번도 잔챙이를 먹으려 하지 않았다. 그의 사고는 어느 새 잔챙이를 먹으려고 하면 벽에 부딪칠 것이라고 강하게 조건화되어 사방에 잔챙이가 돌아다니는 것을 보고도 움직이지 않고 굶어 죽을 때까지 가만히 있었던 것이다.

그 물고기는 과거의 경험에서 살고 있었다. 그는 그에게 영향력을 행사하는 기억으로 살았던 것이다. 그는 과거의 기억, 그를 아프게 했던 기억을 극복하지 못했기 때문에 죽고 말았다. 물고기는 인간에 비할 수 없이 더 단순한 동물이다. 그는 그가 편안하고 안전하다고 생각한 공간에서 앉아 있어야 한다는 사고방식에 사로잡혀 있었다. 그 물고기의 머리는 가만히 앉아서 아무것도 하지 않으면 더 이상 상처받지 않을 것이라는 생각을 했던 모양이다. 그래서 그는 기다렸으며 결국 굶주려 죽고 말았다. 그러나 당신은 물고기가 아니다. 당신에게는 뇌가 있으며 지성과 의지가 있다. 그런데도 과거의 상처와 무시당한 일, 그리고 실패가 미래를 좌우하도록 그저 내버려 둘 셈인가?

물고기의 실험에서 본 것과 같은 태도가 사람들 속에도 존재한다. 그리고 당신의 삶 속에도 있을지 모른다. 당신은 지금 수많은 기회에 둘러싸여 있으면서도 마음속 깊은 곳에서 그 모든 기회가 당신 것이 아니라고 믿고 있을지도 모른다. 혹은 기회를 잡으려고 시도해도 기회를 잡을 가망은 거의 없다고 믿고 있는 건지도 모른다.

부모, 배우자 혹은 또 다른 누군가에게 폭력을 당하며 산 사람들의 이야기를 많이 들어보았을 것이다. 그런데 이들 중에는 괴롭힌 사람이 사라지거나 감옥에 가거나 심지어 죽은 후에도 계속해서 고통에 시달리는 이들이 있다. 왜 그런 것일까? 그들을 괴롭히는 사람은 더이상 주변에 존재하지 않는다. 그들을 괴롭혔던 그 사람은 더 이상 그들 인생에 어떠한 통제력도 행하지 못한다. 결국 그들의 지금 괴로움은 마음속 문제이며 기억과 과거의 감정에 묶여 있기 때문에 벗어나지 못하는 것이다.

결단력과 결정

■ □ ■

내가 여태까지 이야기한 내용 중 가장 핵심적인 것 하나는 결정을 내리는 능력이다. 어쩌면 앞서 이야기한 물고기처럼 결정하지 않기로 결정하고, 행동하지 않기로 결정하는 것이 더 안전해 보일는지 모르겠다. 하지만 우리가 본 것처럼 선택하지 않는 것 역시 결국 선택이다. 게임에 나가지지 않는 것은 애초부터 지기로 결정하는, 부전패를 선택하는 것이다. 불행하게도 너무도 많은 사람들이 끝까지 인생을 그런 방식으로 산다.

성공하는 사람들은 매일매일 선택을 내려야만 한다. 그리고 이들 중 어떤 결정은 좋지 않을 것이다. 학대하는 관계를 견디는 사람들은 애초에 정말 안 좋은 결정을 한 것이다. 그러나 그렇다고 해서 계속 그런 식으로 살아야 한다는 뜻은 아니다. 그에게도 새로운 결정을 할 수 있는 힘이 있다.

나 역시 겉으로 보기에는 정말 좋아 보이는 어떤 결정을 한 적이 있다. 하지만 시간이 흘러 좀더 많은 정보가 주어짐에 따라 내 결정 중 일부가 그다지 좋은 것이 아니었음을 알게 되었다. 그때는 결정을 바꿀 시간이었다. 새로운 방향을 위해서 새로운 선택을 하고 앞으로 나아가야 할 시점이었다.

때로는 과거에 내렸던 결정으로부터 쉽게 '벗어날' 수 없는 것이 있긴 하다. 예를 들면 아이를 갖는 것이 이에 해당한다. 젊은 남성들이 자신의 책임을 방기하고 마는 경우도 보았고, 소녀들이 어머니나 할머니에게 아이를 맡겨 키우도록 하는 경우도 보았다. 그들은 아주 안 좋은 결정을 한 것이다. 어쩌면 아마도 그 순간에는 싸우지 않기로 결정한 것이겠지만, 어쨌든 그것도 그들이 내린 결정인 셈이다. 좀도둑질을 하는 아이들 역시 자신만의 선택을 한 것이며 그러한 선택에는 상응하는 결과가 있다. 만약 내가 어떤 사업체나 주택을 샀는데 온갖 종류의 문제가 있다는 것을 발견했다면 쉽게 변화를 이끌어내지는 못할지라도 내 선택이 가져온 결과를 다루기 위한 방법을 찾아야만 할 것이다. 이는 삶의 가장 중요한 부분이며, 어떻게 권한 있는 삶을 사느냐 하는 것에 관련되어 있다. 때로 우리는 결과가 어려움에도 불구하고 움직여야만 할 때가 있는데, 심지어 그것이 발목에 콘크리트 블록을 매달고 필드를 뛰어가는 것을 의미한다고 해도 그러하다. 결국 당신의 인생이다. 피해자는 책임을 지지는 않고 누군가를 탓하고 불평하면서 시간을 보낸다. 반면 승리하는 사람은 기꺼이 책임을 지고 앞을 향해 나아갈 줄 안다.

피해자는 그들의 인생에 대한 권한을 누군가 다른 사람에게 주고 자기 인생을 경영하도록 내버려 둔다. 정부의 사회복지 프로그램에 의지하여 먹고 입고 내가 살 집을 마련해달라고 요구하고 있다면 내 인생은 결국 어딘가의 사무실에서 그 모든 프로그램을 처리하고 있는 몇몇 관료들의 자비심에 달려 있는 셈이다. 인생의 모든 권한을 포기하고 그 정부 관료로 하여금 내 인생의 중요한 결정을 대신 내리도록 하고 만 것이다.

배수관이 막혔을 때 불평하면서 다른 사람을 불러 문제를 해결하게 하는 것은 훨씬 쉬운 방법이다. 하지만 꽉 막힌 화장실 변기를 직접 해결하겠다고 나서며 그 모든 지저분한 것들을 직접 치우겠다고 하는 건 훨씬 더 큰 도전이 된다. 우리는 그 일을 하고 올바로 상황으로 돌아가도록 만들 수 있는 능력이 있는 사람들이다. 정부 혹은 집주인이 나와 관련된 서류를 처리하고 있을 때쯤이면 집안에는 냄새가 진동해 더 이상 있을 수 없게 될지도 모른다.

삶에 대해서 통제력과 권한을 갖기 원한다는 것은 결국 단호한 자세를 취해야 함을 의미한다. 당신의 꿈은 무엇인가? 모든 꿈을 이루기 위해서는 이에 대해서 마땅히 치러야 할 대가가 있다는 것을 이제는 알았을 것이다. 그 꿈이 당신에게는 얼마나 가치가 있는 것인가? 당신은 기꺼이 모래에 선을 하나 긋고 "이것이 내가 인생에서 원하는 것이다"라고 말할 수 있는가?

목표를 정한다는 것은 선택을 의미한다. 대학에 가고 싶은가? 사업을 해보고 싶은가? 예술가가 되고 싶거나 더 넓은 세상을 보고 싶은가? 원하는 게 무엇인가? 당신은 선택할 수 있을 뿐이다.

경영의 세계와 인생에서 당신이 내려야 할 결정을 당신보다 더 잘 내릴 사람은 없다. 부모님이라 해도 마찬가지다. 부모님은 여러분의 인생을 대신 살아줄 수가 없다. 여러분이 인생을 사는 것이다. 스스로의 인생을 직접 경영하고 싶다면 당신이 망가뜨려놓은 것을 부모님이 와서 대신 치워줄 것이라 기대하지 마라. 결단한다는 것은 책임을 진다는 의미다. 잘못된 선택을 했다면 그 결과를 해결할 줄 알아야 한다. 어렵게 보이더라도 아무것도 시도하지 않고 결국 성공하지 못하게 되는 것보다는 무엇인가 위대한 일을 시도하고 실패한 것이 훨씬 낫다는 쪽으로 마음을 먹어라.

어떤 선택을 했다는 것은 어쩌면 현재의 상황에 머물러 있고 싶지 않다는 자신의 마음을 발견한 것인지도 모른다. 이것은 아주 자연스러운 일이다. 우리는 자라고 변화하며 새로운 정보를 얻는다. 그리고 그렇게 할 권리가 있다. 때때로 우리는 새로운 방향을 선택하기로 마음을 먹었기 때문에 이미 내린 결정을 새로이 다루어야 하는 시점에 놓이기도 한다. 아이를 가진 싱글맘이 학교로 돌아가거나 필요한 교육을 받기 위해서는 더 많은 시간이 걸릴지는 모르지만, 중요한 것은 그녀가 끊임없이 앞을 향해 나아가고 있다는 점이다.

어떤 결정을 내리든 당신의 의지가 제일 중요하다. 아니면 다른 사람의 의견과 경고를 들으면서 이리저리로 움직일 것인가? 항상 당신의 목표, 당신이 받게 될 상, 보물에 시선을 맞추고 경주를 계속해나가도록 하라. 우리가 논의해왔던 모든 것들이 다 그러했듯, 의지력은 결국 마음 안에 있는 것이며 각자의 의지에 달려 있는 것이다. 우리는 이미 그 힘을 가지고 있다. 그것은 내면으로부터 나오는 것이며 마음 속에 이미 있는 것이다.

품격 있는 결정을 내리는 것은 언제나 쉬운 일이 아니다. 사실 매우 어려운 일이다. 하지만 일단 선택을 했으면 끝까지 밀고 나가라. 어렵다는 이유로, 혹은 때때로 너무 버겁게 느껴진다는 이유로 한번 정한 방향을 바꾸지 말길. 변명하는 습관에 빠지지도 마라. 상처를 용서하고 앞을 향해 나아가라. 당신의 두려움과 당신의 삶에서 힘을 빼앗아 가는 모든 것들을 꿰뚫어보라. 그리고 나면 모든 힘이 자기 내면에 있다는 것을 발견하게 될 것이다. 빨리 움직여 인생을 경영해나가야겠다는 조급증을 느끼게 될지도 모른다. 동기가 부여되고 힘이 생긴다.

궁극적으로 다른 사람에 의해서 통제되는 피해자가 되는 것과 스스로의 힘에 의해 움직이는 사람이 되는 것은 상황에 어떻게 대처하는지에 달려 있다. 진취적인 사람은 앞을 향해 나아가는 것을 선택한다. 다른 누군가가 자신의 힘을 빼앗아 가는 것을 그냥 두고 보지 않는다. 자신의 단점을 인정해야 할 때가 오면 물론 어려운 결정이 되겠지만 그 기회를 더 발전하고 새로이 적응하기 위해 이용한다. 그리고 용서하는 법을 배운다.

이것이 여러분 모두가 배웠으면 하는 것이다. 절대로 피해자가 되지 말고 성공적이며 힘이 가득한 삶, 그런 인생의 모든 단계에서 모든 여정을 즐기길 바란다.

불편하더라도 두려움을 직시하라

만약 성공에 어떤 비밀이 있다면 그것은 기꺼이 불편해지는 습관을 들이는 것이다.

정말 크게 성공했다고 보이는 사람들에 대한 이미지는 이런 것일지 모른다. 열대지방의 어느 수영장에서 시가를 피우며 우산이 꽂혀 있는 칵테일을 마시고 세상에 대해서는 전혀 근심하지 않는, 게으름을 부리고 있는 뚱뚱한 고양이 같은……. 많은 사람들이 은퇴 후 삶에 대해 이와 비슷한 이미지를 그리고 있다. 돈에 대한 걱정 없이 '낚시나 다니면서' 삶을 편안하게 누리는 것 말이다.

그러나 이렇게 '걱정거리가 없는' 삶을 사는 것은 사실 우리를 죽이는 것이나 다름이 없다. 소파에 앉아서 감자튀김이나 먹으며 텔레비전을 보면서 시간을 죽이는 카우치 포테이토들은 결국 신체를 파괴할 만한 심각한 문제를 가지게 된다는 것을 우리는 알고 있다. 같은 방식으로, 만약 우리가 정신적으로 언제나 편안한 환경에 머무르게 된다면 꿈을 성취하려는 인간의 정신은 파괴된다. '안전지대'는 그리스 신화에 나오는 사이렌 여신과도 같이 우리를 좋은 소리로 어르듯 달래서 결국은 우리 배를 실패라는 암초에 걸려 부서지게 만들 것이다.

안전지대는 벽 없는 감옥

■ □ ■

어떤 사람들이 내게 그들을 불편하게 하는 무엇인가에 대해서 말하거나 현재 일어나고 있는 일이 그들의 안전지대 밖에 있는 것이라며 불평할 때 나는 종종 그들에게 "정말 잘됐군요!"라고 대꾸하곤 한다. 근육을 키우고 싶다면 유일한 방법은 좀 불편해져서 자기의 정상 지대 밖으로 벗어나는 것뿐이다. 나 역시 그저 소파에 앉아서 미식축구나 각종 재방송을 돌려 보며 소다를 마시면서 감자튀김을 집어 먹을 수도 있다. 하지만 나는 좀 더 건강해지기 위해서 운동하러 간다. 운동하러 가서 각종 운동기구를 들어 올리고 땀으로 지방을 빼내며 내가 속해 있던 안전지대 밖으로 스스로를 밀어낸다. 다시 말해 우리는 불편해져야만 하고, 내 목표를 달성하기 위해서 할 일을 해야 한다.

물론 우리는 안전지대에서 편안함을 느낀다. 그리고 그 밖으로 벗어나려고 할 때마다 불안하다 느낀다. 두려움은 항상 우리 주변에서 마치 캠프장 주변을 맴도는 늑대같이 우리 주변을 맴돌고 있다. 우리는 두려움을 몰아내기 위해서 벽을 만들지만 늑대는 주변에 맴돌며 우리가 벽 밖으로 나오기만을 기다리고 있다. 두려움은 날카로운 이빨을 가지고 있어서 경계 밖으로 조금이라도 나가면 당장 으르렁거릴 것만 같다. 그러나 살면서 내내 안전지대라는 원 안에 머물러 있으면 충만한 삶을 살 수 없다. 벽은 위험을 막아주지만 우리의 잠재력이 활용될 가능성까지 막아버린다.

인간이 갖고 있는 두려움은 사실은 우리 주변을 빙빙 도는 늑대와 같은 것은 아니다. 두려움은 인생 전반에 걸쳐 순간순간 늘 존재한다. 두려움은 우리 안에 존재하는 것으로, 우리의 삶을 지배하고 우리가 얼마나 멀리 나아갈 수 있을지를 결정하는 경우도 많다. 그러나 우리가 두려움을 지배할 수도 있다. 두려움은 정말로 나를 집어삼킬 수 있는 것이 아니며, 실제로 극복될 수 있다. 자신이 가장 두려워하는 그 일을 할 때 비로소 두려움은 극복된다. 그리고 그 일은 언제나 그렇듯 항상 불편한 일이다.

우리는 두려움을 하나하나 해결해가야 한다. 우리는 두려움에 도전해야 한다. 두려움을 집어삼켜야 한다. 그러지 않으면 두려움이 우리를 집어삼킬 것이며 인생은 황폐해질 것이다. 강제로라도 원 밖으로, 안전지대 밖으로 스스로를 몰아내야 하며 두려움을 직시해야만 한다. 비틀거리면 다시 일어나 시도하고 또다시 시도해서 계속 앞으로 나아가야 한다. 정말로 그 두려움을 정복할 수 있게 될 때까지 말이다.

■■■ 두려움은 우리를 무너지게 만들지만, 믿음은 우리에게 힘을 준다.

우리가 두려움을 무찌르고 극복하려고 할 때마다 우리가 대면해야 할 것이 또 있으며, 이 모든 과정은 늘 반복된다. 모든 두려움으로부터 자유로워질 수는 없을 것이다. 그러나 두려움의 노예가 되어서도 안 된다. 당신이 이 비밀을 깨닫게 되면 그 순간부터 다시는 두려움에 붙잡히지 않을 것이다. 당신이 허락하지만 않는다면 말이다.

이것을 끝이 없는 싸움, 인간이 단순히 견디어야만 하는 것이라고 보지는 않았으면 한다. 하나가 끝나면 새로이 시작되는, 산 정상에서 또 다른 정상으로 올라가는 과정과도 같이 일종의 승리를 위한 과정이라고 생각하기 바란다. 나 역시 아직도 두려움이 있고 두려움의 종류도 다양하다.

편안하게 지내려고 하는 한 절대로 성공할 수 없다는 것은 불편하지만 진리이다. '편안한' 수준의 수입은 더 큰 성공으로 가지 못하게 막는다. 아무 세일즈 매니저나 붙잡고 물어보라. 가만히 잡아먹히기만을 기다리는 만족한 소보다는 항상 굶주려 있는 세일즈맨을 원할 것이다.

"나는 상관없어. 뭐든 나는 괜찮아"라고 말하는 소극적인 태도는 인간관계에서 분노와 경멸의 느낌을 불러일으킨다. 어떤 관계에 있어서라도 너무 편안해지는 것은 결국 그 관계의 종결이나 이혼으로 연결될 수 있다. 너무 편안하게 느끼기 시작하고 그 관계가 잘 굴러가도록 어떤 노력이든 해야 한다는 것을 스스로에게 상기시키지 않는다면 그 모든 것을 너무도 당연하게 받아들이게 된다. 그러나 관계를 유지하는 것은 정말로 힘든 일이다. 사업을 하는 것도 많은 노동을 요구한다. 투자를 하는 것도 끊임없이 주의를 기울여야 하는 일이다. 어떠한 꿈이든 적극적으로 열정적으로 추구해야 한다. 그러지 않으면 눈앞에서 어이없이 사라질 것이며 결코 닿을 수 없는 곳으로 가버릴 것이다.

사도 바울은 편안함과는 거리가 먼 삶을 산 사람이다.

■■■ 내가 궁핍하므로 말하는 것이 아니라 어떠한 형편에서든지 내가 자족하기를 배웠노니.(빌립보서 4:11)

만족함은 편안함과는 분명 다른 느낌이다. 그의 인생은 무관심 혹은 게으름과는 전혀 관련 없는 삶이었다. 사실 그가 이 글을 썼을 때 그는 감옥에 투옥되어 있었다. 그렇다면 어떻게 이 글이 안전지대를 벗어나려는 시도와 연관이 있단 말인가? 단순하다. 바울은 짜증을 내지도, 긴장하거나 어쩔 줄 몰라하지도 않았다. 그는 모든 것을 단숨에 쉽게 받아들였다. 그는 만족했으며 행복해했다. 그는 열정으로 가득한 삶을 살았으며, 그를 둘러싸고 있는 것들(어떠한 사람들도, 어떠한 환경도)은 그의 목표와 비전을 바꾸지 못했다. 그는 자신에게 주어진 것들을 항상 수긍하며 받아들였다. 그가 쓴 글을 보면 자신이 가는 길에 어떤 장애물이 있든 모두 극복하고 목표를 달성할 수 있다는 자신감을 읽을 수 있다.

■■■ 내게 능력 주시는 자 안에서 내가 모든 것을 할 수 있느니라.(빌립보서 4:13)

금메달을 따려고 결심하고 그 목표를 위해서 매일매일 몇 시간씩 집중하여 연습하는 운동선수와 하루에 몇 분씩 운동하는 습관을 들이려는 평범한 사람의 차이점은 바로 편안한가 그렇지 않은가이다. 운동선수는 편안하지 않다. 사실 그는 너무 많은 시간을 육체적인 고통 속에서 지내며, 항상 인간의 한계를 넘어서기 위해 노력한다. 그러나 그는 스스로에 대해서 만족하고 있다. 그는 집중하고 있으며 열정이 있다. "고통이 없이는 얻는 것도 없다"라는 말이 진정 그에게는 의미가 있다. 하지만 그들은 고통을 위해서 사는 것이 아니다. 꿈을 이루기 위해 산다.

반대로 마음이 내키지 않은 상태로 트랙을 몇 바퀴 돌고 때때로 웨이트를 들기도 하는 우리들(여기에는 물론 나도 포함된다)은 스스로가 느끼는 불만족 상태에 대해서 매우 비참하다고 생각한다. 나도 푸짐한 추수감사절 음식을 먹은 뒤에 몇 블록을 조깅하거나 체육관에 가는 것보다 그저 자는 것을 훨씬 더 좋아하는 편이다. '고통이 없는 것=몸무게를 늘리는 것'이라는 공식을 나도 잘 안다. 이것이 바로 내 걱정거리이자 고생거리다. 나는 어떤 것이 필요한지에 대해서는 잘 알고 있지만 여전히 이건 엄청난 싸움이다.

그러나 나는 이 영역이 내가 스스로를 끊임없이 강요해서 안전지대 밖으로 밀어내야 하는 부분이라는 것을 잘 안다. 안전지대에 머물도록 스스로를 허용한다면 나는 결국 일찍 죽고 말 것이며 내 아이들은 아버지 없이 남겨질 것이다. 나에게 있어 이것은 결국 내가 내린 결정을 얼마나 잘 견디고 지키느냐 하는 것이다. 적어도 사업 분야에서는 이 점을 잘 지켜왔고 성공했다. 그리고 신체적 부분에서도 성공할 수 있도록 나는 똑같은 싸움을 계속할 생각이다.

항상 건강한 상태를 유지하려는 내 투쟁과는 달리 사업에서의 내 결정은 늘 다른 사람의 생각을 넘어서는 것이었다. 내가 만약 다른 사람들과 똑같이 사업을 했다면 '올해의 젊은 기업가 상' 같은 것은 절대로 받지 못했을 것이다. 안전지대를 기꺼이 벗어나려고 하기 전까지는 인생의 어떤 성공도 달성하지 못한다는 것을 나는 깨달았다. 그리고 안전지대를 벗어나려는 결정은 종종 통속적인 지혜와 상식을 거스르는 경우가 많다.

일반적인 지혜는 거의 항상 틀리다

내가 지역 교회들과 협력하여 교회 자체의 기부 프로그램을 만드는 작업을 시작했을 때 그 교회들은 나 말고 다른 사람들에게도 조언을 듣고 있었다. CD 제작에 돈을 투자하라거나 금융상품 등에 투자하라는 충고였다. 그러나 나는 당시 교회 이사들에게 매우 대담한 제안을 했다. 왜 같은 돈을 가지고 지역사회와 주변의 사람들에게 투자하지 않느냐고. 지역사회에 속한 가정의 집을 재개발해주거나 살 만한 곳으로 바꾸어주는 것이 어떻겠느냐고. 나누어주는 것을 한번 생각해보자고 말이다.

그런데 자본을 투자하는 일에 대해서(심지어 그것이 남에게 거저 주는 일이라고 할지라도) 그 투자에 대한 대가를 기대하는 것은 결코 잘못된 일이 아닐 뿐만 아니라 성경에서는 '씨를 뿌리는 일'이 결국은 그 대가를 가져온다는 점에 대해 긍정적인 태도와 믿음을 갖지 않는 것은 죄악이라고까지 말한다. 마태복음 25장에 나오는 그 신실한 종은 투자에 긍정적인 태도를 견지하며 대가를 기대했기 때문에 높임을 받았고, 반대로 '안전하게 투자한' 그의 동료 종들은 엄하게 꾸짖음을 당했다.

■■■ 주라, 그리하면 너희에게 줄 것이니 곧 후히 되어 누르고 흔들어 넘치도록 하여 너희에게 안겨주리라.(누가복음 6:38)

사람들이 이야기하는 상당히 많은 부분들이 결국 일반적인 지혜를 담고 있는 경우가 많다. 그러나 '정상적인' 사고방식만 따르다 보면 결국 그저 그런 삶을 살 일반적인 결정만 하게 될 것이다. 내 전문 영역인 비즈니스 세계에서의 예를 들어 이를 설명해보자. 대부분의 사업의 경우 100개 업체 중 97개는 사업을 시작하고 나서 3년 안에 망한다고 한다. 이는 아마도 그 경영자들이 너무도 일반적인 결정을 했기 때문일 것이며, 그 결정들은 '일반적인 지혜'에 근거하고 있는 경우가 대부분이다. 이 수치가 일반적 지혜를 따르는 것이 얼마나 치명적인 실수가 되는지를 잘 보여주고 있다.

물론 그들도 많은 변명과 두려움을 뚫고 일어나 사업장을 열었을 것이다. 가게를 세우고, 재고를 주문하고, 전화번호부에 자신의 상호가 잘 나와 있는지 확인하는 등의 일을 했을 것이다. 그러나 불행하게도 이들 대부분은 망한다. 그들은 꼬리를 내리고 성공의 테이블로부터 멀어져간다. 문제는 일반적인 사람들이 그들에게 하라고 하는 일은 그들도 거의 다 했다는 것이다. 그렇다면 도대체 무엇이 잘못된 것일까? 그 답을 얻기 위해서 내가 시티캐피털을 설립할 때 사람들이 해준 '일반적인 지혜'의 충고들을 한번 검토해보자.

• 돈을 벌려면 개발업자는 반드시 매우 비싸고 호화로운 집, 거대한

리조트, 골프 코스를 지어야만 한다. 그런 쪽이 돈이 모이는 곳이기 때문이다. 도심의 시장에는 돈을 투자하지 말아라. 그런 곳은 '전쟁터'나 다름없다.

→ 하지만 우리 동료들이 노동 계층의 가정을 위해서 품질 좋은 주택을 공급할 때 (통속적 지혜의 충고와는 달리) 도심의 시장에 엄청난 수요와 니즈가 있는 반면 업자들 간의 경쟁은 거의 없는 곳이라는 것을 발견했다.

• 통상적으로 수익이 낮을수록 투자 안전성이 높기 때문에 투자 대비 수익률이 3~5퍼센트 정도면 만족해야 한다. 나중에 돈을 잃고 아쉬워하느니 안전한 게 훨씬 낫다

→ 이 이론에 따르면 높은 수익률을 올릴 수 있는 유일한 방법은 위험도를 높이는 것뿐이다. 하지만 도심에는 살 만한 집에 대한 수요와 재생 가능한 연료에 대한 니즈가 매우 높다는 것을 인지하고 있었던 정부가 기꺼이 사업에서 부가적으로 발생하는 위험을 줄여주고자 했다. 위험도를 낮추면서도 수익률을 높일 수 있는 방법이 있는 것이다.

• 다른 사람과 협상을 해야 할 때는 항상 힘을 가진 입장에서 협상에 임해야 한다.

→ 그러나 우리 업체는 모든 협상에 윈-윈의 대안을 제시하면 상대방이 우리에게 협조하려고 한다는 것과, 우리와 함께 일하면서 오히려 인센티브를 제시하려 한다는 것을 알았다.

• 결코 쉽게 대출을 받을 수 없을 것이다. 검증된 바이어를 만날 수 없을 것이다. 시장에 진입하기 어려울 것이다. 새로운 일을 할 수 없을 것이다. 그리고 당신이 하려는 일은 다 할 수 없는 일이다.

결코 할 수 없을 것이다.

→ 하지만 나는 항상 '할 수 있는 어떤 것'을 찾으려고 했으며 대개의 경우 실제로 찾을 수 있었다.

나는 사업을 하면서 이 같은 부정적인 경고를 끊임없이 받았으며, 이런 부정적인 경고는 대개 일반적인 지혜에 근거한 것이었다. 하지만 나는 이런 충고들이 늘 옳을 것이라 생각하지 않았다. 여러분 역시 그런 자세를 가져야 할 것이다. 시티캐피털의 우리 직원들은 항상 다른 접근법을 견지했으며 일반적인 방법 외의 것을 찾아냈다.

시티캐피털은 항상 베푸는 마음을 가지고 도시와 지역사회에 접근했다. 우리는 그들에게 "우리가 당신들을 위해서 해줄 수 있는 일이 무엇이 있습니까? 어떤 서비스를 받고 싶으십니까? 이 지역사회가 어떻게 변하면 좋겠다고 생각합니까?"라는 질문을 했다. 이런 말들이 너무 급진적으로 들릴지도 모르지만, 내 말을 믿기 바란다. 경제 발전 단체와 지역사회 발전 조직들에 따르면 우리 회사만이 이런 식의 접근 방법을 견지했다고 한다. 만약 우리가 이렇게 하지 않았다면 우리는 도시를 착취해서 큰돈을 벌겠다고 생각하는 수많은 기업들과 전혀 다를 바가 없었을 것이다. 시티캐피털이 취한 접근법이 개발업자들 사이에서는 너무 독특해서, 다른 회사들이 함께 일하기 위해 기꺼이 돈을 내겠다고 하는 경우도 많았다.

한편 바이오 연료 사업인 고센에너지 역시 에너지 시장에 대해서 시티캐피털과 같은 방법을 취했다. 많은 정부 관련 기관과 사기업 단체들이 이 중요한 분야의 미래에 대해서 상당한 관심을 갖고 있었다. 하지만 대부분 현재 진행되고 있는 '빅딜' 사업에 포함되지 못한 상황이었다. 당시 우리는 대학들과 아메리칸 인디언들, 유통회사 그리고 지역 및 주 정부와 협력 관계를 맺었다. 우리가 제시한 윈-윈 접근법은 미국과 아프리카 그리고 세계의 여러 지역에서 기회의 새로운 문을 열어주었다.

"너는 절대로 할 수 없어."

■ □ ■

지난 시간 동안 내가 얼마나 많이 "너는 절대로 그 일을 할 수 없을 거야"라는 말을 들어왔는지 짐작할 수 있겠는가? 아마도 그 누구보다 더 많이 들었을 텐데, 그것은 내가 하려 했던 일들이 대개 사람들은 생각조차 하지 않았을 일이었고, 일반적인 경우보다 너무 어린 나이였기 때문이다. 어쨌든 중요한 것은 여러분도 할 수 없는 것이 아니라, 할 수 있다는 것이다.

불가능한 일

에드거 앨버트 게스트(1881~1959)

누군가는 불가능한 일이라고 말했지만,
그는 껄껄 웃으며 대답했다.
"그럴지도 모르지." 하지만 그는

자신이 해보기 전에는 그리 말하지 않는 사람.

그래서 그는 일에 착수했다.

얼굴에 여전히 희미한 미소를 띤 채,

근심이 있다 해도 숨겨버렸다.

그는 노래를 흥얼거리며,

다들 못한다던 일에 착수했다.

누군가는 코웃음 쳤다. "자넨 절대로 못해.

적어도 지금까지는 다들 실패했으니."

하지만 그가 코트를 벗고 모자를 벗는 것을 보고,

우리는 그가 일을 시작했음을 알았지.

일말의 의심도 억지도 없이.

그는 노래를 흥얼거리며,

다들 못 한다던 일에 착수했다.

불가능이라 이르는 사람이 수천 명.

실패를 예견하는 사람도 수천 명.

위험이 앞에 도사리고 있다고

수천 명이 차례차례 경고하겠지.

하지만 미소 띤 얼굴로 그냥 시작하는 게지.

그냥 코트를 벗어놓고 뛰어들어,

노래를 흥얼거리며 일하다 보면.

'불가능'이라던 일도 이루어진다.

나는 그동안 결정을 내릴 때, 통상적인 지혜를 거스른 적이 너무도 많다. 그러나 그동안 사람들이 '불가능'이라고 이야기하는 일을 해왔다. 예를 들어 도심의 편부모 가정에게 살 만한 집을 공급하는 데 투자하여 지속적으로 높은 수익률을 올릴 수 있다고 투자자를 설득했던 내 말이 맞았다는 것을 나는 증명해 보였다. 젊은 소수민족의 남자가 소유한, 이제 막 성공하기 시작한 신생 회사가 바이오 연료 사업에 뛰어들어 성공할 수 있다는 것도 증명했다. 일반적인 지혜에 딱 들어맞지 않는 사례들이 심각하게 재고해볼 여지가 있는 경우가 실제로는 많다. 만약 대부분의 사람들이 대중적인 사고방식을 그냥 따르고 있다면 거기에서 얼마나 많은 기회들이 스쳐 지나겠는가?

대중은 언제나 일반적인 지혜를 따른다는 것을 기억하라. 주식시장 (그 밖의 시장에서도 마찬가지이다)에서 가장 유력한 말이 있다.

"주식 때문에 사람이 죽었다고 할 때, 그때 주식을 사라."

이 말이 무슨 뜻이겠는가? 모든 사람이 같은 방향으로 가고 있을 때 그 반대 방향으로 움직이라는 말이다. 대중이 주식을 싸게 팔려고 할 때 대부분의 투자자들은 긴장을 견디지 못해 자기가 보유하고 있는 주식 역시 팔아버린다. 이로 인해 주식의 가격은 계속 떨어지는데, 이때가 바로 영리한 투자자들이 엄청난 양의 주식을 미친 듯이 사들이기 시작하는 시점이다.

성공을 이끄는 자질이 항상 그렇게 독특한 것은 아니다. 우리가 할 수 있는 것은 그저 우리를 막아서려는 사람들에 대항하고 자신의 두려움에 대해 단호히 "안 돼!"라고 말하며 대중 심리, 즉 일반적인 지혜에 단호히 맞서는 것뿐이다. 대중은 여러분이 갖고 있는 꿈을 비웃으면서 모든 변명을 녹아웃시킬 만한 가장 강력한 상식을 읊어댈 것이다.

"그게 그렇게 좋은 거면 왜 다른 사람이 진작 안 했겠어?"

이 말에 나는 이렇게 대답한다.

"성공한 사람들이 다른 사람들이 다 한 일을 가지고 그 자리에 올라간 걸 한 번이라도 본 적이 있어?"

이 자세가 소수의 결단력 있는 사람이 엄청난 수익을 낼 수 있게 해주는 원동력이다. 지구상에서 730만 명의 사람들이 백만장자라고 추정되는데, 그중 약 3분의 1이 미국에 있다. 〈포브스〉에 따르면 미국에는 374명이 넘는 억만장자가 있다고 한다. 이들이 여러분보다 백만 배 더 똑똑한 것이 아니며, 여러분보다 백만 배 더 오래 일하는 것이 아니다. 어쩌면 여러분이 이들보다 더 열심히 일하고 있을는지도 모른다. 그렇다면 그 사람들은 어떻게 당신은 꿈도 못 꾸는 백만 달러 이상을 모을 수 있었을까? 그것은 단순하다. 그들은 두려움에 굴복하지 않았으며, 어떠한 변명도 수용하지 않았고, 대중의 일반적인 지혜에 기대지 않았기 때문이다.

종종 나는 어떤 결정을 내려야 할지 매우 괴로워할 때가 있다. 이일을 해야 하나, 저 일을 해야 하나? 내게 결정을 내리기 위한 충분한 정보가 있음에도 불구하고 여전히 망설이는데, 대부분의 경우 정보 때문이 아니라 내 자신의 문제, 내 안에 도사리고 있는 문제들 때문이다. 만약 내가 일반적인 지혜의 목소리를 듣기 시작한다면 틀에서 벗어난 것을 보지 못하고 언제나 숨어 있는, 하지만 항상 존재하는 새로운 가능성을 인지하지 못하게 될 것이다.

이런 상황에 처하면 나는 한 가지 지침만을 되새긴다. 앞으로 나아가라! 전속력을 다해! 내 속 깊은 곳에 내가 어떤 일을 하려는 것을 막으려는 두려움이 있다는 것을 인지하면 나는 그냥 그 일을 해버린다. 그리고 상황 끝이다. 긍정적이며 적절한 행동을 취하는 것은 결단을 내리지 못하는 상황에서는 언제나 특효약이다. 항상 기억하라. 결단력은 성공의 가장 중요한 열쇠이다.

결국 선택은 항상 자신의 몫이다. 두려움에서 뭔가 결핍된 상태로 대중을 따라가면서 최소한 잃어버리지 않기 위한 결정만 내리면서 살겠는가, 아니면 두려움을 극복하고 풍족하며 이기는 결정을 하겠는가? 이 두 가지 선택지 사이의 결정도 결국 우리가 내려야 하는 것이다. 그리고 여러분 인생에서 가장 위대한 결정, 다른 사람들보다 항상 앞서나가도록 여러분을 독려할 그 결정은 항상 일반적인 지혜를 정면으로 빗겨갈 것이며 안전지대로부터 여러분을 밀어낼 것이다.

Create

크리에이트 석세스

Success

왜 젊은이라면 누구나
사업을 시작해야 하는가

5

자신만의 사업체를 시작해서 운영한다는 것은 겁나는 일일 수 있다. "누가? 내가?"라는 생각을 할지도 모른다. 물론 사업에는 수반되는 위험이 있다. 하지만 사업을 하는 것은 매우 신나는 일이며 흥분되는 일이기도 하다. 어떤 업체의 주인이 되어 나아갈 방향을 설정하고 앞일을 예상한다고 생각해보라. 그 외에도 두려움을 버리고 지금이라도 당장 사업을 해야만 하는 이유는 얼마든지 있다.

1. 잃을 것은 사실 아무것도 없다. 주위를 둘러보라. 내 나이 또래의 대부분의 젊은이들이 최소 임금을 받고 일한다. 하지만 여러분은 시간당 6~8달러를 받기에는 훨씬 더 가치 있는 사람들이다. 만약 당신이 운영하는 사업체가 망한다고 해도 일어날 수 있는 최악의 일이라고 해봐야 그저 사업을 그만두고 새로이 직업을 구하는 것뿐이다. 만약 좀더 기다려보자고 생각하고 꿈을 따라가지 않는다면 나중에도 여

러분은 여전히 직업을 구해야만 할 것이다. 달라질 것은 별로 없다.

2. 사업을 하면 정말 가치 있는 경험과 자격을 얻을 수 있게 된다. 사업체를 소유하고 운영해본 경험은 어떤 직업에서든 성공할 수 있는 확률을 훨씬 더 높여준다. 어떤 일을 할 때 일의 각 부분이 서로 어떻게 조화되는지에 대해서 '큰 그림'을 그리는 능력을 기르게 될 것이며, 이 기술은 여러분의 이력서를 빛내줄 것이다.

3. 돈을 벌 수 있는 확률이 훨씬 높아지고 빨리 성공할 수 있는 확률도 높아진다.《이웃집 백만장자》의 스탠리와 댄코에 따르면 미국인 노동자의 20퍼센트만이 자영업을 하고 있음에도 불구하고 미국 백만장자의 3분의 2가량이 기업가라고 한다. 당신이 직접 벌어들이는 수입은 그저 일부에 불과하다. 만약 사업을 잘 키워서 팔 수 있거나 주식이 상장된다면 큰돈을 벌 수 있는 날들이 눈앞에 펼쳐질 것이다.

4. 당신이 규칙을 만드는 주체가 될 것이다. 더 이상 다른 사람의 장단에 맞추어 춤을 출 필요가 없다. 자신만의 시간을 찾을 수 있으며, 원하는 시간에 일할 수 있고, 함께 일하고 싶은 사람을 고를 수 있다. 가장 관심이 있는 주제를 선택해서 그 주제를 바탕으로 사업체를 만들 수 있다.

5. 인맥을 넓힐 수 있다. 사업체를 운영하고 사업가들의 단체에 들어가면 온갖 종류의 엄청난 기회를 열어줄 뛰어난 연줄을 갖게 될 것이다. 어떤 사람들은 일생의 멘토가 될 수도 있다. 그렇게 넓어진 인맥은 당신의 가치를 높여줄 것이다.

6. 자기 자신에 대해 더 자세히 알게 될 것이다. 사업체를 운영하면

용기, 힘, 결단력을 포함해 학교에서 가르쳐주지 못하는 것들을 배우게 된다.

7. 당신의 일자리는 보장되어 있다. 사업체를 소유하고 있는 오너들은 사업의 사정이 나빠진다고 할지라도 그 사업체의 마지막까지 함께할 사람이다. 종업원의 수입은 그저 상사의 처분에 달려 있을 뿐이다. 당신 회사에서 마지막까지 월급을 받았던 사람이 누구였는지 다시 생각해보라.

그렇다면 당신이 원하는 것은 무엇인가? 사랑하는 것, 그리고 열정을 갖고 있는 것은 무엇인가? 사업을 시작한다는 건 당신이 좋아하는 일을 할 기회가 생긴다는 뜻인데, 그렇다면 당신도 한번 재미나게 일해보지 그러는가? 가장 행복해 보이는 사람들, 내가 가장 성공했다고 보는 사람들은 하는 일을 사랑하는 사람들이며 또한 사랑하는 일을 하는 사람들이다. 다른 것과 마찬가지로 결국 이것도 당신의 선택에 달려 있다.

내가 뭘 원하는지 도대체 모르겠습니다

자기 인생의 방향을 알고 있는 사람은 막을 방법이 거의 없다고 봐도 무방하다. 맥도날드의 레이 크록, 마이크로소프트의 빌 게이츠나 에보니 잡지사의 존 존슨, 홀리데이인의 케먼스 윌슨, 코카콜라의 찰스 컬페퍼, 월마트의 샘 월튼과 같은 사람들은 명백한 비전을 가지고 있으며 그 비전이 현실화될 수 있도록 한다. 그들은 모두 탄환과 같다. 자신의 목표에 집중하며 빠른 속도로 앞으로 나아간다.

C. J. 워커 여사는 미국에서 여성 최초로 백만장자가 된 자영업자로 전 세계 기네스북에 오른 바 있다. 그녀는 흑인이었는데, 그 누구에게서도 변명을 듣지 않았으며 특히 자기 자신의 변명을 용납하지 않았다.

> ▪▪▪ 나는 남부의 한 밀밭 출신의 여자입니다. 거기에서 세탁소로 일자리를 옮겼고, 거기에서 또 요리사로 올라갔죠. 또 거기에서부터 헤어 제품과 준비용품들을 제조하는 공장을 운영하는 사람이 되었습니다. 나는 내 공장을 내 자신의 힘으로 이룩했습니다.

주변을 돌아보면 성공한 사람의 예를 수없이 찾을 수 있다. 당신의 흥미를 자극하는 것이 무엇이든 간에, 또 하고 싶은 일이 무엇이든 간에 항상 성공한 사람의 이야기를 듣게 될 것이다. 만약 그 사람들이 여전히 살아 있다면 그들에게 접근해서 이야기할 기회를 만들 수도 있고, 그렇게 하여 본보기를 삼을 멘토 한둘을 찾게 될 수도 있다.

이런 종류의 단순한 마음을 가진 사람들은 자신의 목표를 확실히 성취하고야 만다. 불행하게도 내가 만나본 내 또래의 10대, 20대 젊은이들은 어떤 방향으로 가야 할지 전혀 감각을 잃은 듯하다. 그들은 "나는 무슨 일을 해야 할지 전혀 모르겠어"라고 말하곤 한다.

방향성 상실은 시작하기도 전에 일을 막는다

■ □ ■

목표와 방향이 없다고 하는 사람들은 그저 수동적으로 일이 자기 자신에게 일어나게끔 내버려두는 데 너무 오랜 시간을 보낸 것은 아닐까? 그들은 그저 그럭저럭 살아가는 데 익숙해져 있다. 학교에서는 수동적으로 선생님의 이야기를 듣고, 비디오게임기 앞에 수동적으로 들여다보며 필요할 때만 반응한다. 수동적으로 텔레비전을 보고 수동적으로 음악을 듣거나 스포츠 게임을 본다.

아마 그들이 가장 심각하게 기획해본 것은 이성과 관계를 맺는 것, 상대를 유혹하는 방식에 대한 것이었을 것이다. 그때조차도 너무나 많은 젊은이들이 자신의 로맨틱한 목표를 최소한의 노력만을 들이고 쟁취하고자 한다. 모든 젊은이들이 다 이렇다고 말하는 것이 아니며, 또한 그들이 모두 나쁜 사람이라고 이야기하는 것도 아니다. 다만 이렇게 단지 '그럭저럭' 방식으로 살다 보면 누군가 어떤 일을 해야 한다고 말해주는 사람 없이는 앞을 내다보며 직업을 기획하는 게 불가능해질 것이라는 점을 말하고 싶을 뿐이다.

혼전 임신으로 생긴 아이들과 깨어진 결혼으로 인해 발생하는 문제들은 결국 이러한 소극성에 뿌리를 두고 있는 경우가 많다. 어떤 관계를 유지하려면 노력을 해야 한다. 자기 자신의 문제보다는 다른 누군가의 삶에 대해서 집중하고 사랑하는 마음을 가져야 한다. 또한 큰 그림을 볼 수 있어야 하며 스스로의 두려움과 변명을 잘 다스리고 일이 되도록 자기 자신을 어떤 일에 집중시켜야 한다.

지금까지 이야기했던 그 모든 자질들이 다 필요한 것이다. 그저 소극적으로 있기만 해서는 좋은 관계를 만들 수 없는 것처럼 수동적인 태도로는 멋진 직업을 가질 수도 없고 훌륭한 사업장을 일굴 수도 없다. 성공하기 위해서는 집중할 줄 알아야 하며 실제로 행동하고 결단하는 게 필요하다. 많은 사람들이 이것이 단지 일을 많이 하라는 뜻인 줄로만 안다. 그들은 쉬운 인생을 살기 위해서 쉬운 길을 찾고 있는 것이다.

바로 이런 종류의 사람들이 종업원으로 고용되어 자신의 재무 상태를 개선시키기 위해 고민하기보다는 연례 휴가를 어떻게 보낼지를 기획하면서 더 많은 시간을 보낸다. 여기에서 '우선순위'를 세울 수는 없는 걸까? 자신이 정말 원하는 것이 무엇인지 알아내기 위해 시간을 들여 생각해보고, 그 일을 하기 위해서 계획을 세워라.

아는 것부터 시작하라

■ □ ■

당신이 제일 사랑하는 일을 가장 먼저 하라는 것이 내가 줄 수 있는 최고의 조언이다. 나는 비디오게임에 미쳐 있었던 어린아이에 불과했다. 나는 정말 비디오게임을 지겹도록 했다. 항상 게임 화면을 쳐다보고 있었으며 게임을 하면서 수천 시간을 보냈다. 그 결과 내가 이미 열정을 가지고 있었던 그 무엇, 즉 나만의 비디오게임을 만들어보자는 생각, 웹사이트를 시작해보자는 생각이 자연스럽게 자라났다.

또한 나는 사업을 하는 걸 좋아한다. 그 과정에서 역시 돈을 벌 수 있는 내가 좋아하는 또 다른 일을 찾을 수 있었다. 일단 사업을 하면서 성공을 거두기 시작했는데 내가 어떻게 다른 사람 밑에 들어가서 일을 할 수 있겠는가? 내가 했던 이 모든 일이 내게 노동이었으리라 생각하는가? 절대로 그렇지 않다. 나는 그 과정의 모든 순간순간을 즐겼으며 내가 벌었던 돈은 덤과 같이 받았던 것이다.

열정을 갖고 있는 일이라면
결코 노동으로 느껴지지 않는다

■ □ ■

내가 매일 지나다니는 골목에는 아이들이 경사로를 만들고 파이프를 세워 스케이트보드를 탈 수 있도록 해놓은 곳이 있다. 아이들은 학교 가기 전 매일 아침에 그곳에 모여 몇 시간이고 뒤집기, 돌기 등 다양한 기술을 익히려고 연습한다. 또한 매일 저녁, 차를 몰아 퇴근하는 밤길에도 나는 아이들이 모여 있는 것을 본다. 그들은 여전히 가로등 밑에 모여 스케이트보드를 타며 여전히 점프하고 뒤집고 떨어지기도 하고 다치기도 하고 있다. 단지 보드를 완벽하게 익히고 싶다는 생각에 땀을 흘리고 발목을 삐기도 하고 끊임없이 긁히고 멍들고 여기저기 베는 것을 견디어낸다. 트릭을 구사하다 아스팔트에 부딪치기도 할 테지만 곧 일어나 또다시 새로운 기술을 시도한다. 심하게 다치기라도 하면 밴드를 붙이거나 깁스를 하고 한참 기다린 다음 다시 시도한다.

이 아이들은 학교에서의 활동들과는 비교가 되지 않을 정도의 신체적, 정신적인 노력을 스케이트보드에 쏟아 붓는다. 그들이 이 모든 걸 노동으로 여기고 있을까? 절대로 그럴 리 없다. 이 활동은 그들이 사는 이유이자 목적이 된다. 하루가 저물 때의 지친 몸과 고통은 자신만의 목적에 한 걸음 다가갔다는 만족감 그리고 내적인 행복감과 어우러질 것이다. 이 아이들 중 일부는 이 스포츠에서 프로가 될 수도 있을 것이고, 다른 아이들은 장비를 정비하거나 자신만의 보드로 디자인하는 일을 할 수도 있을 것이다. 스케이트보드 공원을 열거나 보드를 타고 전 세계를 여행하며 글을 쓰는 일을 할 수도 있을 것이다. 이로부터 파생되는 일은 수없이 많다. 내가 확실히 아는 것은 이들 중 어느 누구도 자신의 일을 노동으로 여기지 않을 것이란 점이다. 이것은 그들의 직업이 아니다. 단지 자신의 열정이 배어 있는 삶이다.

만약 당신이 하는 일에 전혀 열정을 갖고 있지 않다면 그로부터 물질적인 성공을 거둔다 해도 전혀 바람직한 일이 아니다. 어떤 라이프스타일을 유지해 찰나적인 만족감을 얻기 위해서 결코 좋아하지 않는 일을 고역스럽게 하고 있다면 그로부터 얻을 수 있는 만족감이라는 게 과연 무엇일까? 그건 노동 그 자체다. 노동이라는 단어를 다시 살펴보자. 성공한 사람들은 정말로 자신이 하는 일을 노동으로 여기지 않는다. 그 일은 그들의 열정이며 에너지의 원천이자 심지어 사명이기도 하다. 그들은 자신이 하는 일로부터 엄청난 흥분을 맛보고 있으며, 이는 그들에게 다시 커다란 기쁨을 준다. 이 점은 내게도 그대로 적용된다.

▪▪▪ 매일 아침 나는 머릿속에 많은 계획과 아이디어를 가득 채워 일어난다. 일터로 가서 내가 존경하고 멋있다고 생각하는 사람들을 만난다. 그러나 그 무엇보다도 나는 아이디어를 내어 그게 현실화되는 과정을 보는 것을 좋아한다.

나는 비영리 단체의 전통적인 활동과 '수익을 내려는' 조직의 활동을 통합하기 위한 방법을 찾는 것을 좋아한다. 나는 사람들이 모든 기업이 사회에 환원하기를, 그들이 어떤 일을 하든지 간에 '사회적으로 의식 있는' 기업이 되기를 바란다고 믿는다. 일례를 들면 시티캐피털사에서는 끊임없이 도심의 주변을 재개발해달라는 도시의 요구들을 계속해서 검토하고 있다. 이미 황폐화된 지역에 가서 새로운 주택과 기업을 짓고, 노동 계층 가정에게 살 집을 제공해주는 것은 우리 지역사회를 강하게 만드는 한 가지 방법이 될 수 있다.

앞에서 시티캐피털의 고센에너지와 바이오 연료를 개발하려는 우리 계획에 대해서 말한 적이 있다. 당시 나는 에너지와 관련된 계약을 처리한다는 것에 너무 흥분되어 거의 참을 수 없는 정도가 되었다. 첫 번째 소유지를 계약했을 때 나는 전국에 흩어져 있는 우리 스태프들에게 '비벌리 힐빌리' 테마 송을 이메일로 보냈다. 나는 지금 이 일이 아닌 다른 일을 하면서 더 재미를 찾을 수 있다는 건 상상도 할 수 없다. 일을 한다고? 나는 사실 그 일이라는 단어의 뜻이 무엇인지도 모르겠다. 열정이 있다면 모든 행동이 사랑의 행위가 되기 때문에 어떤 것도 노동이 될 수가 없다.

〈백 투 더 퓨처〉라는 영화에서 차를 달리게 하기 위해 쓰레기를 연료로 사용했던 것을 기억하는가? 우리가 지금 하는 일이 폐하수 처리 시설의 기름, 죽은 나무의 껍질, 소똥과 같이 수많은 쓰레기를 이용하는 것이다. 우리는 또한 합작 관계를 발전시켰다. 그리하여 바이오디젤 연료와 일종의 재생 가능 에너지들을 만들기 위해 여러 가지 식물을 테스트하고 있다. 도시와 주 정부 그리고 다른 나라 사람들에게도 좀더 많은 혜택을 주기 위해서 우리가 갖고 있는 이 신기술을 활용하자고 이야기하고 있는 중이다. 연료를 만들기 위해 쓰레기와 폐제품을 사용하는 아이디어! 정말 멋지지 않은가!

이런 아이디어를 발전시키는 것은 나에게 새로운 열정이다. 이 분야는 활짝 열려 있는 분야일 뿐만 아니라 수많은 사람들이 자신의 삶에 만족하고 힘을 갖고 살아갈 수 있도록 만들 수 있는 일이기도 하다.

현재 기술을 갖고 있는 일에 대해서만 스스로를 제한할 필요는 없다. 더 중요한 것은 당신을 움직이게 하는 그 일에 열정을 갖고 있는지의 여부다. 만약 어떤 사람이 용접공이 철을 이용해서 뭔가를 만드는 일을 항상 대단하게 여겨왔다고 하자. 이런 경우 그가 용접 토치를 한 번도 잡아본 적 없다 하더라도 용접 일이 그 사람이 추구할 목표가 될 수도 있다. 길을 닦는 일을 좋아하는가? 친구들의 머리를 만져주고 화장을 손봐주는 일을 좋아하는가? 역시 마찬가지다. 이런 기술을 배울 수 있는 직업학교는 전국에 널려 있고, 그 기술을 활용할 수 있는 수많은 직업의 기회와 프리랜서 일들도 있다. 그런 학교에 들어가서 수업을 들으려면 모아놓은 돈이 있어야 하지만, 장학금과 학자금

대출 프로그램을 운영하고 있는 기관도 많다. 만약 어떤 일을 하고 싶다면 그 일을 위해서 직접 나서도록 하라. 일단 훈련을 받기 시작하면 실제로 일을 하지 않더라도 배운 기술을 여러 방면으로 활용할 수 있다. 하다못해 당신만의 쇼를 만들 수도 있다.

만약에 열정을 가질 만한 일을 그 어느 것도 찾을 수 없다면 진지하게 '조사'를 할 필요가 있다. 즉 스스로에 대해 주의 깊게 돌아보고 자신이 정말로 즐기며 돈도 벌 수 있는 일이 무엇인지 따져봐야 한다는 뜻이다. 이제 이 조사 과정에서 시도해볼 만한 공식을 소개할 텐데, 이 공식은 성공한 기업가들이 그동안 계속해서 활용해왔던 것이다.

"사람들의 필요를 파악하고 그를 채워주도록 하라."

그저 자기 주변과 이웃 그리고 지금 살고 있는 도시를 돌아보기만 하면 된다. 사람들이 무엇을 하고 있는지에 대해서 생각해보고, 어떻게 그들을 도울지 따져보라.

인근에 나이 드신 분들이 많은가? 아마도 나이 드신 그분들은 쇼핑을 도와줄 도우미가 필요할지도 모른다. 당신 동네에 싱글맘이 많이 살고 있나? 싱글맘들의 가장 큰 필요 중 하나는 쇼핑을 하거나 병원에 갈 때, 저녁을 먹으러 가거나 친구를 만날 때 아이를 돌봐줄 사람이다. 이런 서비스를 당신이 직접 제공할 수 있다. 만약 그들이 휴가를 가려고 한다면 그때는 어떨까? 이런 경우 그 집에 며칠 동안 머물며 그 집의 음식을 먹고 와이드스크린 텔레비전을 보며 꽤 괜찮은 돈을 받을 수도 있다.

내가 벌였던 최초의 사업 역시 바로 내 눈앞에 있던 필요를 대상으로 한 것이었다. 즉 직업을 구하고자 하는 10대 청소년들이었다. 내가 여기에 주목할 수 있었던 것은 내 친구들 대부분이 여름 아르바이트를 구하고 있었기 때문이다. 나는 당시 분명히 젊은 직원들을 파트타임 혹은 풀타임으로 쓸 만한 고용주나 사업가들이 있다는 것도 알고 있었다. 나는 컴퓨터광이었기 때문에 인터넷을 이용하면 직업을 구하려는 젊은이와 고용주를 서로 연결시켜줄 수 있다는 것을 알았다. 그때가 바로 GoferretGo.com이라는 사이트의 아이디어를 얻은 시점이다. 내가 만든 웹사이트는 젊은이들에게는 직업을 찾게 해주고 고용주들에게는 직원을 구하게 해주는 목적을 가진 곳이었다. 그 아이디어는 내게 정말 자연스럽게 잘 들어맞았으며 사업적으로도 큰 성공을 거두었다. 사실 〈영비즈〉 매거진이 선정하는 순위의 4위에 오르기도 할 정도로 미국에서 10대가 소유한 성공하는 10대 사업 중 하나가 되었다.

나는 기회가 있을 때마다 주위를 둘러보고 사업 아이템이 될 만한 것들을 찾는 걸 매우 좋아한다. 이것은 내가 경쟁력을 유지하기 위해서 항상 하는 게임과도 같은 것이다. 일례로 버스 정류장 주변을 운전해서 지나가며 꽤 많은 사람들이 줄지어 서 있는 것을 보았다고 하자. 매일, 하루 종일, 항상 열 명에서 열다섯 명 정도의 사람들은 버스 정류장에 서서 버스를 기다리고 있다. 이 장면은 초등학교 때 연필이며 그 밖의 잡동사니들을 넣고 다니면서 친구들에게 팔았던 기억을 떠올리게 했다. 만약 내가 버스 정류장에 서서 버스를 기다리고 있는 사람들에게 스낵이나 마실 것, 잡지나 신문을 팔게 된다면 어떨까? 만약 내가 도시에 있는 버스 정류장을 전부 반복해서 돌아다니며 물건을 파는 밴을 운전하고 다닌다면 어떨까? 거기서 돈을 벌 수 있지 않을까? 잘은 모르겠지만 이건 하나의 아이디어가 될 수 있다. 만약 일이 잘된다면 굳이 내가 직접 밴을 운전하고 다니지 않아도 된다. 누군가를 고용해서 나 대신 일을 하게끔 하면 되지 않겠는가!

진료를 받으러 갔다가 대기실에서 계속 기다려본 적이 있는지? 언젠가 나는 한 시간이 넘도록 기다린 적도 있었다. 정말 미칠 것 같은 일이었다. 그런데 진료를 받기 위해서 기다리는 환자들은 어떻게 보면 그 공간에서 흘러나오는 소리는 무엇이든 듣지 않을 수 없는 청중들이다. 만약 대기실에 비디오 시스템을 설치하고 내가 만든 프로그램이나 광고를 튼다면 어떨까? 많은 광고주들이 그 비디오 시스템에 광고를 내기 위해 기꺼이 돈을 지불할 것이다.

내 머리는 이런 식으로 계속해서 움직이고 있다. 항상 새로운 아이디어가 떠오르고, 어떤 아이디어는 실제로 성공하고 어떤 아이디어는 (병원에서 내가 떠올렸던 광고 아이디어) 다른 사람이 개발하는 것을 보기도 한다. 이런 예는 아이디어 자체만으로도 특별한 메리트가 있다는 것을 보여준다.

■■■ 나는 인생이란 내가 무엇을 할 수 있느냐에 관한 것이 아니라고 생각합니다. 인생은, 내가 무엇을 하려고 시도했느냐에 관한 것입니다. 나는 실패하는 것은 그다지 크게 신경 쓰지 않지만, 아무것도 하지 않는 내 자신을 용서한다는 건 상상할 수가 없습

니다.(니키 지오바니)

사업 기회를 탐색하다 보면 분명히 발명될 필요가 있는 제품들을 찾아내게 된다. 이를테면 아이들이 제일 좋아하는 명품 운동화를 좀 더 오래 쓸 수 있도록 운동화를 재생시키는 DIY 키트 따위가 있다. 세상에 어떤 부모가 100달러 혹은 200달러가 넘어가는 디자이너 신발을 마지못해 사주고 난 후에 아이에게 24.95달러짜리 DIY 세트를 사주지 않으려 하겠는가?

이건 내가 앞서 말했던 〈백 투 더 퓨처〉의 예와도 같다. 당시 영화 속 교수에게는 차 안에 들어 있는 핵융합로를 쓰레기에서 발생하는 그을음으로 대체하자는 아이디어가 미친 생각같이 들렸다. 하지만 오늘날 우리가 그 일을 하고 있다. 그러니 다음번에 공상과학 영화를 보게 될 기회가 있거든 좀더 주의를 기울이도록 하라. 다른 사람이 낸 괴팍한 생각이 어쩌면 당신의 성공의 문을 열어줄지도 모른다.

다른 사람이 무슨 말을 하든 당신의 아이디어가 쓸데없는 것이라고 함부로 가정하지 말라는 건 정말 정곡을 찌르는 말이다. 어떤 사람에게는 허풍처럼 들릴지 몰라도 정말로 그 아이디어가 필요한 사람이 어딘가에 있다면 결국 그 아이디어에 관련한 비전을 키우고 있는 사람이 돈을 벌 수 있다. 그게 당신이 되지 않으리라는 법이 어디 있는가! 나는 늦은 밤 사람들이 인포머셜이나 홈쇼핑 채널을 통해서 지속적으로 내보내는 허접 쓰레기같이 보이는 아이디어에도 항상 경이감을 감추지 못한다. 그 아이디어를 통해서 좀더 조심스럽게 검토할 필요가 있는 아이디어들이 내 머리를 스치고 지나가거나 떠오르기 때문이다. 처음부터 어리석기만 한 아이디어나 질문은 애초에 없다.

여기서 잠시 멈추고 어떻게 아이디어가 사업화되는지 그 과정을 살펴보도록 하자. 기타에 열정을 느끼는 사람이 많다. 이들이 공원이나 길목에서 푼돈을 벌기 위해 깡통이나 낡은 모자를 앞에 두고 연주하고 있는 것도 늘 보게 된다. 물론 내가 말하는 사업이라는 것이 이런 종류를 의미하는 것은 아니다.

그런데 당신이 가진 아이디어가 엉터리라고 함부로 가정해서는 안되는 것처럼 아이디어가 아직 실현되지 않았다는 이유만으로 그 아이디어에 대한 시장이 형성될 것이라고 자동적으로 생각해서도 안 된다. 이런 착각은 커다란 실수가 될 수 있다.

예를 들면 나는 도시 번영 투어를 하며 어떤 도시에서 강연을 하다가 아주 괜찮은 세르비안 레스토랑에서 식사를 한 적이 있다. 내가 사는 곳에는 이런 종류의 식당이 전혀 없었다. 따라서 이건 엄청난 기회가 될 수 있었다. 하지만 단순히 우리 동네에 이런 식당이 없다는 이유만으로 바로 사업을 시작해야 한다는 의미가 되지는 않는다. 사실 어쩌면 우리 동네에 세르비안 식당이 없는 것에는 그럴 만한 이유가 있는 건지도 모른다. 어쩌면 대부분의 미국인들이 아직까지 세르비안 음식에 익숙하지 못하기 때문인지도 모른다. 혹은 이런 식당이 수익을 떨어뜨리는 수입 식자재를 구비해야 하기 때문에 비용이 너무 많이 들 수도 있다. 혹은 어쩌면 간단한 마켓 리서치를 통해서 우리 동네의

10킬로미터 반경 안에는 단지 다섯 명의 세르비아인들만이 살고 있다는 것이 밝혀지고, 이에 따라 이런 소수민족의 음식을 다루는 식당이 초반에 유지되기에는 충분한 수요가 없다고 판단되었을지도 모른다.

나는 너댓 개 업체로부터 차세대 슈퍼 이메일 시스템에 관한 사업 제안서를 받은 적이 있다. 그러나 그들 중 어느 곳도 마이크로소프트라는 거대 업체를 당해내지 못할 것이라는 판단을 내렸다. 만약 지금 여러분이 수력으로 작동하는 엔진을 개발해낼 수 있다면 아마도 이것은 모든 사람이 필요를 가지고 있는 부분일 것이다.

새로운 제품을 개발하기 위한 아이디어를 가지고 있거나 사업화할 수 있는 열정이 있다면 그를 향해 움직여라. 하지만 먼저 약간의 조사를 할 필요가 있다. 사람들에게 그런 제품이 개발된다면 사겠느냐고 물어보라. 온라인을 이용해서 관련된 제품에 관한 시장조사를 하고 누군가 이미 그 시장을 주도하고 있는지, 생각하는 제품과 유사한 제품이 이미 나와 있지는 않은지 살펴라. 초기 모델을 먼저 만들어보고 전형적인 사용자의 흥미를 자극할 수 있을지에 대해서 실험해보라. 어떤 사람은 거절당할 것이 너무도 두려워서 이러한 어려운 질문을 하는 것 자체를 피한다. 하지만 그 두려움을 명확히 인식하고, 이를 뚫고 가라. 당신은 당신의 이론을 지지해줄 사실들이 필요하기 때문이다.

아이디어나 사업 계획안 그 자체에 사랑에 빠져서 결점을 보지 못하거나 더 개선될 수 있는 방법을 아예 무시해버려서는 곤란하다. 사업을 시작하려고 계속 시도만 하는 사람에 대해 이야기한 것을 기억하는가? 그는 '놀라운 아이디어'의 수준에서 결코 내려오지 못하고, 이를 진척시키기 위해서 필요한 단계를 도통 해내지 못했다. 그에게는 다른 옵션들이 충분했고 자신의 계획을 진행시켜 성공적인 사업을 이끌어낼 수 있는 많은 방법이 있었지만 그는 단 한 가지 방법에만 집착했다. 은행에 전화를 거는 대신 하루 종일 성실히 일을 하기를 바라는 상사의 기대마저 그를 좌절시키기에 충분했다.

이런 식으로 너무 많은 사람들이 마음속에 있는 '완벽한' 계획에 사로잡힌 채 아이디어를 성공시킬 수 있는 다른 대안들을 보지 못한다. 그들은 미련하게 밀어붙이고 벽에 계속 부딪치면서 벽이 움직일 수도 있지 않을까 바란다. 하지만 그렇지는 않을 것이다. 그들은 결국 실패하고 말 것이다. 대부분의 경우에 그러하듯이 결국 다치는 건 그들이다.

열정을 가지고 있는 아이디어를 사업 계획으로 옮기는 것은 매우 중요한 단계이다. 성공하기 위해서 필요한 정보와 지식을 모으면 성공을 담보할 수 있다. 그리고 그 아이디어와 계획에 유연하게 접근하면 결국 성공할 수 있는 경쟁력이 생긴다.

나이가 들 때까지 혹은 더 자랄 때까지 기다리지 마라

열두 살에 창립했던 플레임소프트웨어 이후로 계속된 나의 성공은 내가 뭔가를 할 수 있는지를 꿰뚫어본 결과라고 믿는다. 무슨 일을 시작할 때 우리는 모두 신념을 가지고 있어야 하지만 어느 정도 시간이 지나게 되면 일이 잘될 것이라는 자신감은 저절로 커진다. 왜냐하면 어디에서 정보를 얻어야 할지, 또 성공하기 위해 무엇이 필요한지에 대해서 알게 되기 때문이다. 그리고 무엇보다도 성공하기 위해 필요한 일이라면 그게 무엇이든 기꺼이 하겠다는 스스로에 대한 믿음이 커지기 때문이기도 하다.

이 때문에 되도록 어릴 때 사업을 시작해야만 한다. 왜냐하면 더 오래 기다리면 기다릴수록 점점 더 시작하기가 어려워지기 때문이다. 무엇이 더 어려워질까? 기회를 잡고 리스크를 감내하며 스스로의 힘으로 시작하는 그 과정들이 다 어려워진다.

> ▪▪▪ 불행히도 우리 주변의 모든 것이 말한다. "학교를 마치고 학위를 딸 때까지 기다려라. 5년에서 10년 정도의 경험을 쌓아라. 그때까지 기다려야 한다."

되도록 어렸을 때 시작하는 것의 좋은 점은 어린 나이에는 실패가 무엇인지 정말 잘 모른다는 것이다. 설사 실패했다고 해도 그게 세상의 끝처럼 느껴지지 않는다. 앞에서 이야기한 스케이트보드에 올인하는 아이들이 플립 기술을 익히다 넘어지기라도 하면 입을 수 있는 뇌 손상에 대해서 정말 심각하게 걱정하고 있을 거라 생각하는가? 절대로 그렇지 않을 것이다. 왜냐하면 사람들은 젊을 때에는 결코 파괴될 수 없는 무엇인가를 갖고 있기 때문이다. 젊은이들은 결코 실패 따위는 없을 것이라고 가정하기 때문에 종종 멍청한 일을 하기도 한다. 실패한다고 해도 그렇게 심하게 다치지는 않는다. 설사 다친다고 해도 빠른 속도로 치료될 것이며 다시 한 번 같은 일을 시도할 수 있다.

사업에서도 마찬가지다. 젊은이들은 아직 기회가 남아 있기 때문에 성공할 때까지 몇 번을 시도해야 한다 할지라도 계속해서 같은 시도를 할 수 있다. 게다가 10대 혹은 20대 초반에는 잃을 것이 많지 않다. 아직 집을 사지도 않았을 것이고 사람들이 일생을 통해 모으려고 애쓰는 그런 것들을 쌓아두지도 않았다. 결혼을 해서 아이가 몇 있으며 안정적인 직업과 주택 그리고 주택담보대출이 있는 사람은 인생에서 저당 잡혀 있는 것이 너무도 많다. 그들은 자신에게 기대고 있는 다른 사람들을 생각해야 한다. 또한 가족과 자신이 소유한 것들을 지키고 돌보기 위해서 무슨 일을 해야 할지 항상 고민해야 한다. 그저 자유롭게 바깥세상으로 나가 자신의 모든 것을 걸어야 하는 새로운 모험을 할 수가 없는 것이다. 만약 모든 것을 걸어야 한다면 그들은 이사나 여행조차 하지 않을 것이다.

나이가 들수록 더 보수적이고 더 신중해지는 경향이 있다. 나이가 들고 이미 자리 잡은 성인들이 새로운 사업에 뛰어들어서 성공시키는 일이 아예 불가능하다고 이야기하려는 것은 아니다. 서른, 마흔 혹은 쉰이나 예순의 나이에 새로운 모험을 시작할 수 있을까? 너무 늦은 것은 아닐까? 절대 그렇지는 않다. 나이가 문제가 되는 것은 아니다. 그러나 그들이 돌보아야 할 책임과 의무는 사업상 모든 결정에 상당한 영향을 줄 수밖에 없다.

만약 여러분이 아직 젊은 나이라면, 나는 여러분에게 인생의 이런 모든 일들이 당신의 발목을 움켜쥐지 않도록, 또 수입과 지출을 맞추어야 하는 모든 투쟁에 빠져들지 않도록, 일을 하고 공부를 하면서 월급날이 돌아올 때까지 돈을 맞추며 가까스로 살아가지 않도록 하라고 조언하고 싶다. 함부로 가정을 꾸리지 말고 결국 매달 할부금을 낼 거면서 비싼 물건을 사지도 마라. 여건이 허락하는 수준에서 소비하고 종자돈을 모아라. 책임을 지는 사람이 될 필요는 있지만, 당신이 마땅히 해야 하는 것보다 더 많은 책임이나 빚을 지지는 말아야 할 것이다.

젊다는 것은 확실히 이점이 될 수 있다

■ □ ■

얼마나 많은 사람들이 "나도 네 나이 때 시작할 수 있는 센스가 있었더라면……" 하고 말하는지 상상도 못 할 것이다. 나는 종종 그 말을 나이가 많은 어른들이 하는 감상적인 말로 치부하고 못 들은 척했다. 마치 공허한 칭찬처럼 느껴졌기 때문이다. 그러다 시간이 흘러 나는 그들이 그 말을 통해 내게 주고 있는 지혜가 무엇인지 깨달았다. 그들은 "나는 기회를 놓쳤지만, 너는 아니구나! 나는 하지 못했지만 너는 했구나! 계속해서 그 일을 하렴! 너는 잘하고 있는 거야. 그만두지만 않으면 돼!"라는 말을 하는 것이다. 이것은 마치 내 꿈과 목표를 즉각적으로 확인해주는 말이나 다름이 없다.

물론 어떤 직업이나 사업에는 증명서나 학위가 필요하다. 이런 것들을 습득하는 데 시간이 필요하다는 데에는 의문의 여지가 없다. 고등학교에 다니는 아이가 의학이나 법학을 공부할 수 없다고 말하는 것이 아니다. 나는 인내심에 대해서 말하는 것이 아니라 공부에 대해서 이야기하고 있다. 왜 그 공부를 지금 시작하지 않는가? 의대에 다닐 때 다른 사람들보다 몇 년을 더 앞서갈 수도 있다. 혹은 의대 1년차나 2년차에 벌써 이들 코스를 빨리 끝낼 수 있는 시험을 미리 볼 수도 있다.

내가 더 이상 기술적인 매뉴얼에서 나오는 정보로는 필요한 지식을 다 채울 수 없어 컴퓨터 프로그램을 공부해야 하는 상황이 되었을 때 나 역시 수업을 들었다. 그리고 우리 어머니가 '빌 게이츠 대학'이라고 부르는 수업에 들어갔는데 좀더 빠르고 빡빡하게 수업을 들어서 증명서를 따고 싶었다. 나는 필요한 과정을 밟았지만 그렇다고 해서 내 인생에서 중요한 다른 일들을 모두 포기하진 않았다. 나는 단지 공부를 우선순위에서 좀 높은 곳에 두었을 뿐이다. 그 전엔 비디오게임을 하느라 그 시간을 다 보냈는데 그 시간을 성장하고 성공하는 데 들이지 않을 이유가 무엇인가.

아주 어릴 때부터 일을 시작한 것은 기본적으로 내가 그러면 안 된다는 이유를 전혀 발견하지 못했기 때문이다. 그런 후에 나는 성공하기 위해서 필요한 기술을 찾아가 배웠다. 고등학교(심지어 중학교라도)를 졸업할 때까지 기다릴 이유를 전혀 찾지 못했다. 내가 있는 그곳에서 곧바로 시작했다. 어떤 사람들은 내게 좀더 기다려야 한다고 말하곤 했다. 어떤 이들은 아주 무서운 결과를 얘기하면서 경고했는데, 그게 어떤 의미인지는 지금도 모르겠지만 학점이 떨어지고 어린 시절을

몽땅 잃어버릴 거라고 했다. 그러나 지금 나는 그들의 이야기를 듣지 않았던 것을 매우 다행이라 생각하고 있다. 그때 거기서 시작하지 않아야 할 합당한 이유가 단 한 가지도 없었다.

> **▪▪▪** 지식을 배우는 것이 시간을 사용하는 데 있어 가장 우선순위
> 에 놓아야 하는 것이다.(메리 맥러드 베순)

플로리다에 있는 이름 있는 학교 베순-쿡먼 칼리지를 설립한 베순의 이 말은 "플라스틱 의자에 엉덩이를 붙이고 앉아서 사람들한테 해냈다는 것을 말하기 위해 학위를 딸 때까지 꾸준히 견뎌내라"고 이야기하는 것이 아니다. 그녀는 지식에 대해서 말하고 있으며 지식을 습득하는 것이 얼마나 중요한지 강조하고 있다.

나는 드브리 학원, ITT 기술학교, 포닉스 대학과 같은 학교의 팬이다. 이들 기관들은 지방은 쪽 빼고 살코기만 있는 교육을 한다. 만약 전기 설비에 대해서 배우고 싶다면 그들은 당신에게 전기를 가르칠 것이다. 컴퓨터에 대해서 배우고 싶다면 이곳에서 배울 수 있다. 이들이 제공하는 교육은 다른 곳의 2분의 1 혹은 3분의 1의 시간만 있으면 충분히 다 배울 수 있고, 이 학교를 나오면 사업을 하는 데 필요한 아주 완벽한 지식을 얻을 수 있다.

많은 사람들이 이런 종류의 학교를 무시하지만 나는 이런 학교를 나왔다는 사실이 이력서에 적혀 있으면 그가 무엇을 배웠다는 사실 자체보다 그 사람에 대해 더 많은 것을 알 수 있다고 믿는다. 이를 통

해 그들이 어떻게 공부했는지, 어떻게 집중해왔는지, 목표가 있을 때 어떻게 생각하고 행동하는지 알 수 있기 때문이다. 그들은 원하는 것을 얻는 사람들이며 내가 함께 사업하고 싶은 사람들이다. 왜냐하면 이들은 자신이 맡은 일이 성취되게끔 하기 위해 필요한 바로 그 일을 기꺼이 할, 스스로 동기가 부여되는 사람들이기 때문이다.

교육을 받으면 성공할 확률은 더 높아진다. 그러나 이는 벽에 걸 학위 증명서가 생기기 때문이 아니라 세상을 바라보고 이해하는 데 도움을 주기 때문이다. 너무 많은 젊은이들이 성공하기 위해서는 대학 학위가 필요하다고 생각한다. 왜인지, 대학과 부자가 되는 것이 같은 말인 것처럼 여겨지는 모양이다. 또한 많은 어른들이 "아, 내가 대학만 갔다면……" 하고 이야기하는데 그러나 이런 말은 결국 우리를 다시 변명의 늪으로 이끌고 가는 것에 지나지 않는다.

그렇다고 내가 고등교육의 가치를 인정하지 않는다고 내게 항의 메일을 쓰거나 비난하려 하지는 말길. 나는 그 가치를 잘 알고 있다. 나를 짜증나게 하는 것은 '커리어 개발'에 대학이 필요하다고 하는 생각과 만병통치약과도 같이 여기는 교육 시스템이다. 우리는 어떤 연유에선지 대학과 사업상의 성공을 동급으로 여기고 있다. 이전에도 말했지만 모든 교육은 우리의 삶을 풍부하게 해주고 세계로의 문을 열어주며 이해를 넓히고, 나의 어머니가 늘 이야기하셨던 것처럼 '균형 잡힌 사람이 되게' 도와준다.

▪▪▪ 기억하라. 지식 그 자체는 힘이 될 수 없다. 성공을 이끄는

길은 어떻게 하면 그 지식을 활용할 수 있을까 하는 것에 달려 있다. 오늘날 교육 시스템에서는 이 둘 사이의 연결고리가 끊어져 있는 경우가 너무 많다.

진정한 성공과 사회 환원에 대하여

때로는 무엇이 성공인지에 대해 말하는 것보다 무엇이 성공이 아닌지에 대해 말하는 것이 더 쉽다.《이웃집 백만장자》에서 성공은 얼마나 많은 돈을 벌었는지, 얼마나 은행에 많은 돈을 넣어두었는지에 달려 있는 것이 아니며 얼마나 큰 집에 살고 있는지, 또한 어떤 종류의 사람과 교류하는지에 따라 결정되는 것이 아니라고 했다. 또한 아무리 많은 클럽에 속해 있다고 해도, 당신이 여는 파티가 아무리 화려하다고 해도, 당신의 휴가가 굉장하다 할지라도 성공했다고 말하기는 어렵다. 또한 일 중독자라고 성공한 것이 아니며, 심지어 일을 전혀 안 해도 되는 경지에 올랐다고 해도 그것만 가지고 성공을 가늠할 수 없다.

마틴 루서 킹. 그는 성공한 사람인가? 터스키지 에어맨은 어떤가? 알베르트 아인슈타인은? 조지 워싱턴 카버는? 이들은 성공했는가? 당신이 그렇다고 대답한다면 확실히 그들이 모아놓은 돈을 가지고 그렇게 말하지는 않을 것이다. 그렇다면 그들이 돈을 전혀 모아두지 않았다고 해서 실패했다고, 바보라고, 멍청하다고 말할 수 있을까? 절대 그렇지 않다!

성공은 받는 것보다는 주는 것에 달려 있다

■ □ ■

받는 사람이 되기보다는 먼저 주는 태도를 가져야 한다는 점에 대해서는 이야기한 바가 있다. '준다'는 개념에 대해서 진심으로 이해하고 있었던 한 사람이 바로 1차 세계대전의 영웅, 앨빈 요크 하사이다. 테네시 주 프랭클린에 우리 사무실을 열었을 때 나는 요크 하사를 떠올렸다. 그는 테네시 주의 '사랑하는 아들'이었다. 주에서는 그를 위한 기념비를 만들었을 뿐만 아니라 그의 이름을 따서 고속도로의 이름을 붙였다. 어렸을 때 〈요크 하사〉라는 흑백 영화를 본 기억이 난다. 그는 남부의 촌놈 출신이지만 1차 세계대전에 참전했을 때에는 자신의 소대를 전부 구하고 명예 메달을 수여받았다. 요크 하사는 혼자서 32명의 독일 병사를 상대하고, 35개의 독일 기관총에 맞섰으며, 132명의 전쟁 포로를 사로잡았다.

당시 요크 하사는 이 '성공'의 열매로 무엇을 했을까? 맨해튼에서는 환영의 의미로 색종이를 잔뜩 뿌리며 행진을 했고, 출판 계약과 영화 계약을 맺었으며, 강연 약속도 잡혔다. 이 밖에도 그를 원하는 곳은 많았다. 순식간에 유명인사가 된 것이다. 아마도 그는 이를 통해 엄청난 돈을 모을 수도 있었을 것이다.

하지만 요크는 전쟁이 끝나고 집에 돌아온 후 자신이 벌어들인 그 돈을 가지고 가난에 찌든 테네시의 산골짜기 아이들에게 교육의 기회를 주기 시작했다. 그 자신은 개인적으로 어떠한 이익도 취하지 않았다. 하지만 지금 그는 테네시가 가장 아끼는 시민으로 추앙받고 있으며, 시대를 막론하고 가장 성공한 시민 중 하나로 인정받고 있다.

물론 우리는 어떻게 겉모습을 꾸미고 있는지에 따라 그가 경제적으로 혹은 사회적으로 얼마나 성공했는지를 따지곤 한다. 하지만 이런 것들은 그림의 일부에 지나지 않는다. 우리 사회는 요즘 큰돈을 번 슈퍼스타에 많은 관심을 기울이는 경향이 있지만, 이것은 결국 "네가 할 수 있는 모든 것을 얻어라. 그러면 얻을 수 있는 모든 것을 하게 될 것이다"의 철학에 기인한 것이다. 게다가 내가 앞에서 지적했던 것과 같이 우리가 보고 있는 화려한 면들은 실제로 존재하지 않는 경우도 많다. 슈퍼스타의 리무진과 호화 저택, 심지어 그들의 옷과 보석류는 대개 빌리거나 스폰서가 제공한 것이다. 결국 이들 스타의 매니저와 소속사가 가장 알짜배기 수익을 챙긴다. 정말 성공한 대부분의 사람들은 자신들의 사회적 지위를 상징적으로 나타내며 자랑하기 위해 쓸데 없이 에너지를 낭비하지 않는다. 오히려 조명이 꺼진 곳에서 자신의 인생을 즐기는 데 더 집중하는 편이다.

나는 돈을 버는 데에 대해서는 어떠한 양심의 가책도 느끼지 않는다. 사실 내가 건축 회사에 집중하기 시작한 이래로 지난 몇 년 동안 나는 미국 전체의 학교 그리고 교회 모임에서, 그리고 이 책을 통해서 돈 버는 것의 중요성을 계속해서 이야기하고 있다. 돈 그 자체는 나쁜 것도 아니고 악하지도 않다. 모든 사람들은 돈이 필요하고 돈을 쓰지 않고 사는 사람은 없다. 돈은 나쁜 것도, 악한 것도 아니다. 성경 역시 이에 동의하고 있다. 모든 악의 근원이 되는 것은 돈을 사랑하는 마음이지 돈 그 자체가 아닌 것이다. 그 죄책감 때문에 돈 자체를 부정해서는 안 될 것이다.

예수님이 빵과 물고기를 떼어 군중에게 나누어주는 장면에서 누군가는 밀가루를 사서 빵을 만들고, 물고기를 잡거나 사기 위해서 일을 했으며, 예수님이 요청하실 때 그 빵과 고기를 기꺼이 내어드렸다. 하나님은 당신이 무엇을 내어놓든지 간에 그것을 증폭시킬 수 있다. 하지만 먼저 그에게 일부를 바쳐야 한다. 그리고 대개 이 주는 행위에는 돈이 드는 경우가 많다.

가난한 것이 부끄럽거나 창피한 일은 아니다. 그러나 가난하다고 해서 자부심을 가질 이유 역시 없으며 특히 부자가 될 수 있는 기회가 널려 있는데 여전히 가난하다면 더욱 그렇다. 10센트도 모으지 못하는 가난한 사람들은 난민 구호 캠프에 먹을 것을 가져다주지 못하며, 교회나 학교 혹은 고아원을 세울 수도 없다. 의료시설과 비행기를 이용하는 데에도 돈이 들고 능숙한 노동자와 관리자를 고용하는 데도 마찬가지다. 돈이 든다.

돈은 사람들이 물건을 교환할 수 있도록 물건들의 가치를 표준화하는 방법 그 이상도 이하도 아니다. 시대를 거슬러 올라가 아주 오래전에 내가 만약 신발을 만들고 당신이 항아리를 만든다고 가정해보자. 아마도 우리 사이에는 신발 두 켤레가 항아리 하나의 가치가 같다는 합의가 있었을 것이다. 합의에 대해서 누가 결정한 걸까? 우리가 했을 것이다. 그런데 옆 마을에서는 어떤 구두장이가 신발 한 켤레에 두

개의 항아리를 바꾸자고 할 수도 있다. 시간이 지나 이들 사이에 기준을 세우기 위해서 돈이 만들어졌고, 그래서 만약 신발 두 켤레가 1달러와 같고 항아리 하나가 1달러와 같다면 모든 사람이 신발 두 켤레의 가격이 항아리 하나의 가격과 같다는 것을 알게 될 것이다. 돈을 가지고 만약 당신이 항아리가 아닌 식품이나 옷을 사길 원한다고 할 때, 원하는 것은 무엇이든지 얻을 수 있게 하기 위해서 물품들 사이에 상대적인 가치를 정하는 시스템을 갖게 된 셈이다.

돈은 단순한 도구일 뿐이다. 사랑할 대상이 아니며 그 자체에 목표를 두고 집중할 그 어떤 것도 아니다. 돈은 좋은 목적을 위해서도, 나쁜 행동을 위해서도 사용될 수 있다. 돈이 투자되어 당신을 위해 일하게 할 수도 있고 평생 돈을 위해 일하면서 이기적인 목적만을 달성하기 위해 돈을 낭비할 수도 있다. 여러분은 재산을 도대체 어떻게 활용하겠는가?

같은 원리로 유명해진다는 것 또한 '앞으로 나아가는 것'과는 거리가 멀다. 오늘날 사람들은 자기 삶의 가장 개인적인 부분들을 텔레비전 쇼에 내보낸다. 도대체 뭘 위해서일까? 단지 15분 동안의 유명세를 누리기 위해서? 바보 같고 어리석어 보이는 것들이 유튜브에 방영된다. 그건 또 뭘 위해서인가? 스포트라이트를 받고, 혹은 스팸메일에 언급되고, 혹은 몇 백만의 사람들에게 당신이 얼마나 망가지는지를 보여주기 위해서? 사람들의 관심을 끌기 위해서 폭력배 혹은 갱단같이 보이도록 연기하는 아이들을 본 적이 있다. 주목과 관심 그리고 명성을 갈구하게 되면 사람은 미친 짓을 한다. 한번 그런 일을 하게 되면 사람들은 잔인한 짓도 하게 되고, 심지어 미쳤다거나 무책임하다고밖에 볼 수 없는 일도 하게 된다. 내 아들딸들이 그런 짓을 하고, 또 수백만의 아이들이 그럴 것이다.

다른 종류의 모든 성공이 그러하듯이 유명해지는 것도 책임이 따른다. 하지만 스포트라이트를 받고 있는 많은 사람들은 자기 자신 외에는 아무도 신경 쓰지 않는 것처럼 보인다. 세월을 어정쩡하게 보내면서 인생을 망치는 사람이 너무나 많다는 것이 놀랍지 않은가? 결정에 대한 책임을 피하고 싶을지 모르지만, 그 결과가 좋든 나쁘든 결과는 받아들여야 한다.

〈스카페이스〉라는 영화를 보면 알 파치노는 결국 편집증을 보이면서 펜트하우스에 처박혀 그를 부유하게 만들어준 마약 말고는 아무것도 없이 홀로 남는다. 그는 부유하고 성공하는 삶이 가져오는 모든 덫에 빠지고 말았지만, 부와 성공은 그를 행복하게 만들지 못했다. 마약으로 라이프스타일은 살 수 있었을지 모르지만 삶 자체를 사지 못했던 것이다. 오히려 그에게 화와 분노, 두려움, 공허함 그리고 죽음이라는 쓰디쓴 결과만을 남겨주었다.

평범한 사람이 어느 정도의 성공을 이룬 것으로 보이는 나와 같은 사람을 볼 때 아마도 물질적인 것들이 행복을 가져다준다고 상상할지도 모르겠다. 좋은 차와 커다란 집, 특급 호텔에서 보내는 화려한 휴가, 이런 것들은 밖에서 들여다보는 사람들의 머릿속을 채우는 일종의 달콤한 사탕 같은 것이다. 편안하게 살고 비싼 레스토랑에서 지불하는 돈에 대해서 걱정하지 않는 것은 매우 좋은 일이라고 말해줄 수 있지만, 그것보다도 비밀 하나를 알려주고자 한다. 인생을 충만하고 만족스럽게 만들어줄 수 있는 것은 결코 물질적인 것이 아니다. 만약 당신이 그런 물질만을 쫓아가고 있다면 결코 행복해질 수 없다는 걸 장담할 수 있다. 인생에서는 다른 측면의 가치가 분명히 필요하며, 이런 것들은 돈으로 살 수 없는 것이다.

돈과 명예 그 자체는 마치 공허한 꿈과도 같다

■ □ ■

명예는 허망한 것이라는 말이 있다. 정말 맞는 말이다. 명예와 부 자체는 매우 이기적이며, 이것은 오로지 자신에 관한 것일 뿐이다. 그러나 우리에게는 다음 세대에 남겨줄 수 있는 훨씬 더 거대한 유산이 있다. 다른 사람의 삶을 만지고 세상을 바꿀 수 있는 유산이다.

인생의 어귀 어디에선가 사람들은 명예와 부를 좇게 될 수도 있다. 그러나 기억하라. 돈 그 자체는 좋지도 않고 나쁘지도 않지만 돈을 사랑하는 마음은 나쁜 것이다. 성공이 우리 안에서 나오는 것과 마찬가지로 돈을 사랑하는 죄악은 우리의 내부에서부터 나와 우리를 집어삼킨다.

정말 성공한 사람들도 일종의 물질적이거나 영적인 가치 조정의 시기를 거친다. 인생의 다른 끝에서 만나게 되는 두 그룹의 사람들이 있다.

1) 기본적으로 불행하고, 사람을 신뢰하지 못하며, 아주 인색한 타

입: 이들은 주로 주는 사람이 아니고 받으려는 사람이다.

　2) 진정한 성공은 받는 데 있는 것이 아니라 돌려주는 태도에 달려 있다는 쪽으로 마음을 바꾼 사람들

　살면서 더 늦기 전에 주려는 마음가짐으로 빨리 돌아서야만 진정한 성공을 이룰 수 있다. 사실 이 점이 내가 내 인생에서 증명한 바가 아닌가 한다. 다른 사람들의 예를 더 들어보자. 아마도 여러분이 잘 알고 있는 이들일 것이다.

　• 앤드루 카네기는 정말 엄청난 돈을 모았다. 이 미국 철강 업계의 재벌은 '악덕 자본가' 이미지의 전형이었다. 그러나 그가 1903년에 150만 달러를 증여해 세운 카네기재단은 마을, 심지어 도시 전체에 단 하나의 도서관도 없었던 시절에 총 2509개의 공립 도서관과 대학 도서관을 세웠다. 그는 미국을 바꾸어놓았다. 그는 자신이 번 것을 사회에 환원한 것이다. 그리고 후에 '도서관 후원의 성자'라는 칭호를 얻게 된다.

　• 존 H. 존슨은 전국적인 광고망을 확보해 전국을 대상으로 책을 판매한 첫 번째의 흑인 출판물 〈에보니〉지의 편집자이다. 그는 〈포브스〉가 선정하는 미국의 400대 부자에 선정된 첫 번째 흑인이기도 하다. 그는 교육과 자선 사업에 전념했는데, 그 때문에 에보니 패션쇼를 주관하는 그의 회사는 1959년에 설립된 이후 자선 사업을 위한 목적으로 5000만 달러를 모았다.

• 헨리 포드와 에셀 포드가 1936년에 설립한 포드 재단은 "민주적인 가치를 강화시키고, 가난과 불평등을 줄이며, 국제 협력을 촉진하고, 인간 성취를 발전시키려는" 목적으로 만들어졌다. 110억 달러의 자산과 프로그램 운영 비용 5억 7200만 달러의 규모로 운영되는 포드 재단은 전 세계에서 두 번째로 큰 자선 재단이다.

• 최근에는 전 세계에서 가장 부유한 사람으로 알려지고 있는 빌 게이츠가 빌과 멜린다 재단을 설립했다. 그의 목표에는 전국의 모든 공립 도서관에서 인터넷을 이용하는 것이 가능하도록 만드는 것, 특별히 말라리아 치료를 위한 백신 지원과 인구 통제 프로그램을 위한 글로벌 헬스 안건을 지원하는 것, 그리고 역사상 가장 거대한 사립대학 장학금을 만드는 것 등이 포함된다. 그는 170억 달러를 가지고 재단을 세웠으며 현재까지 재산의 60퍼센트 정도를 재단에 투자하고 있으며 그의 목표는 이 수치를 95퍼센트로 만들어 전 세계에서 가장 거대한 자선 단체 조직으로 만드는 것이다.

• 버크셔해서웨이의 주인인 워렌 버핏은 현재 전 세계에서 가장 영민한 투자자로 알려져 있으며, 2006년에 그의 재산의 상당 부분을 게이츠 재단에 기부했다. 그가 한 307억 달러 기부는 게이츠 재단의 규모를 두 배로 늘려 600억 달러에 이르게 했으며, 이는 포드 재단의 다섯 배가 넘는 규모이다. 빌 게이츠의 재단을 능가하는 규모의 자선 단체를 만들 다음 사람은 누구일까?

• 빌 코스비의 아들 에니스가 죽고 나자 빌과 그의 아내 카밀은 에니스의 이름으로 재정적으로 아주 어려운 학교들(대개 도시에 있다)을

지원하는 재단을 설립했다. 이 재단은 2000년 이래로 500개가 넘는 도시의 어려운 학교 8000여 군데에 100만 권이 넘는 책을 지원해오고 있다.

• 오프라 윈프리는 '오프라 윈프리 리더십 아카데미 재단'을 설립하기 위해 4000만 달러 이상을 기부했다. 그녀의 엔젤 네트워크는 장학금을 만들고 학교를 세우며 여성의 집을 지원하고 청소년 센터와 가정을 구축하는 것을 도와 전 세계 사람들의 미래를 바꾸기 위한 목적으로 5000만 달러 이상의 돈을 모아왔다.

슬레이트닷컴은 매해 '슬레이트 60인'이라는 자선가 명단을 발표한다. 참고하자면 2005년에 미국인 전체가 기부한 액수는 250억 달러가 넘는다. 왜 이렇게 엄청나게 부유하고 성공한 사람들이 기부에 열을 올리는 걸까? 그들은 이미 상당한 부를 축적했고 사업과 성공으로 일가를 이루었다. 그들에게 왜 기부하느냐는 질문을 던지면 그 대답은 대개 일치한다. 그건 바로 무언가를 주고 싶은 욕망, 그리고 유산을 남기고 싶은 마음 때문이란 것이다.

■■■ 큰돈을 버는 것은 더 이상 재미를 즐기기를 포기하는 것이며, 그 자체만 가지고는 어떠한 의미를 갖고 있지도 않은 게임과도 같아서, 굉장히 성공한 사람들은 모두 스스로에게 "이렇게 있는 것이 전부인가?"라는 질문을 하게 되는 시점에 이른다.

도대체 요점이 무엇인가? 부유한 사람을 가리키면서 "그들은 돈이 많잖아. 그 돈을 돌려주는 건 당연해. 그 사람들한테 얘기해서 나한테도 돈을 좀 보내달라고 해봐"라고 말하는 사람들이 많다. 그러나 나는 내 이타적인 계획을 실행하기 위해 부자가 되기까지 기다리진 않았다. 예를 들면 아버지의 교회를 도와 회중이 청지기정신과 베푸는 삶에 대해서 배울 수 있게끔 일했으며, 교회가 가지고 있는 자본금을 좀더 현명하게 투자할 수 있게 봉사했다. 이런 경험은 우리 회사에서 요즘 사용하고 있는 모델과 직접적으로 연관되어 있다. 당신도 역시 주는 것은 손해가 아니며 오히려 축복의 통로가 된다는 사실을 알게 될 것이다. 그래서 성경에서는 "빵을 물에 던져라, 그리하면 시간이 흘러 그것이 네게 돌아올 것이다"라는 말을 하고 있는 것이다.

한 번은 의료 용품을 전달하기 위한 선교 여행의 일원이 되어 감비아와 세네갈을 방문한 적이 있다. 나는 그곳에서 2주 정도 있으면서 그곳 주민들의 교육팀을 위해 컴퓨터 작업을 해주었다. 나는 심지어 그곳 부족의 풀숲에서 '성인식'을 갖고 아모로라는 이름을 얻기도 했다. 또한 교회와 소년소녀클럽에서 학생들을 가르치는 활동을 했고, 내 아내가 다니던 미주리 주 캔자스시티에 있는 오래된 고등학교 파세오 아카데미에서 기업가정신을 가르치며 교회에서는 자원봉사 활동을 한다.

한 연구에 따르면 미국에서 이루어지는 기부의 75퍼센트 이상이 아주 부유한 자선가가 아니라 개인과 가정 규모의 평범한 사람들에 의해 행해진다고 한다. 대부분의 사람들이 자선가에 대해서 생각할 때 나이가 많고 부유한 백인 남자를 떠올린다. 하지만 흑인 공동체에서는 기부의 전통이 훨씬 전으로 거슬러 올라간다. 예전에 이제 막 노예 상태에서 풀려난 흑인 가족들이 종종 몇 년 이상씩 돈을 모아 그 돈으로 여전히 노예로 머물러 있는 다른 가족들을 구하기 위해 '사주었다고' 한다. 1800년대 후반, 노예 상태에서 해방된 수많은 흑인들은 박애정신을 가진 백인 자선사업가와 함께 흑인 대학 재단의 성장에 자금을 댔다. 그들은 지역 교회를 후원했으며 남북전쟁 이후 사업을 시작할 수 있도록 서로서로 돈을 빌려주었다. 심지어 오늘날에도 흑인들은 다른 어떤 집단보다도 훨씬 더 많이 기부한다. 흑인 가정들은 그들이 가장 소중히 여기는 대의를 위해 평균 1614달러를 기부한다. 물론 흑인 교회는 이 모든 활동의 파트너로서의 역할을 하고 있으며, 많은 흑인 가정이 그들이 다니는 지역 교회에 십일조 헌금을 하거나(자기 소득의 10퍼센트를 내는 것) 그 이상을 기부한다.

오셀라 맥카티를 기억하는가? 그녀는 업계의 재벌은 아니었다. 그녀는 다른 사람의 세탁물을 모아서 세탁했다(심지어 그녀는 차가 없었기 때문에 손님들이 그녀의 집 앞까지 와서 세탁물을 놓고 가야만 했다). 그러나 그녀는 소수민족 학생들을 위해서 15만 달러 이상을 남부 미시시피 주립 대학에 기부했으며, 이는 앞으로 몇 년 동안 수많은 학생들의 인생을 바꿀 것이다.

오늘날 우리는 멕시코인, 중앙아메리카 출신의 미국인들이 매우 열심히 일하는 것을 본다. 그들은 종종 미국 사람들이 피하는 일을 한다. 보통 한 집에서 열 명 이상과 함께 거주하고 온갖 종류의 고난과 편견 그리고 가난을 견디면서 고향에 두고 온 가족에게 상당한 돈을 보낸다.

사회에 환원한다는 아이디어는 사실 우리를 인간답게 만들며 서로를 연결시켜주는 중요한 고리이다. 구두쇠의 가슴은 탐욕스러우며 홀로될 수밖에 없는 외로운 운명이다. 그는 아무런 유산도 없이 지켜보는 사람도, 사랑하는 사람도 없는 상태에서 죽어갈 것이다. 받는 사람이 되지 말고 주는 사람이 되길. 그리하면 진정한 성공을 훨씬 더 빨리 찾을 수 있을 것이다.

진정한 성공은 주변의 다른 사람의 삶을 개선시키는 데 자신의 재능을 썼을 때 비로소 이루어진다. 진정한 성공은 이런 행동 뒤에 있는 어떤 원칙을 배웠을 때 찾아온다. 그렇다면 그 원칙이 무엇일까? 은행에 넣어둔 돈 한 푼 없이도 이런 강력한 성공 원칙을 우리 삶에 적용할 수 있다.

주려는 마음가짐은 돈이 있어야만 가능한 것은 아니다. 만약 다른 사람에게 줄만큼 충분한 돈이 없다면 시간을 나누어주면 된다. 노숙자 쉼터에 찾아가서 음식을 나누어주는 일을 하면 어떨까? 혹은 은퇴노인이 사는 집에 찾아가 함께 걷고 미소를 지어주고 이야기를 나누어도 좋다. 아이들의 과외선생이 되어주는 방법도 있다. 큰오빠나 언니와 같은 사람이 되어주라. 당신이 가진 것의 일부를 사람들에게 나누어주라.

무언가를 줄 때 우리는 자신을 경계선에 내어놓은 것이다. 그럴 때 무슨 일이 일어날까? 굉장히 많은 사람들이 협력하는 마음으로 당신을 도와 성장할 수 있게 된다. 성공이란 받기만 하는 사람이 아니라 주는 법을 더 빨리 혹은 일찍 배운 사람에게 먼저 찾아온다고 나는 믿는다. 또 그것이 사실이란 것을 증명해왔다.

돈을 위한 돈. 그 자체를 갖게 될 수는 있다. 하지만 돈을 버는 것만으로는 주변의 세계를 전혀 변화시키지 못한다. 그저 많은 돈을 갖는 것만이 누릴 수 있는 최고의 것이 된다. 하지만 어린아이에게 멋진 생일 선물을 주었을 때 느껴지는 행복감을 생각해보라. 이제 부모님에게 좋은 집을 사드렸을 때 당신이 느낄 행복으로 그것을 확장시켜보라. 그리고 더 나아가서 불우한 환경에 처해 있는 이웃에게 새 학교를 지어주어 온 세대가 당신의 선물로 모두 복을 받게 될 때, 그때 느낄 기쁨을 생각해보라. 무언가를 주는 사람이 되면 결코 패배자가 될 수 없다. 행복과 기쁨을 나누어줄 때 그 행복은 바로 당신에게 돌아온다.

나는 돈을 위해 일하지 않았다

■ □ ■

자기 자신보다 훨씬 더 큰 목표, 그리고 내 당대 세대만으로는 이뤄지지 않는 목표를 갖는 것이 얼마나 큰 힘을 갖는지에 대해 나는 굳게 믿고 있다. 돈을 버는 것 그 자체는 모든 일의 최종 목표가 될 수 없다. 만약 돈을 버는 것이 빌 게이츠의 유일한 목표이거나 꿈이었다면 그가 계속해서 지금처럼 일을 할 수 있었을까? 그는 현재에도 이미 돈에 관해서라면 세계 1위이다. 그는 현재까지 466억 달러를 벌었는데, 이는 그가 현재까지 사는 동안 해마다 10억 달러를 벌어왔다는 뜻이다.

빌 게이츠는 사람들이 컴퓨터를 쓰는 방식 자체를 완전히 바꾸기를 원했다. 컴퓨터를 오래된 창고의 기계설비실에서 꺼내 모든 사무실의 책상과 가정에 올려놓길 원한 것이다. 우리가 그 수준에 이르렀을까? 그렇지 않다. 하지만 미국 가정의 60퍼센트 이상이 컴퓨터를 소유하고 있다. 투박하기 짝이 없어 보이는 일을 시작한 괴짜 젊은이에게는 상당한 의미가 있는 숫자이다. 그는 자신의 일을 사랑했다! 그는 창의성과 아이디어, 엔지니어링과 문제 해결 그리고 거래 성사의 과정과 비전 있는 일을 사랑했다. 그는 이 모든 일을 다 사랑했다.

이미 언급한 바와 같이 현재 전 세계에서 가장 부유한 이 사람은 전 세계에서 가장 부유한 자선 단체인 빌과 멜린다 게이츠 재단을 설립했다. 이 꿈을 이루기 위해서 빌 게이츠는 마이크로소프트사를 창립했을 때 투자했던 시간과 열정을 그대로 투자했다. 장담컨대 그는 분명 이 일을 노동이라고 생각하지 않았을 것이다. 그의 비전은 그의 인생보다 훨씬 더 큰 것이었고, 아마도 그가 세상을 떠난 이후에도 오랫동안 이 세상에 남아 있을 것이다.

성공의 이런 측면은 매우 강한 것이라 믿는다. 이것은 사랑하는 일을 하는 기쁨보다 훨씬 더 크다. 무언가 더 큰 선을 창조한다는 기쁨이기 때문이다. 다른 말로 하자면 자신과 자신의 필요를 넘어선 뭔가 더 큰 것, 이 세상에 변화를 가져올 수 있는 무엇인가를 만들어내려는 시도이다. 이를테면 도심 한 가운데 육아방을 만든다든지, 새로운 교회를 건축한다든지, 소외 계층 학생들을 위해서 장학금을 수여한다든지, 황폐한 도심의 공원 한가운데에 나무를 심는 일 등이 그 예가 될 수 있겠다. 언젠가 시간이 흘러 뒤를 돌아보면서 스스로에게 "아, 내가 그 일을 해냈어!"라고 말할 수 있게 될 것이다. 이것이 바로 나에게는 크래커 잭 박스에 들어 있는 상품과 같은 것이고 선데 아이스크림 위에 올리는 체리, 무지개 너머 저 끝에서 찾아내는 금덩어리와 같은 것이다.

이 모든 성공한 사람들이 왜 그렇게 자기 재산을 나누어주지 못해 안달이겠는가? 진정한 성공은 자신이 가진 것을 큼직하게 나누어주면서도 편안할 때 비로소 얻을 수 있는 것이기 때문이다. 가진 것을 나누는 단순한 이 행동이 내가 여태껏 누렸던 모든 명예와 직위보다도 더 좋은 느낌을 가져다주었다. 단순히 물질적인 것을 소유하는 것 그 이상을 위해서 돈을 벌라. 그리고 삶을 바꾸기 위해서 돈을 쓰라. 그것이 진정한 성공이다.

> ■■■ 만약 한때 갖고 있었던 흥분, 활기 그리고 자존감을 되살리고 싶다면 우리는 정말 커다란 꿈을 꿀 필요가 있으며 거대한 목표를 제시할 필요가 있다.(콜먼 영)

이 세상 어떤 것이라도 그것을 위해 단지 기다리기만 할 필요가 없듯이 내 주위를 바꾸기 위해서도 주저앉아 기다리고 있을 필요는 전혀 없다. 당신이 인생의 어떤 단계에 있든, 또 어떤 직업을 갖고 있든 상관없이 당신은 지금 당장 다른 사람의 삶을 어루만질 수 있다. 기회는 항상 주변에 널려 있으며 단 한 사람의 삶이라도 어루만진다면 커다란 차이를 낳을 것이다. 그러니 지금 당장 시작하라.

사회적으로 의식 있는 투자

얼마나 많은 돈을 벌든, 돈을 벌지 못하든 사회에 돌려주지 않는 행동에는 어떤 변명도 통하지 않는다. 그러나 이것이 기업적 수준으로 확장되면 쉽지 않은 일임을 나는 알게 되었다. 그래서 나는 회사를 시작하는 아주 초기 단계에서부터 번 것을 '환원'하는 데 우리 회사의 많은 노력을 기울이기로 작정했다. 그 결과 우리 회사는 지금도 훌륭한 비즈니스의 모험을 위한 프로그램뿐만 아니라 세계 곳곳의 개인과 지역사회를 활성화시키고 힘을 주는 프로그램을 추진하고 있다.

종종 이것은 나와 내 주변의 소수 사람들만 공유하는 아이디어의 형태일 경우가 많다. 그러다 그 아이디어는 계획이 되고 구체적인 그림이 된다. 그리고 나서 우리는 이 위대한 아이디어를 곳곳에 있는 투자자들에게 설명한다. 이야기를 들은 투자자들은 흥분하면서 계획에 참여하고자 한다. 채권자와 투자자들이 우리가 지은 새 집 혹은 재건축된 집을 사려고 모여들고, 이로 인해 우리는 더 많은 집을 지을 수 있게 된다. 자본은 곧 벽돌과 모르타르로, 집과 빌딩으로 바뀐다. 사람들은 우리가 지은 그 집에서 가정을 일구고 자신만의 가게를 열어서 삶을 꾸려간다. 이 과정들이 추진될 때 내가 얼마나 큰 충만함과 흥분을 느끼는지, 그 느낌은 형언할 수 없을 정도이다.

사람들이 출근하려고 자동차에 기름을 넣기 위해서 애를 쓰는 장면을 많이 보았다. 또한 집을 따뜻하게 만들 난방 연료가 없어서 고생하는 나이 드신 분들도 만나게 된다. 그러나 좀 덜 비싼 연료를 쓰면 더 많은 사회적 서비스를 제공할 수 있게 될 터인데 시 당국은 수백만 톤의 기름과 가스를 낭비하고 있는 형편이다. 하지만 우리 회사는 고센 에너지를 통해 환경 친화적인 방법으로 직업을 창출하고, 생계를 해결하기 위해 애쓰는 농부들을 돕는다.

이 모든 일들을 하고 하루의 일을 마치고 난 후에 어떤 느낌이 드는지 상상할 수 있겠는가? 정말 환상적이다! 이 때문에 나는 어떤 종류의 성공을 원하든 간에 큰 꿈을 꾸라고 말하고 있는 것이다. 사랑하는 일을 하면서 기분이 좋다면 주변의 세계를 개선하고 발전시킴으로써 훨씬 더 좋은 기분을 느끼게 될 것이라는 점은 매우 명백한 진리이다.

■■■ 진정한 성공은, 정말 돌려주는 데에 있다.

여러분은 이 말이 정말 말할 수 없이 진부하다고 느낄지도 모르겠다. 하지만 사람들이 어떻게 해서 성공을 했는지 그 공식에 대해서 물어볼 때면 나는 돌려주는 것이 가장 큰 요인이라고 대답할 수밖에 없다. 그리고 내가 전에 지적한 바와 같이 이런 성공 공식을 지금 당장 시행하는 데에는 한 푼의 돈도 들지 않는다.

형제 찰스와 함께 왕에게 불복종하고 영국에 감리교를 열었던 존

웨슬리는 다음과 같은 말을 했다.

할 수 있는 모든 좋은 일을 하라.
찾아낼 수 있는 모든 수단을 써서
취할 수 있는 모든 방법으로
갈 수 있는 모든 곳에서
만날 수 있는 모든 이에게
살아 있는 모든 시간 동안 그렇게 하라.

이 말이 내가 하려는 모든 말을 대신해줘서, 나는 더 이상 어떻게
말을 해야 할지 모르겠다.

Create
Success

크리에이트 석세스

성공하기 위해서
필요한 것을 얻어라

6

'기업가와 보통 사람들 간의 가장 큰 차이점이 무엇일까?' 하고 궁금해한 적이 있는가? 나는 이것이 스스로 시동을 걸 줄 아는 능력에 있다고 생각한다. 그들은 동력을 가지고 있으며 주도권을 쥐고 있다. 기업가는 소극적이지 않다. 그들은 매우 적극적이다. 사실 그들은 대책을 미리 강구하는 사람들이어서 사건이 일어나고 나서야 비로소 행동하지 않고 무슨 일을 해야 하기 전에 미리 행동을 취한다. 그리하여 기업가들은 다른 사람들이 움직일 수 있게끔 자극을 준다.

당신의 시동기는 어떻게 켜지는가

나에게 사업을 한다는 것은 새로운 아이디어를 가지고 이를 현실화시키는 과정이라고 할 수 있다.

"비디오게임을 갖고 싶다고? 그렇다면 가서 혼자 한번 만들어봐."

아이나 어른을 막론하고 대부분의 사람들은 마치 세상이 그들에게 비디오게임을 빚지고 있기라도 한 것처럼 대접받고자 하는 태도를 보이면서 화를 낸다. 어떤 이는 심지어 가게에서 훔쳐 오려고 할지도 모르고 어떤 아이는 친구에게서 빼앗아 오는 방법으로라도 원하는 것을 얻으면 상관없다고 생각할지 모른다. 단지 그들이 그 물건을 원한다는 이유만으로 그 방법을 정당화하는 것이다.

그러나 나는 좀 달랐다. 아이디어 그 자체는 모든 것의 시작이다. 아이디어가 있기 때문에 나의 시동기가 켜진다. 아이디어는 점차 자라서 꿈이 되고 그 자체의 생명력을 가진 비전이 된다. 그 비전의 결과를 생생히 그릴 수 있기 때문에 나는 그로 인해 흥분되고 움직일 동기를 찾아내는 것이다. 이런 그림이 그려지면 이후에는 그 아이디어를 현실화시키기 위해서 필요한 단계를 차근차근 밟아나가는 것만이 중요한 문제가 된다.

맨 처음에는 도서관에 가서 책을 몇 권 읽기 시작한다. 그러고 나서 내가 필요한 책을 직접 사기 위해서 좀 이상해 보이는 일을 해야 할지도 모른다. 내 친구들은 내가 파티에 가지 않거나 스케이트 링크에 가지 않았을 때 나더러 미친 게 아니냐고 했지만, 나는 그들의 말을 신경 쓰지 않았다. 나는 머릿속에 꿈을 그리고 있었고 그것이 실제적인 것임을 알고 있었다. 그것을 현실이 되기만 하면 되었다.

▪▪▪ 꿈은 마술을 통해 현실이 되는 것이 아니다. 꿈이 현실이 되

려면 땀이 필요하고, 결연한 의지와 노력이 필요하다.(콜린 파월)

때로는 그 온갖 기술 매뉴얼을 익히느라 밤을 새워야 할 때도 있었다(당시 나는 아직까지 학교에 다니고 있었다는 사실을 기억하시길). 그러나 나는 그게 그다지 맘에 걸리지 않았는데 그것이 바로 내가 할 일이고 내 꿈이었기 때문이었다. 그 일을 성공시키기 위해서 24시간 내내 일만 했을 수도 있었으리라 생각한다. 내가 이해하지 못하는 부분들을 설명해줄 사람을 찾아 여러 사람을 만나고 다니기도 했다. 마지막에는 사업을 하기 위해 은행에서 대출받는 것도 내 꿈에 포함됐다. 이처럼 나와 같은 대다수 기업가들의 마음속에는 그들을 움직이게 하는 불과 같은 어떤 것이 존재한다.

한번은 〈포브스〉에서 세계에서 가장 부유한 사람들의 리스트를 본 적이 있는데 그걸 보자마자 그 리스트는 내 목표의 일부가 되었다. 그 이래로 나는 계속해서 그 목표를 이루기 위해 일하고 있다. 돈이 많아지면 물론 고상한 생활방식을 갖게 되기도 하겠지만 더 의미 있는 것은 더 이상 돈 그 자체를 위해 일할 필요가 없으며 의료 선교나 교육 선교와 같은 사명을 자유롭게 감당할 수 있게 된다는 점이다. 돈을 벌기 위해 직업을 갖게 되면 내가 원하는 방식으로 살 수 없고 내가 하려는 일도 할 수 없다.

어떤 일을 착수하면 내가 그 일을 할 수 없는 이유에 대해서는 단 한 번도 생각해본 적이 없다. 이를테면 너무 어리다든지, 흑인이라든지, 혹은 나 이전에 이 일을 했던 사람은 아무도 없다든지, 성공할 수 없을 것이라든지 하는 등의 이유 말이다. 이런 마음은 전혀 생기지 않았다. 아마도 이런 생각에는 눈을 감고 있었는지도 모른다. 대신 다른 모든 것들은 실제로 존재하는 것처럼 보려고 했다. 나는 이미 앞으로 나아가고 있었으며 그 일을 이루고 있었다. 따라서 부정적인 생각들에 초점을 맞출 시간은 없었다.

파세오 아카데미에서 기업가적 자질을 위한 강의를 하면서 학생들에게 왜 지식 그 자체에는 힘이 없는지, 왜 응용된 지식만이 진정한 힘을 갖게 되는지에 대해서 설명한 적이 있다. 나는 요즘도 청소년들과 대학생들에게 이미 알고 있는 것을 응용해서 당장 다른 분야에 적용시켜보라고 계속 이야기한다.

왜 사람들은 지금 알고 있는 것을 조금도 활용하지 않으면서 미래의 어느 날이 되면 갑자기 자신이 알고 있는 지식을 마법처럼 응용할 수 있게 되리라고 생각하는 걸까? 매일 축제를 벌이고 파티를 여는 일이나 하고 있으면서 말이다. 그들은 이 모든 상황과 여건이 하룻밤 사이에 마치 '육식하는 화요일'에서 '고난의 수요일'로 바뀌듯 변화할 것이라고 믿고 그에 따라 현실적인 문제들을 다룰 수 있는 능력이 생길 것이라고 착각한다. 하지만 그런 마음은 계획이라고 할 수 없다. 그건 일종의 환상일 뿐이다.

무슨 일을 하고 싶든 지금 일어나서 아주 작은 것부터 시작하라. 하지만 반드시 시작해야 한다. 오늘 당장 시작하라. 이미 알고 있는 것을 활용하는 방법부터 찾아내고 그 일을 발전시키는 과정에서 필요한 부가적인 지식은 하나씩 더해가도록 하라.

도시의 젊은이들에게 내가 말하는 이 교훈, 즉 "그게 어떤 일이든 간에 지금 당장 할 수 있다"는 메시지를 가르치는 교육 프로그램을 전에는 본 적이 없다는 점은 안타까운 일이다. 제대로 된 월급을 받지 못하면서 이 현상을 바꾸려고 애쓰는 지역사회 봉사자들이 소수 있긴 하다. 그러나 전국적인 수준에서 본다면 "먼저 학교에 가고, 대학에 들어가라. 모든 돈은 학생 대출을 받아 해결하고, 빚을 져라. 그러고 나서 '좋은 직업'을 구하고 30년 정도 열심히 일한 다음 퇴직해라"라는 말이 여전히 넘쳐나고 있다. 나는 이런 접근법이 과연 오늘날에 여전히 유효한지, 그리고 대다수 졸업생들에게 효과가 있는 방식일지에 대해서 의문이다.

성공의 특징 가르치기

■ □ ■

이런 이야기 대신 고등학교 때부터 학생들에게 자급자족할 줄 아는 사람이 될 것과 스스로 시작할 수 있는 사람, 즉 기업가가 되라고 가르친다면 어떤 일이 일어날까? 설사 그들이 자기 자신만의 기업을 구축하도록 만들지는 못하더라도 다른 사업가에게 매우 가치 있는 종업원이 될 수 있도록 하는 기술을 아주 일찍부터 가르친다면? 아이들에게 "할 수 없다"란 개념이 생기기 전에, 아예 초등학교에서부터 가르친다면 어떻겠는가?

2006년에 체이니 대학에서 내게 찾아와 기업가 정신을 가르치는 아카데미를 설립하자고 제안했다. 당시에 나는 그 기회를 냉큼 잡았다. 체이니는 미국에서 역사가 가장 긴 흑인 대학이다. 나는 그들과 함께 일하면서 젊은이를 위한 상호 유기적 기업가 프로그램을 개발했다. 체이니는 현재 에프런 W. 테일러 2세의 기업가 아카데미를 설립 중이며, 이 책에서 내가 젊은이들에게 알려주고자 하는 그런 종류의 정보를 모으고 있다.

당시 나는 그들에게 새로운 개념을 도입할 것을 권했다. "만약 당신들이 기업가 프로그램을 만들고자 한다면 현실 세계에서 바로 쓸 수 있도록 만들어서 실제로 활용할 수 있도록 하는 것이 좋겠습니다"라고 말이다. 그 말은 왜 학생들에게 실제로 회사를 운영하는 사람들과 함께 일하면서 현장을 배울 기회를 주는 대신 교실에 앉아 있게만 하느냐는 뜻이었다. 인사 관련 일을 배우고 싶다고? 그렇다면 제일 먼저 할 일은 실제 회사 인사부에서 매일 중요한 일들을 처리하는 사람을 찾는 것이다. 그런 후에 책의 내용과 연관시키는 게 필요하다. "내게 지금 배우고 있는 회계 원리들이 실제로 회사를 사는 데 어떤 도움을 주는지 알려달라. 지금 배우고 있는 구조조정 과정이 어떻게 비즈니스 계획과 전망 보고서를 작성하는 데 영향을 줄지에 대해 가르쳐달라. 내가 지금 습득하는 이 훈련들이 어떻게 실제로 자금을 모으고 회사를 운영하는 데 도움이 될지에 대해서 알려달라"는 것이다.

우리는 먼저 아이들에게 가르치고 있는 커리큘럼을 되돌아보고 실제 세계에서 일어나는 일들을 가르칠 수 있도록 강의의 일부를 재조정하는 일이 필요하다고 본다. 만약 우리가 이 모든 과정을 잘 해내기만 한다면 학생들은 더 많이 발전할 것이고 조직의 의사 결정 과정에 직접 참여하게 될 학생들이 더 늘어날 것이다. 그들은 교육받은 내용을 응용하는 방법과 교육 내용과 현실 사이에 있는 연결고리를 찾아낼 수 있게 될 것이다. 이런 의미에서 여러분에게 www.EphrenUniversity.com을 방문하여, 우리가 만들어놓은 기업가 과정 아카데미와 실전 교육 프로그램에 대해서 훑어볼 것을 권한다.

교육 내용과 응용 방식 사이의 연결고리를 찾는 것은 내가 멘토 밑에서 인턴 활동을 했을 때, 또한 학교를 다니면서 내 사업을 운영했을 때 내게 실제로 일어났던 일이다. 내게 대학이란 열정적으로 자율학습을 하며 질문을 하고 더 많은 인간관계를 만들며 많은 멘토를 찾는 곳이었다. 학교에 다닐 때 나는 커프먼 센터 기업가 프로그램에서 개최하는 프로그램이나 전미 차세대 경영 지도자를 위한 프로그램에서 지원하는 프로그램 등 특별 훈련 강의를 많이 들었다. 이 프로그램에서 나는 그 주에서 최고의 경영자가 되기를, 더 나아가 전국을 무대로 활동하기를 꿈꾸는 차세대 경영 지도자들의 리더로 활동했다. 나에게 대학이란 실생활의 경험을 녹일 수 있는 일종의 용광로 같은 곳이었다. 이런 경험을 토대로 나는 내 사업체를 고등학교 때의 내 역사 선생님을 포함하여 수많은 사람을 고용하는 전국적 수준의 기업으로 키워낼 수 있었다.

나는 언제나 스스로 시작하는 사람이었다. 내게 이제 괜찮으니 그만 하라고 말해줄 누군가는 필요치 않았다. 그렇다고 내가 교육 과정을 다 건너뛴 것은 아니다. 다만 조금 다른 형태로 이수했을 뿐이다. 그러나 학교에 다닐 때에는 나는 내 목표에 완전히 집중되어 있었다.

꿈은 동기를 부여하는 강력한 힘이 된다

■ □ ■

가장 실질적인 질문은 바로 "당신은 어느 정도까지 스스로 시작하는 사람인가?" 하는 것이다. 또한 당신은 어떤 분야에 열정을 가지고 있는가? 새로운 기술을 배워야겠다고 결심하고 밖에 나가서 그 일을 스스로 해본 적이 있는가? 실제로 운동을 시작하고 자신만의 프로그램을 만들어서 종교생활을 하듯 그 프로그램을 따라해 실제로 몸무게를 줄여본 적이 있는가?

당신은 아마도 무엇인가를 창조하거나 만들어야겠다는 아이디어를 가지고 그 일이 다 될 때까지 한 번도 쉬지 않았던 경험이 있었을지도 모른다. 이런 것들이 기업가가 하는 일이다. 그들은 두 번 이상 생각하지도 않는다. 기업가의 뇌는 그런 식으로 작동한다. 머리의 일부는 이미 결과를 그리고 있고, 그것을 마음속에 품은 채 목표를 향해 달려간다. 어려운 일이 다가와도 그 일 때문에 뒤로 물러서거나 포기하지 않는다. 그저 일어서서 다시 시작한다. 당신 인생이 그 방향으로 계속 나아가고 있는지 꾸준히 확인하라. 그러면 언젠가 목표에 이르게 될 것이다.

■■■ 실패로 돌아간 시도였다고 해도 그건 결국 앞으로 나아가는 한 걸음이 될 것이기 때문에 나는 단 한 번도 낙담해본 적이 없다.(토머스 A. 에디슨)

지금이 바로 여러분이 이미 만들어진 틀을 깨고 나와 자신만의 모델을 만들 시점인지도 모른다. 여러분은 노예가 아니며 진정 자유로운 인간이다. 여러분의 생각과 느낌은 바로 여러분의 것이다. 꿈, 목표 그리고 궁극적으로 행동과 태도는 결국 자신이 원하는 대로 바꿀 수 있는 자신만의 것이다. 당신이 이 모든 영역의 주인인 셈이다. 자, 이 모든 파워를 가지고 이제 무엇을 할 것인가?

부정적이고 파괴적인 생각을 하는 것도 당신의 자유이며, 화려한 것을 좇아 살며 주변의 모든 사람을 다 잊고 사는 것도 당신의 자유이다. 진정 원하는 것이 이기적이며 배려할 줄 모르는 사람이 되는 것이라면 그렇게 살라.

또한 긍정적이며 창조적인 생각을 하고 살면서 성공을 이루고 가능한 한 많은 사람과 함께 어울려 인생길을 걸어가는 선택을 하는 것도 당신의 자유이다. 이룩한 성공을 더 많은 사람을 도울 수 있는 정거장처럼 사용할 수 있는 자유도 당신에게 있으며 다른 사람의 삶과 전 세계를 변화시킬 자유도 있다. 삶의 어떤 부분이 다른 사람에 의해 통제되고 있다 할지라도 스스로가 통제할 수 있는 부분에 대해서만큼은 당신이 주인이며 스스로 어떤 일을 한다는 그 자유를 실험해볼 수 있을 것이다. 내가 직접 체험한 바로 확실히 말할 수 있다. 사업을 시작해서 아무것도 없는 곳에서부터 제품을 만들어내고 성공하는 것을 보는 것보다 더 큰 만족은 없다. 그 성공을 즐기는 자유를 누리고, 또 다른 사람을 돕는 자유를 누리길.

성공하는 데 필요한 정보와 지식은 어디에서 얻을까

앞에서 지적한 가장 일반적인 변명은 "○○에 대해서 내가 아는 바가 하나도 없는데 어떻게 사업을 시작할 수 있겠어?"라는 것이었다. 저 문장의 빈칸을 먼저 채워보라. '미용실을 운영하는 것', '택시 회사를 차리는 것', 혹은 '주식 중개인이 되는 것' 등 아무것이나 될 수 있다. '기름을 잘 사는 법'이 될 수도 있고 '비행기를 만드는 법', '트럭을 운전하는 법' 등 당신이 가진 꿈이 무엇이든 모두 다 저 빈 칸에 들어갈 수 있다.

사업을 하는 것이 목표가 아니더라도 우리는 모두 성공하는 데 필요한 지식이나 실제 생활의 경험 없이 빈 종이와 같은 상태에서 일을 시작한다. 나는 지금 성공하기 위해서 지식이 전혀 필요 없다거나 적어도 어디에서 지식을 얻어야 하는지 알 필요도 없다는 말을 하는 게 아니다. 지식을 변명거리로 활용하는 것은 어떤 특화된 지식이 필요하다는 것을 인지하고 이를 얻기 위해서 나아가는 것과는 차원이 다른 이야기다.

아무것도 없이 시작하는 것보다 더 안 좋은 것은 쓰레기더미와도 같은 것들, 이를테면 나쁜 습관이나 잘못된 정보를 가지고 일을 시작하는 것이다. 어떤 관계를 새로 시작하든, 사업을 시작하든 간에 성장하기 전에 잘못된 것을 깨끗이 씻어낼 필요가 있다. 그동안 인생과 사업, 스스로의 가능성과 '일반적 지혜'에 대해 배웠던 것들을 반드시 '다시 고쳐서 새로 배워야만' 한다.

만약 당신이 글을 읽고 쓸 줄 알며 말할 줄 알고 활용 가능한 기술을 보유하고 있다면 "나는 잘 몰라" 혹은 "나는 아무것도 가진 것이 없어"라는 변명은 참으로 구차한 변명이 된다. 내 생각에는 오늘날 성공하기 위해서 필요한 정보나 지식이 부족했다는 것은 전혀 변명이 되지 못한다. 현대에는 공짜로 활용 가능하고 접근 가능한 정보와 지식이 도처에 널려 있다.

나를 자극하고 움직이게 하는 것 중에 하나가 전 세계의 부유한 사람들의 이야기를 기삿거리로 다루는 〈포브스〉라는 잡지다. 만약 그 잡지를 고등학교 도서관에서 발견한다면? 아예 기대도 하지 말라. 학교 도서관에는 〈바이브〉나 〈제트〉, 〈코스모폴리탄〉과 같은 번쩍거리고 각종 가십이 가득한 스포츠 혹은 연예 잡지만 가득하다. 그 속에는 아이들이 우연히라도 인생을 바꿀 수 있는 정보가 전혀 없다. 그러나 괜찮다. 혼자 힘으로 밖으로 나가 정보를 찾도록 하라.

비용을 들이지 않고 당신의 것으로 만들 수 있는 온라인 정보가 아예 없다고 하더라도 세상에는 활용할 수 있는 책이 수백만 권이나 된다. 공립 도서관에서 찾을 수 없다고 해도 어딘가에서는 분명히 읽어볼 수 있다. 무엇을 하고 싶은지 결정만 했다면 꼭 알아야 할 내용들을 읽고 공부하고 또 자습해서 배울 수 있다. 굳이 교실에 앉아서 선생님이 가르쳐줄 때까지 기다릴 필요 없다.

어머니는 우리 형제들에게 학교에 들어가기 전부터 집에서 이미 많은 것을 가르쳐주셨다. 때문에 나는 시작하기에 좋은 기초를 갖고 있었다고 생각된다. 내가 1학년이 되기도 전에 어머니는 나와 형제들에게 우리 이름을 어떻게 쓰는지 가르쳐주셨다. 그래서 나는 아무것도 모르는 상황에서 이런 것들을 배워야 하는 다른 친구들에 비해서는 한 걸음 더 앞서 나갈 수 있었다. 여러분이 읽고는 불평할 것이 틀림이 없으나 내게는 보물 상자를 여는 열쇠나 다름없었던 다음의 자세를 어머니는 나에게 가르쳐주셨다.

■■■ 네가 알아야 할 필요가 있는 모든 것은, 이미 책 어딘가에 있다.

내가 받았던 교육은 사실 독서에서 시작되었다. 어떻게 컴퓨터 프로그래밍을 하는지 책에서 배웠고 비즈니스 계획을 어떻게 세우는지도 혼자 공부했다. 어떻게 기금과 자본을 구하는지, 어떻게 연례 보고서를 읽는지도 혼자 습득했다. MBA를 수료한 학생들이 읽는 모든 자료를 혼자서 다 읽었으며 그들이 하는 케이스 스터디 예제도 혼자 다 했다. 마치 감독하는 선생이 뒤에서 나를 쳐다보기라도 하는 것처럼 말이다. 내가 아는 거의 대부분은 독학으로 배운 것이다.

내가 혼자 힘으로 할 수 없었던 것은, 멘토에게서 배웠다. 좀더 넓은 경영의 세계로 진출하면서 만나게 된 그들에게는 자신들이 이미 알고 있는 것을 나에게 알려주는 게 그리 어려운 일이 아니었다. 나는 이 때문에 계속 성장할 수 있었는데, 대개의 경우 우리가 만나기도 전에 나는 숙제를 미리 다했기 때문이었다. 그들은 내게 알아듣지 못할 전문용어들에 대해 이야기했으며 10-Q나 8-K, 주식 용어, 장외시장이나 기관투자 자본에 대해 알려주었다. 그때 이미 나는 이런 정보를 따라갈 만한 충분한 배경지식이 있었기 때문에 이들이 알려주는 정보를 쉽게 습득했고 더 빨리 성장할 수 있었다.

내가 세상에서 제일 똑똑한 사람이라고는 결코 생각하지 않는다. 나는 단지 자원이 풍부한 사람 중 하나일 뿐이다. 이 점이 의미하는 것은 내가 정말로 배우기를 원한다면 선생님이나 학교는 따로 필요 없다는 뜻이다. 내가 필요한 것이 무엇이든, 어디에서든, 언제 필요하든지 간에 스스로의 힘으로도 얼마든지 지식을 얻을 수 있다. 이 간단한 단계가 얼마나 큰 힘을 주는지에 대해서 알고 있는가? 어떤 교육 시스템이든 나는 그 체제에 전적으로 의존하지는 않는다. 혼자 힘으로 밖으로 나가 필요한 것을 내 뜻대로 획득할 능력이 내게 있기 때문이다. 혹은 내가 원하는 곳에 이미 갔거나 내가 원하는 것을 이미 얻은 사람을 만날 수 있다는 것을 나는 알고 그들에게 새로운 것을 배우는 것도 얼마든지 가능하다.

멘토 구하기

멘토가 없다는 것은 인생에서 내려야 할 중요한 결정의 순간에 따를 만한 모범이 없다는 뜻이다. 사업을 하는 사람에게 이것은 거의 자살 행위나 다름없다고 본다. 하지만 정말로 멘토를 구하는 데 진지한 사람이라면 멘토를 찾는 것은 매우 쉽다. 나는 그동안 정말로 훌륭한 몇몇의 멘토를 만나는 행운을 누려왔다. 나는 내가 꾸리는 팀의 사람들이 모두 '멘토가 될 수 있을 만한 수준'이 되어야 한다는 입장을 견지하고 있다.

그러한 이유로 내 주변에는 항상 자질이 뛰어나고 뛰어난 성과를 보이는 전문가들이 가득하다. 그들은 내가 대답이 필요할 때 의지할 수 있을 만큼 경험을 충분히 해본 사람들이다. 그들은 또한 내가 해결해야 할 프로젝트에 집중하고 있을 때 "그 일은 안 됩니다"라는 주문 같은 말은 듣고 싶어하지 않는다는 것도 잘 알고 있는 사람들이다. 나는 "이 방법이면 할 수 있을 것입니다"라는 대답을 원한다. 일을 할 때 나는 함께하는 사람들이 개발 프로젝트의 성공과 관련해 특정의 '이권'을 갖도록 한다. 그래서 우리 전문가 팀은 자신의 재산을 개발 프로젝트에 일부 투자하여 우리 고객이나 주주들과 함께 투자에서 파생되는 리스크를 나눈다. 나는 우리 전문가 팀이 내가 최상의 결정을 내리는 데 필요한 핵심 정보들을 제공해줄 수 있기를 기대한다. 그리고 나는 그들의 조언을 항상 잘 듣는다. 그들이 내게 말해준 것과 내가 이미 알고 있는 것을 토대로 올바른 방향이라고 느껴지는 쪽으로 최종의 결정을 내린다.

때때로 내가 사람들을 찾아낼 때도 있고 또 상대방이 나를 찾아낼 때도 있다. 한번은 에머슨 브랜틀리라는 사람을 온라인을 통해 만났다. 당시 내 회사에서 일하는 마케팅 담당자들이 많았지만 나는 그들이 가져오는 결과에 도무지 만족할 수가 없었다. 그들을 고용하느라고 많은 돈을 지불해야 했지만 내가 원하는 결과를 가져오는 적이 없었던 것이다. 그래서 나는 그 이전에도 종종 그랬던 것처럼 온라인을 뒤져 마케팅 전문가들, 특별히 '직접적 반응' 마케팅을 특화해 활동하는 사람들을 조사하기 시작했다. 한편 '직접적 반응' 마케팅은 우리가 가장 많이 사용하는 방식이었는데, 수요가 한정된 타깃 메일을 보내거나 투자자가 될 가능성이 있는 특정의 사람들에게만 마케팅 캠페인을 한다거나 하는 것이 그 예이다. 중소 규모의 업체로서는 값비싼 광고 방송이나 대규모의 마케팅 전략을 펼치는 것은 돈을 낭비하는 것이나 다름없다. 그보다는 우리가 정말 접근하려는 시장이 어디인지 확실히 알아낸 이후에 그들에게 접근하는 법, 그 시장에만 다가가는 가장 좋은 방법이 무엇인지 연구하는 것이 훨씬 낫다고 본다. 이런 방법이라면 당신의 제품이나 사업에 전혀 눈도 돌리지 않고 관심을 갖지도 않을 수천 명의 사람들에게 메시지를 낭비할 필요가 전혀 없다. 그 사람들은 그냥 당신 사업의 대상이 아닌 것이다.

에머슨을 찾아 그에 관한 정보를 사이트에서 읽었을 때 나는 그의 경험이 바로 내가 찾던 것이었음을 알았다. 그는 수천 개의 마케팅 프로젝트를 진행했고 다양한 종류의 회사를 상대로 일했으며, 특별히 부동산과 투자에 관련해서 경험이 풍부했다. 그래서 나는 그에게 이메일을 써서 내가 그 이후로 18개월 동안 그를 고용할 의도가 있음을 밝혔다. 통화 한번 해보기 전에 말이다.

어떻게 그렇게 그를 고용할 확신이 있었을까? 나는 내 직감을 믿기 때문이다. 나는 그가 내게 시대를 앞선 결과를 가져다줄 것이라고 믿었고, 또 그 계획을 한 가지 이상의 방법으로 실현시킬 것임을 알았다. 마케팅 계획만으로도 내가 상상했던 바를 넘어설 것을 확신했다. 그가 마케팅 전략 이상의 방법을 동원할 수 있을 것임을 알았다. 그 역시 사회적으로 의식 있는 투자를 하겠다는 나의 비전에 공감했으며 기존의 계획을 수행하는 것뿐만 아니라 그 이상의 것을 더해가기 시작했다. 그는 자신만의 정보와 경험으로 계획을 더욱 발전시켜나갔다. 그는 회사의 잠재력을 보고 확대해나갔는데 내가 할 수 없는 것, 시도하면 안 되는 것이 아니었다. 그는 큰 규모의 자금 계획을 내세웠다. 그는 그 계획을 '양자 비약(quantum leap)'이라고 불렀으며 그 계획을 강하게 믿고 있었다. 나에게도 이는 자연스러운 비약인 것처럼 느껴졌다. 그 발전이 가능한 것이라고 믿었고, 또 그 비전을 이미 성취된 것으로 그릴 수 있었다. 남은 것이라고는 이 모두를 현실화하는 것뿐이었는데 우리는 함께 그 일을 모두 해냈으며 지금도 함께 일하고 있다.

때로는 상대방이 나를 찾아낼 때도 있다고 했는데 하비 린치(Harvey Lynch)가 그런 경우였다. 그는 꼭 나와 같은 사람을 찾고 있었으며 내가 마침 그곳에 있었다. 그는 기름과 가스, 천연 에너지 분야에서 자신이 갖고 있는 풍부한 지식과 경험을 나눌 수 있는 젊은 CEO를 찾고 있던 참이었다. 그는 우리 회사를 크게 발전시켜 그 전에는 내가 감히 상상도 하지 못했던 새로운 영역으로 우리를 이끌어갔다. 우리 팀의 많은 사람들이 그러했듯이 그 역시 나의 멘토가 되어주었다. 우리 회사 시티캐피털이 재생 가능 에너지 분야에 진출해서 무한한 가능성이 열려 있는 이 분야의 주요 사업자로 활동할 수 있었던 것은 모두 하비 린치 덕분이다. 바이오 연료 사업은 우리 회사로 하여금 지역사회를 발전시킬 사회적 투자뿐만 아니라 지구를 생각하는 환경적 투자를 가능하게 한 일종의 촉매제 역할을 했다.

윈-윈 전략 찾기

■ □ ■

이렇게 사람들을 만나게 되는 경로는 다양하다. 그러나 우리가 팀이 되기 위해서는 서로의 필요가 잘 맞아야 하고 서로가 서로에게 도움이 되어야 한다. 사업을 하기 위해 혹은 다른 어떤 일을 하기 위해 우리들은 사람을 만난다. 그리고 그들이 알고 있는 다른 사람을 만나고, 이런 식으로 인맥은 넓어진다. 원한다면 이 과정을 '네트워크 넓히기'라 명명할 수 있을 것이다. 그러나 여러분이 얼마나 많은 명함을 갖고 있는가 하는 것은 중요하지 않다. 다른 모든 것이 그러하듯 여기서도 가장 중요한 것은 얼마나 자질 있는 인사들과 만나고 있는가이다.

나는 함께 일할 사람들을 찾을 때 우리의 필요가 서로 맞물리도록 하는 방법을 찾는다. 그들이 내 목표를 도와줄 수 있는 방법과 내가 그들에게 돌려줄 수 있는 방법을 동시에 찾아 항상 윈-윈이 되도록 하는 것이다. 초기 단계에서부터 나는 그들을 존경하고 서로가 서로를 돕는 방법을 생각한다. 한 방향의 관계, 혹은 받기만 하고 주지는 않는 관계는 추구하려 하지 않는다. 받기만 하는 쪽은 머지않아 다 빼앗기게 된다. 받는 사람이 되지 말고, 미워하는 사람이 되지도 마라. 주는 사람이 되어야 한다. 이 황금률에 대해 당신도 들어본 적이 있을 것이다.

■■■ 그러므로 무엇이든지 남에게 대접을 받고자 하는 대로 너희
도 남을 대접하라. 이것이 율법이요 선지자니라.(마태복음 7:12)

세계 주요 종교 중 적어도 21개는 이런 종류의 같은 원칙을 갖고
있다. 이는 '상호성의 원칙'이라 불린다. 때때로 이를 부정적인 측면
으로 이야기하자면 "주는 대로 받는다"라는 말로 표현될 수 있을 것
이다. 어떤 표현이든 여기에서 받을 교훈은 마치 고무공이 벽에 부딪
혀 튕겨나가듯 우리가 남에게 무엇을 주면 그대로 돌려받는다는 것이
다. 누군가를 미워하면 꼭 누군가는 당신을 미워하게 된다. 받기만 하
면 응당 무엇인가를 잃게 된다. 하지만 주는 사람이 되면 무언가가 계
속해서 돌아올 것이다. 그래서 나는 자기 자신을 위해서라도 다른 사
람에게 무엇인가를 주어야 한다고 믿는다.

내가 고용한 사람들이 사업체를 운영할 때 우리는 항상 눈앞에 있
는 모든 기회를 받는 사람으로서가 아니라 주는 사람으로서 이용하려
고 한다. 특별히 정부 관리들과 함께 일해야 할 때는 더욱 그렇다. 우
리는 그들이 국민, 즉 지역사회와 주 정부 그리고 국가를 위해서 성
취하고자 하는 일을 돕기 위해 무엇을 해줄 수 있는지에 대해서 묻는
다. 그들 중 누구도 이전에는 우리가 취하는 이런 접근 방법을 본 적
이 없으며 우리와 함께 한 작업 결과들은 항상 놀라운 것이었다. 우리
의 윈-윈 접근법은 다른 업체들이 여간해선 이해하기 어려운 계약 결

과를 이끌어낸다.

이와 똑같은 방식으로 새로운 인연을 만들 때 당신 역시 그들의 목표를 달성할 수 있도록 도와주어야 한다. 모든 관계를 열린 마음으로 긍정적으로 대하라. 그리고 상대방도 발전시킬 수 있는 방법을 찾도록 도와라. 이런 자세를 갖지 않는다면 어떤 기회가 있었다는 것을 채 깨닫기도 전에 수많은 기회의 문이 닫혀버린다.

인생길에서 우리 꿈을 이뤄줄 수많은 사람들을 만나겠지만 성패는 온전히 우리의 태도가 긍정적인지 부정적인지, 그리고 우리 자신이 어떻게 그들에게 반응하는지에 달려 있다. 자신의 태도가 부정적이고 소극적이어서 성공을 이루는 데 큰 도움이 될 만한 사람과 기회를 얼마나 많이 놓치고 말았는가? 홍수 때문에 꼼짝 못하고 갇혀 있었다는 어떤 노인의 이야기가 떠오른다.

노인은 그저 집 앞 베란다에 앉아서 물이 차오르는 것을 바라보며 기도만 했다.

"주여, 나는 당신을 믿습니다. 당신 뜻이라면 나를 구원할 것이라고 믿습니다."(이런 말을 많이 들어봤을 것이다.)

그러던 중 이웃의 한 사람이 점점 차오르는 물살을 헤치고 차를 타고 다가와 그에게 외쳤다.

"어서 타요! 물이 빠르게 불어나고 있어요!"

그러나 노인은 대답했다.

"하나님이 나를 보살펴주실 것이오."

물이 점점 불어나 집 앞 베란다까지 이르자 노인은 집 안으로 들어

가려고 했다. 그때 구조대원들이 지나가면서 보트 안에서 그에게 말을 걸었다.

"어서 보트에 타시오! 좀더 고지대에 내려줄게요."

그러나 이번에도 그는 말했다.

"아니오. 나는 모든 것이 잘되리라는 믿음을 갖고 있소. 하나님께서 나를 구원하실 것이오."

결국 물이 차오르자 그는 지붕 위로 기어 올라갈 수밖에 없었다. 헬리콥터가 지나가면서 그에게 사다리를 내려주었다. 그러나 그는 손을 흔들면서 말했다.

"내 하나님은 부유하신 분이요. 그가 나를 보살필 것이오."

헬리콥터는 어쩔 수 없이 날아갔고, 물은 더 불어나 노인은 물에 떠내려가 익사하고 말았다. 눈을 떠보니 그는 천국에 있었고 하나님께 물었다.

"도대체 왜 나를 구해주지 않은 겁니까? 내 믿음이 충분하지 않았나요?"

그는 신께 모든 책임을 돌린 것이다. 그러자 하나님은 대답했다.

"나는 너에게 이웃을 보내주었고, 구조대원도 보냈다. 네가 말을 안 들어서 심지어 헬리콥터 대원까지 보냈다. 그러나 너는 고집을 꺾지 않더구나."

이 노인처럼 우리는 성공하기 위해 그저 기적을 바라고 손쉽게 문제를 해결할 수 있는 방법, 복권 당첨과 같은 방법을 원한다. 하지만 대부분의 경우 하나님은 그의 뜻을 이루기 위해 일상생활 속의 사람들을 이용하신다.

멘토는 우리 주변에 있다

■ □ ■

어쩌면 당신이 찾는 멘토는 주변에 이미 있을지도 모른다. 그러나 시간이 없어서 그들이 가지고 있는 지식의 보고를 파고들어가지 못했을 것이다. 당신이 제일 좋아하는 선생님이나 코치가 바로 그 멘토일 수도 있다. 심지어 언니, 오빠, 누나, 형, 삼촌이나 이모가 멘토가 될 수도 있다. 당신을 항상 자극하는 작가가 될 수도 있다. 나는 교회에서 많은 멘토를 찾을 수 있었는데, 단지 목사들만 멘토가 되는 것은 아니었다. 청소년부 지도자나 주일학교 교사 혹은 나이 지긋한 성도들이 나에게 인생의 지혜를 나누어주고 싶어했다.

대부분의 젊은 사람들은 나이 든 사람들과 시간을 보내려 하지 않지만 장년들이야말로 우리가 필요한 모든 경험을 이미 해본 사람들이다. 나는 10대일 때 이미 그들의 경험이 성공으로 가는 시간을 몇 년은 단축해준다는 것을 깨달았다. 그리고 실제로 그랬다.

나는 선생님과 코치로부터 정말 많은 것들을 배웠다. 모든 선생님들이 다 성자와 같았다는 말을 하려는 것은 아니다. 한 명의 선생님이 여러분에게 시간을 내주지 않는다고 해서, 이것이 다른 선생님을 찾지 말아야 한다는 뜻은 절대로 아니다. 당신이 만난 그 선생님이 하루 종일 시끄러운 아이들을 상대로 완전히 지쳐버렸을 수도 있다. 만약 하루에 7~8시간 동안 게으른 태도와 무례함, 파괴적인 태도를 상대로 씨름하다 집에 가서는 성적을 매기느라 2~3시간을 더 보내야 했다면? 결국 아이들은 선생님을 그다지 신경 쓰지 않고, 행정가들도 교사들의 노고를 알아주지 않으며, 학교 이사진들은 '단지 선생님'이 라는 이유만으로 교사들은 가난하게 살아야 한다고 생각한다.

모든 교사와 코치들은 그들이 제공하는 것에 대한 갈증을 갖고 있는 누군가, 정말로 배우기를 원하는 학생들을 찾고 싶어한다. 그들은 정말로 뭔가 변화를 일으키길 원한다. 교사들이 돈 때문에 일을 하는 것이 아니라는 건 알아야 한다. 교사들은 단지 그들의 노력과 헌신을 기울일 만한 가치가 있는 누군가를 원하고 있는 것이다. 그들은 진정으로 여러분의 가능성에 대해 믿고 싶어하고 "나는 배우기를 원해요" 라고 말하는 특별한 누군가를 기다리고 있으며 진정으로 "내가 도와줄게" 말할 수 있는 순간을 원한다.

여러분이 그런 사람이 되고 싶지 않은가? 성공할 수 있는 특별한 누군가, 멘토가 도움의 손길을 뻗을 수 있는 누군가가 되고 싶지 않은가? 그저 망나니 학생으로 만족할 텐가? 연습하는 것은 싫어하고 싸움에 휘말리고 말썽을 일으키는 사람이 되고 싶은가? 숙제는 하지 않고 학교에 적응하지 못하는 학생이 되고 싶은가? 그런 자세를 유지하는 데 만족할 건가?

당신이 가치 있는 사람인지 그렇지 않은지 알아채는 것은 멘토에게 달려 있는 것이 아니다. 먼저 그 점을 알아채고 "나는 당신이 알고 있는 것을 더 알기 원합니다"라고 스스로를 다른 사람 앞에 드러낼 줄 알아야 한다. 당신의 멘토는 해결해야 할 문제가 늘어나는 것을 원하는 게 아니다. 그들은 자신의 이야기를 듣고 스스로 인생에 적용하는 사람을 원한다.

멘토십을 실제로 활용하여 이용한 사람들은 그리 많지 않다. 그리고 대개 스승을 멘토로 삼고 있는 아이들을 일컬어 다른 학생들은 "선생님의 애완용 개"라고 부르며 놀리는 경우가 많다. 이런 걸 모두 견디려면 스스로에게 명백하게 대답할 수 있어야 한다. 내가 인생에서 달성하려고 하는 것은 무엇인가? 이 모든 변화를 일으키기 위해서 필요한 모든 조치를 과감히 취할 것인가? 아니면 멍청이들의 말을 듣고 있으면서 내 노력을 몇 년 이상 줄여줄 지혜와 조언을 듣지 않을 것인가?

아내 미셸은 항상 내게 "입을 다물고 있으면 아무도 먹을 것을 주지 않는다"라는 말을 한다. 너무 두려워 누군가에게 좀 도와달라는 말을 꺼내지 못하고 있다면, 글쎄, 여러분이 멘토에게 처음으로 관심을 보이고 이야기를 시작해보면 어떨까? 그들은 당신이 얘기하자마자 도움을 주기 시작할 수도 있고, 그것으로 모험이 시작되는 셈이다.

너무 많은 젊은이들이 길을 잃고 방황하며 돈이 조금 생길 때마다 신발이나 차, 액세서리, 번쩍거리는 것들을 산다. 그러나 그들에게 "이봐, 그 돈을 투자해보는 게 어때? 이곳저곳에 돈을 분산해 넣고, 어떻게 증식하는지 지켜봐"라고 이야기해주는 사람은 없다. 나는 학생들에게 파티를 하고 어리석은 일을 하면서 돈을 쓰는 대신 매달 150달러 정도를 저축하면 훗날 어떻게 불어나는지에 대해서 계산해 보인 적이 있다. 만약 매달 150달러를 저축하고 10퍼센트 가량의 이자를 받는다면 40년이 지나서 그 돈은 거의 100만 달러가 되어 있을 것이다(좀더 정확히는 968,528.05달러).

내가 강의를 통해 이런 이야기를 하면 학생들은 "전에는 이런 이야기를 해준 사람이 전혀 없었어요. 왜 그랬을까요?"라는 반응을 보인다.

대부분의 사람들에게 이런 얘기는 꼭 필요한 이야기다. 단지 아무도 학생들에게 이런 얘기를 해주지 않았고, 어떻게 이를 활용할지에 대해서 알려주지 않은 것이다. 나는 이 점이 오늘날 교육 체제가 갖고 있는 가장 심각한 문제라고 생각한다. 아이들이 능력이 부족하거나 적성이 맞지 않는 것이 아니다. 이런 개념을 이해하기에는 충분히 자라지 않았거나 똑똑하지 못한 것도 아니다. 다만 아무도 이 정보를 이들에게 알려주지 않았을 뿐이다. 그리고 학생들이 어찌어찌 해서 이런 정보를 손에 넣었다고 해도 실제 생활에서 이 방법을 활용하기란 너무도 어렵다는 것이 문제이다. 그렇기 때문에 우리는 항상 멘토를 찾아야 하며 경쟁력을 갖추도록 도움을 줄 인간관계들을 만들어나갈 필요가 있다.

인생의 멘토 찾기

■ □ ■

여러분은 성공한 사람의 뒤를 따르고 싶을 것이다. 미리 해본 사람을 따르고 싶지 이제 막 시작한 사람을 따라가고 싶지는 않을 것이다. 그러니 그저 나가서, 몇 개의 사업체를 말아먹었거나 집 서너 채를 잃고 카지노에서 시간을 보내는 사람을 선택하지 말자. 또한 결혼생활에 크게 실패한 사람의 발밑에 앉아 시간을 보내지도 말자. '이미 그 일을 해봤고, 그 지점에 도달한 사람'의 곁에 가도록 하라.

스스로의 힘으로 어떤 일을 성취해내고 성공한 사람의 뒤를 좇도록 하라. 그들이 가진 지혜가 당신의 삶에 실질적이고 긍정적인 방향으로 직접 전달될 수 있을 것이다. 요즘은 구세대로부터 지혜를 전수받으려는 젊은이들이 흔치 않다. 어떤 젊은이가 나이 든 사람으로부터 지혜를 얻으려고 하는가? "그 사람들이 오늘날 써먹을 수 있는 지식을 말해줄 수나 있겠어?"라고 생각할 뿐이다. 젊은이들은 너무 어리석어서 나이 든 전문가들이 하는 말은 믿지 않으면서 다른 어리석은 친구들이 하는 말은 믿는 경우가 많다.

경험 많은 멘토는 정말 많은 것을 이야기해준다. 이 점을 그냥 믿어라. 그리고 그들에게 구하라. 너무 많은 젊은이들이 "우리가 옳다고 생각하는 것이 아니면 듣고 싶지 않아요. 우리 스스로 결정하고, 우리가 원하는 일을 할 거예요"라는 말을 한다.

하지만 정말로 여러분의 문제에 신경을 써주면서 "네 예산안을 좀 보자. 이걸 다 갚을 능력이 되겠니? 이 빚을 다 지고 어떻게 생활을 꾸려가겠니?"라는 어려운 질문을 던져댈 사람을 찾게 된다면? 그들이 정말로 여러분에게, 경험에서만 우러나올 수 있는 옹골진 지식을 전해줄 수 있다면? 아마도 그건 여러분이 얻게 되는 가장 강력한 힘이 될 것이다. 그 가치는 말로 표현할 수가 없다. 그게 사업이든 인간관계든 그들의 지혜는 여러분이 성공하는 데 걸리는 시간을 몇 년은 단축시켜줄 것이다.

누군가 다른 사람이 비슷한 일을 했을 확률은 분명히 있다. 여러분이 꿈꾸는 그 일을 이미 한 사람이 아주 짧은 순간 동안에라도 당신이 꿈을 이룰 수 있게 도와줄지 모른다는 생각을 해본 적이 없는가? 어쩌면 "물론 에프런, 그렇겠죠. 하지만 그 사람도 그 대가로 뭔가를 원할 거예요. 결국 모든 사람은 얻으려고 하는 뭔가가 있는 거 아니겠어요?"라는 대답을 할지도 모른다.

그 말이 맞다. 결국 우리는 자기 자신의 삶과 행복이 가장 중요한 관심거리다. 그러나 내가 발견한 놀라운 사실이 있다. 많은 사람들이, 이미 자신이 하고자 한 일을 성취한 사람들이 어딘가에 분명히 있는데, 그들이 가장 원하는 것은 바로 '자신의 유산을 널리 전하는 것'이었다. 그것이 성공한 그들이 얻고자 하는 것이다. 그들은 여러분과 같은 사람을 찾아내서 자신의 지식, 인생, 사업, 신앙 그리고 그 밖의 모든 것에 관해 깨달은 것을 다 나누어주기 원한다.

존경할 만한 멘토라면 다른 사람에게 자신의 지식에 대해 돈을 요구하지는 않는다. 자신이 갖고 있는 지식을 듣는 대가로 얼마간의 돈을 내라고 요구하는 사람이 있다면 그들은 단지 사업상의 목적으로 돈을 벌기 위해서 강의하는 것일 뿐이다. 그 방법을 통해서도 필요한 지식을 얻을 수 있겠지만, 그러나 이는 매우 비싼 방법이다.

멘토는 공짜로 이용할 수 있는 사람들이다. 그들은 조언을 하는 대가로 돈을 요구하지 않으며 적어도 내 경우에는 어떤 상황에서도 돈을 내라는 멘토의 요구를 받아본 적이 없다. 때로 그들 옆에서 배우기 위해서 몇 시간씩 일하는 수고를 해야 하지 않았느냐고? 물론 그랬다. 그러나 그들 중 어느 누구도 나에게 "자, 이제 지갑을 꺼내 내 지식을 나누어준 대가를 내게"라고 요구한 사람은 없다. 대부분의 경우 멘토들은 어린 제다이 기사 같은 젊은 수련생을 데리고 있다는 사실만으로 뿌듯한 자아 존중감을 느끼는 것 같았다. 그러니 어서 멘토를 구해 스스로를 가치 있는 사람으로 만들어라. 여러분만의 오비완 케노비를 찾으라는 말이다.

멘토와 교류하면서 그들의 지식으로부터 어떤 혜택을 보기를 원한다면 마음가짐을 똑바로 할 필요가 있다. 항상 자신과 타인 모두를 존경하는 마음을 갖도록 하라. 그렇지 않다면 마치 "나는 충분히 똑똑하고, 아는 것도 충분합니다. 내게 당신이 필요한 이유가 뭐겠어요?"라고 말하는 것같이 보일지 모른다. 모든 사람은 가치가 있다. 누군가를 만나 도움을 구할 때면 언제나 그 과정에서 그만의 보석을 발견하게 될 것이다.

멘토는 모든 곳에 있을 수 있다. 그들은 그야말로 어디에나 다 있다. 한번은 철물점에서 쇼핑을 하다가 어떤 사람을 만났다. 그는 맨해튼에 아파트를 소유하고 있으면서 그 철물점에서 일하고 있었다. 여러분이 미국 동북부 출신이 아닌 경우를 대비해 말해주자면, 맨해튼의 아파트는 결코 싸지 않다. 그런가 하면 그는 한때 레스토랑을 디자인하는 일을 했고, 그것이 전국적인 체인이 되었다고 한다. 스트레스가 심각하니 이제 그만 쉬라는 의사의 충고를 받을 때까지 그는 한 해에 50만 달러에 가까운 돈을 벌었다. 이제 그는 주택 수리와 관련된 일을 설렁설렁 하면서 일주일에 20시간 정도를 일하고 그 외의 시간에는 다른 사람들을 만나 얘기를 하면서 소일한다(그는 철물점에서 일하면서 자신의 빌딩에 필요한 각종 물품을 살 때 직원으로써 받는 할인을 매우 만족스럽게 여기고 있었다).

그는 정말로 지식의 창고 그 자체였다! 그는 레스토랑을 여는 데 필요한 각종 수치들을 밑바탕에서부터 다 알려줄 수 있는 사람이었다. 레스토랑을 여는 데 얼마나 시간이 오래 걸리는지, 어떤 종류의 허가가 필요한지, 또한 각종 비품을 들이는 데 어느 정도의 비용이 드는지, 레스토랑 주인은 각각의 메뉴를 만들 때 생산비의 관점에서 얼마만큼의 돈을 써야 하는지 등등에 대해서 말이다. 놀랍게도 그가 '퇴직한' 이후 여섯 달 동안 그에게 이런 걸 묻는 사람이 아무도 없었다고 한다. 다른 사람들에게 그는 단지 오렌지색 앞치마를 두르고 명찰을 단 점원일 뿐이었고, 나사와 못은 어느 통로에 있는지, 어디로 가야 집 싱크대에 맞는 교환 와셔를 살 수 있는지를 알려주는 사람일 뿐이었다. 얼마나 큰 낭비인가! 내가 만약 레스토랑 사업을 시작한다고 한다면 누구에게 가장 먼저 연락을 할지는 분명하다. 내가 확실히 말할 수 있는 것은 누군가 그에게 멘토가 되어달라고 부탁하면 그는 자신이 아는 모든 것을 다 나누어줄 것이라는 점이다.

그의 자녀들은 아버지를 어떻게 생각할까? 가치 있는 경험과 지식의 보고로 여기고 있을까? 절대로 그렇지 않을 것이다. 그는 단지 그들의 아버지일 뿐이다. "뭐, 아버지가 레스토랑과 관련된 일을 했고 전국적인 사업을 하셨다는 것은 잘 알지요. 하지만 무슨 일을 하셨는지 정확하게는 모르겠어요. 아마 분명히 잘하셨을 거예요"라는 정도의 이야기만 할 수 있을 것이다. 이들은 분명 아버지와 매우 가까운 사이일 것이 분명하지만 아마도 시간을 들여 그가 알고 있는 바를 모두 가져가려는 시도는 하지 않았을 것이다. 어딘가에는 분명히 모든 지식과 인생에 관한 깊은 이해를 지닌 사람이 있을 텐데 아무도 그들에게 그 지식을 묻지도 않고, 심지어 신경도 쓰지 않는다.

대부분의 사람들은 나이가 많은 할아버지나 할머니를 보면서 그들이 결코 중요한 사람들이 아닐 거라고 단정 짓는다. 만약 그가 그렇게 중요한 사람이라면 어째서 그렇게 막다른 골목에서 일을 하고 있겠어? 적어도 6만 달러짜리 차는 몰고 2000달러짜리 정장은 입고 있어야 하지 않아? 그 할아버지는 단지 크게 소리 지르며 배관 용품을 팔고 있을 뿐이잖아. 도대체 내가 그런 사람으로부터 뭘 배울 수 있단 말이야? 저분은 커뮤니티 센터에서 자원 봉사하는 할머니일 뿐이고, 저 노인은 백화점에서 손님에게 인사하는 불쌍한 사람일 뿐이야.

하지만 진정한 패배자는 성공으로 포장되어 있지 않다고 해서 그런 지식과 정보의 다이아몬드 광산을 그냥 지나치는 바로 그들이다. 성공한 것처럼 보이는 복합된 이미지는 사실 다른 사람의 진정한 모습을 보지 못하게 만드는 허상일 뿐이다. 그런데도 우리는 금광을 지나치고 있다는 사실조차 인식하지 못하면서 이런 귀중한 사람들을 매일 그냥 지나치고 있다.

물론 도널드 트럼프와 빌 게이츠가 폭스바겐 차를 세우고 청바지에 땀이 젖은 셔츠를 입은 채로 차에 기름을 넣고 있다면 그런 모습이라고 해도 분명 우리는 그들을 알아볼 수 있을 것이다. 혹은 우리가 제일 좋아하는 힙합 가수나 R&B 아티스트가 슈퍼마켓에서 바로 뒤에 서 있다면 역시 즉시 알아볼 수 있을 것이다. 타블로이드판 신문들은 대중이 알아보지 못하도록 노력하는 유명 인사들의 모습을 사진 찍어 보여주는 것을 매우 좋아한다. 마치 "잡았다! 잘도 변장했군요"라고 말하는 듯하다. 하지만 여기에 여러분의 눈을 번쩍 뜨이게 할 수치가 있다.

2007년에 〈포브스〉가 선정한 전 세계의 억만장자 946명의 리스트 중에서 당신은 과연 몇 명이나 알아보겠는가? 만약 이들 중 한 명이 나와 함께 택시를 탄다면 어떨까? 그들이 오래된 픽업트럭의 창문을 내리고 길을 물어본다면? 그들이 만약 우리 자녀가 다니는 바로 그 탁아소에서 손자, 손녀를 데려가는 길이라면? 혹은 그들 가족이 공원 에서 우리 아이에게 우연히 함께 놀자고 했다면? 해변에서 낚시를 하 고 있는데 이들 중 한 명이 아내와 함께 걷다가 나에게 다가와 조개껍 데기를 주우며 낚시가 잘되어가냐고 묻는다면? 내가 무슨 말을 하려 는지 알겠는가?

그러니 당신이 어느 곳에 있든 사람을 만나면 절대로 겉모습으로 그들을 평가하지 마라. 시간을 내어 그들이 어떤 사람인지 묻고 항상 놀랄 준비를 하라. 대부분의 경우 당신이 백만 년이 지나도 감히 생각 도 못할 삶과 취미를, 그리고 직업을 갖고 있을 것이다. 그렇다면 모 든 사람이 다 멘토가 될 수 있는 자질을 갖고 있을까? 물론 그건 아니 다. 그러나 우리는 항상 공을 던질 준비를 하고 있어야 한다.

내가 자라온 과정이 지금의 내가 되는 데 일정 부분 영향을 미쳤다고 믿는다. 모든 것은 사실 집에서 시작되었다. 부모님은 내게 읽고 쓰는 법, 질문을 잘하는 법, 그리고 무엇보다도 권위에 대해 존중하는 법을 알려주었다. 그게 멘토링과 무슨 상관이 있을까?

■■■ 스스로에 대해 존경하는 마음이 없으면 다른 사람도 존중할 수 없다. 다른 사람에 대해 존중하는 마음이 없으면 그들이 가지고 있는 지식도 존경하기 어렵다.

이런 환경이나 배경에서 자라지 않았다고 해도 이 말이 옳다는 것은 알 수 있을 것이다. 스스로에 대해 존중하는 마음을 갖는 것은 결국 다른 사람을 존중하는 마음과 함께 시작된다. 자기 자신을 가치 있게 여기지 않는다면 다른 사람에 대해서도 가치를 부여하지 않을 테고, 그 사람들을 자기 인생에 받아들이려 하지 않을 것이다. 다른 친구들이나, 특히 어른들을 존경하지 않는 것도 괜찮다고 여겨졌다면 여러분은 완전히 새로운 교육을 받아야 한다. 여태껏 교육받은 그 방식을 계속 고수한다면 성공의 희망으로부터 스스로를 차단하고 말 것이다. 오늘 당장 새로운 길을 시작할 수 있고, 성공으로 가는 길에서 도움을 줄 여러 종류의 사람들을 만날 수 있다.

■■■ 존경하면 존경을 받게 된다. 하지만 불경한 마음은 다시 불경을 부른다.

주는 대로 받는다. 결국 모든 것은 다 연결되어 있기 때문이다. 결국에는 다 돌아오게 되어 있다. 이제 남은 것은 여러분 자신의 선택뿐이다. 만약 주변 사람들을 존경하는 시선으로 바라보기로 마음먹었다면 그들과 대화를 나누고 그들의 삶과 그 밖의 모든 것에 대한 질문을 던져라. 당신의 꿈을 이루는 데 도움 되는 것이 얼마나 많이 돌아오는지 보라.

성공을 위한 멘토 찾기
■ □ ■

만약 어떤 특정 사업이 흥미를 자극한다면 밖으로 나가 현재 그 일을 성공적으로 하고 있는 사람을 찾아보라. 나는 멘토를 삼을 때 현재 활발하게 활동하고 있는 사업가나 경영진을 선호하는 편이다. 나는 전에 실제로 전화번호부를 펼치고 어느 회사에 전화를 한 적이 있다. 그러나 멘토를 찾는 더 좋은 방법이 있다. 제일 좋은 방법은 직접 그를 소개해줄 누군가를 찾는 것이다.

은행가나 변호사, 회계사들은 모두 잠재적으로 멘토가 될 수 있는 사람들로 가득한 '연락처 파일'을 보유하고 있으며 대개 이들을 추천해주는 것을 매우 긍정적으로 생각한다. 나는 항상 멘토가 되어줄 수 있는 사람에게 소개해 달라고 요청하는데 어떤 사람들은 바로 전화를 들어 그 사람에게 나를 연결시켜준다. 또 어떤 사람은 셋이 점심을 함께하는 자리를 마련하기도 한다. 그보다 더 좋은 일은 없다.

전문 직업 협회 역시 훌륭한 멘토 공급처다. 각 종류의 직업과 사업적 흥미를 대표하는 협회가 다 있다. 비즈니스 클럽과 시민 사회 클럽 역시 활용할 수 있다. 라이온스 클럽과 키와니스 클럽, 로터리 클럽, 지역상인협회, 상공회의소 등을 생각해보라. 이들 중 어떤 곳은 정식 멘토링 프로그램을 운영하고 있어 원하는 사람과 직접 연결해주기도 한다. 하지만 대개는 그들의 사무실에 전화를 하거나 혹은 그들이 주재하는 회의에 참여할 수 있도록 1:1 추천서를 써줄 것이다. 이런 단체에 가입하는 것도 한 번쯤 생각해볼 만한데 약간의 돈을 지불해야 할 경우도 있다.

어떤 방식을 쓰든지 간에 당신에게 도움을 줄 사람들의 연락처를 찾도록 하라. 하지만 맨 처음 대화를 할 때는 기회를 서로 알아가는 과정으로 삼아 서로의 성격이 잘 맞는지 알아보고 몇 가지 질문을 던지자(그들이 여러분의 필요에 딱 맞는 사람인지 알아보는 인터뷰를 하는 것이다). 항상 기억하도록! 여러분이 바로 가이드를 요구하는 사람이다.

항상 열린 마음을 가지고 친절하게 듣도록 하라. 너무 성급하게 판단하지 말라. 초면에 보일 수밖에 없는 주저함이나 딱딱함을 그 사람의 전부로 판단하지 말라는 것이다. 쇠는 쇠를 날카롭게 만든다. 첫 번째 대화의 주요 목적은 둘 사이의 흐름이 잘 맞는지 그냥 한번 보는 것이다. 잘 맞는다는 생각이 들면 얼굴을 맞댄 첫 만남을 가져도 좋다. 대부분의 경우 첫 번째 연락은 전화로 이뤄진다. 위대한 멘토들은 대개 매우 바쁜 사람들이고 시간을 낭비하고 싶어하지 않는다. 때로는 첫 번째 만남이 소개하는 사람을 포함해 세 명이 함께 만나는 직접 대면이 되기도 한다.

일단 잠재적 멘토 대상자와 만나게 되면 공손하게 직업과 사업에 대해서 묻고, 그가 갖고 있는 통찰력과 현재 그가 이룩한 모든 것을 달성하도록 도와준 많은 것들을 기꺼이 당신에게 나누어줄 의향이 있는지를 물어라. 그가 좋다고 하면 함께 점심을 먹으며 그의 경험과 전망에 대한 의견을 나누자고 제안하라.

용기를 모두 모아 말하라. "비즈니스에서 성공하는 방법을 배우고 싶고, 만약 선생님께서 편한 시간을 내어 제게 그 일부를 말씀해주신다면 정말로 감사하겠습니다. 제게 시간을 내주신다면 제가 점심을 대접하겠습니다"라고. 대부분의 사업가들은 이 말을 듣고 매우 흡족해하며 자신의 몇 분을 기꺼이 내어줄 것이다. 사람들이 정말 좋아하는 것이 하나 있다면 그건 바로 자기 자신에 대해서 이야기하는 것이기 때문이다.

대부분의 경우 이런 종류의 사람들은 식사를 할 때 자신이 계산서를 들고 나가 식사 값을 지불하는 위치에 있을 것이다. 이들은 어떤 식사라도 쉽게 돈을 낼 능력이 되겠지만 누군가 그들에게 점심을 사겠다고 제안을 하는 건 아주 신선한 변화가 될 것이다. 적당한 식당을 찾아 들어가라. 더 좋은 것은 어디에서 식사를 하고 싶은지 먼저 묻는 것이다.

정말 필요한 정보를 얻기 위해서 미리 묻고 싶은 질문의 목록을 작성해두는 것이 좋다. 그들 앞에 앉았을 때 필요한 정보를 얻기 위해서 물을 수 있는 질문들을 여기 소개한다. 어떤 특별한 순서를 가지고 만들어진 것은 아니며 여기에 열거되어 있지 않은 다른 즉흥적인 질문들을 얼마든지 더할 수 있다. 이것을 토대로 여러분만의 질문 목록을 만들 수도 있을 것이다. 제일 중요한 것은 멘토를 만날 때는 항상 준비가 되어 있어야 한다는 것이다.

- 어떻게 사업을 시작하게 되셨습니까?
- 어떤 종류의 교육이나 훈련 프로그램이 가장 큰 도움이 되었습니까?
- 사업하는 과정에서 도움을 준 사람은 누구입니까?
- 맨 처음에 자본금은 얼마를 가지고 시작했습니까?
- 이런 종류의 사업에서 자본을 구할 수 있는 가장 좋은 곳은 어디입니까?
- 성공하는 데 제일 필요했던 것은 무엇입니까?
- 이 사업에서 제일 어려웠던 점은 무엇입니까?
- 이 사업에서 제일 좋아하는 점은 무엇입니까?
- 반대로 제일 어려운 점은 무엇입니까?
- 고객을 끌어들이는 가장 큰 요소는 무엇입니까?
- 이 사업을 하고 싶은 사람에게 당신은 어떤 조직을 추천하겠습니까?
- 당신이 가장 유용하고 혜택을 많이 받았다고 생각하는 지역 단체는 어딥니까?
- 만약 새로 사업을 시작한다면 어떤 일부터 하겠습니까?
- 당신이 저질렀던 실수들 중에서 가장 큰 실수는 무엇입니까?
- 제일 커다란 성취는 무엇이었습니까?
- 이 사업의 미래는 앞으로 어떻게 될 것이라고 생각하십니까?
- 나 같은 사람에게 이 사업을 추천하시겠습니까?
- 오늘날 이 사업을 시작하는 사람이 취할 수 있는 최상의 방법은 무엇이라고

운이 좋다면 자신이 하는 일을 사랑하고 자신이 갖고 있는 열정을 당신에게 전해줄 사람을 만나게 될 것이다. 당신을 자극할 수 있는 그런 사람 말이다. 그러나 만약 그가 낙담케 하는 말만 하거나 부정적인 말만 골라서 한다면 그들이 하는 말을 자세히 듣긴 하되 그 부정성이 전염되지 않도록 조심하라. 다른 사람을 찾아서 다른 관점의 의견을 들어보는 것이 좋다. 더 많은 사람의 의견을 들을수록 당신이 관심 가진 그 직종에 대한 더 명백한 그림이 그려질 것이다.

어쩌면 그 사업이 그다지 대단한 것이 아니라는 사실을 발견하게 될지도 모른다. 몇 년 전에는 시장 상황이 상당히 괜찮았는데 지금은 변했을지도 모른다. 만약 부정적이고 행복하지 않은 사람을 만나게 됐다면 그의 사업이 쇠락하고 있거나 건강이 예전처럼 좋지 않기 때문일 수 있다. 아니면 사업을 하는 데서 이전 같은 즐거움을 느끼지 못하고 있을 수도 있다. 그럴 경우에는 그에게 보다 직접적으로 뭐가 잘못되어가고 있는지, 혹은 왜 그렇게 침울해하고 있는지를 묻는 것이 좋겠다. 그 대답은 당신이 앞으로 잘못할지도 모르는 실수들을 미리 피하는 아주 귀중한 정보가 될 수 있기 때문이다.

가장 중요한 것은 여전히 그 사업에서 활발하게 활동하고 있는 사람을 만나 그들과 이야기를 나누는 것이다. 그럴 경우 그 사업의 진짜 모습, 밖에서의 관점과 내부에서의 관점, 사업이 잘될 때와 안 될 때를 알게 될 것이고 책에서는 절대로 찾아볼 수 없는 현장감을 느낄 수 있을 것이다.

첫 번째 만남이 성사되고 난 이후에는, 반드시 이메일이 아닌 손으로 쓴 감사 편지를 보내도록 하라. 물론 이메일을 쓸 수도 있지만 손으로 쓴 편지가 더 눈에 잘 띄고 감사의 마음을 더 잘 드러낼 수 있다. 그런 후 다음에 그 사람을 다시 보게 되었을 때 인사하고 당신을 다시 소개하라. 그는 아마도 잊지 않고 있겠지만 만약 제대로 기억해내지 못할 때에는 그의 기억을 떠올리게 하는 말들을 나누어라. 이런 말들이 오히려 새로운 대화를 시작할 수 있는 문을 열어줄 것이다.

어쩌면 그 사람을 다시 방문할 만한 그럴듯한 이유를 만들어내고 싶을지도 모른다. 따라서 첫 번째 만남이 다 끝나기 전에 잠재적으로 두 번째 만남을 약속할 수 있는 무언가를 만들어놓는 것이 좋다. 이는 그 관계를 더 신선하게 만들고 더 훌륭한 비즈니스 관계로 이끌어준다. 게다가 그 멘토는 정말 귀중한 안내자가 될 수 있을지도 모른다. 평소에는 절대로 볼 수 없는 기회의 문을 쉽게 열어줄 수도 있다.

기업 사장이나 한 지역의 유력인사를 만나 비즈니스 계약을 논의할 기회를 갖는 것은 만나는 것조차 매우 어려운 것이 사실이다. 하지만 아주 경험이 많은 퇴역 군인이나 지역의 유력인사가 당신을 추천해준다면 이런 사람들의 네트워크와 그들이 속한 세계에 접근할 수 있는 즉각적인 '프리패스'가 될 수 있다.

이렇게 관계를 맺게 되었다면 그 멘토와의 관계를 마치 결혼과도 같이 생각하라. 하는 시늉만 내고 이 관계를 발전시키기 위해 어떤 노력도 기울일 생각이 없다면 이는 당신의 시간과 그들의 시간을 낭비하는 셈이며 궁극적으로는 이 관계가 그다지 도움이 되지도 못할 것이다. 그런 종류의 이기심은 결국 겉으로 드러나기 때문이다. 먼저 이 관계가 양쪽 모두에게 윈-윈이 되어야 한다는 것을 명심하고 양쪽 모두에게 귀중한 관계가 되도록 실질적인 노력을 기울여야 한다. 무관심, 무지, 게으름은 계속하여 성공을 막는 걸림돌이 된다. 그리고 이 세상의 많은 사람들이 기꺼이 물려주고 싶어하는 유산을 받지 못하게 된다.

결국 당신을 멘토링하는 것은 한 사람의 직접적 자아의 발현이다. 내 말을 주의 깊게 듣기 바란다. 나는 성공한 사람 중에 다른 사람의 인생에 영향을 줄 수 있는 멘토가 되기를 원하지 않는 사람을 본 적이 없다.

■■■ 멘토는 마치 시간을 들여서 그 안에 있는 귀중한 것을 파기로 한 사람에게는 정보의 다이아몬드 광산과도 같다.

《내 인생의 다이아몬드(원제: Acres of Diamonds)》(1960)라는 대단한 책이 있다. 아주 짧기 때문에 반시간이면 충분히 읽을 수 있다. 이 책은 6000회 이상의 강연을 했던 러셀 콘웰이 했던 연설을 담은 것이다. 책의 내용 중에는 어디론가 미지의 세계로 떠나고 싶은 마음에 돈 몇 푼에 자기가 가진 땅을 팔고 다이아몬드를 찾아 나선 한 농부의 이야기가 있다. 하지만 그 농부는 결국 모든 것을 잃고 죽는다. 그러던 어느 날 어떤 상인이 그 땅 주변을 지나가다가 시냇물에 있는 검은 돌들을 발견한다. 그 돌은 햇빛에 반짝거리고 있었는데 그는 그 돌이 자신의 외투에 아주 잘 어울리겠다고 생각하고 줍는다. 그 돌이 바로 정제되기 전의 다이아몬드였다! 그 농장 전체가 세계에서 가장 큰 다이아몬드 광산, 골콘다가 되었다. 결국 그 농부는 다이아몬드가 가득한 수만 평의 자기 자신의 땅을 두고 큰돈을 벌어보겠다며 도망치듯 떠난 것이다.

1847년 캘리포니아 출신의 한 남자는 '금 열병'에 걸려 그의 농장을 수터 대령에게 팔고 떠났다. 대령은 그 영토에 방앗간을 세웠다. 하루는 수터의 딸이 시내에서 '보기 좋은 모래'를 발견했는데 이때부터 수터 대령의 방앗간이 있는 바로 그곳으로부터 캘리포니아의 골드러시가 시작되었다.

농부의 시냇가에 있었던 다이아몬드처럼, 혹은 캘리포니아 농부가 두고 떠났던 금처럼 우리 주변에는 그저 와서 데려가주기만을 바라는 정보와 지식 그리고 경험이라는 보석이 가득하다. 필요한 지식을 모두 갖춘 멘토는 당신의 회사에게는 다이아몬드보다 더 귀중하고 현금 투자보다 훨씬 더 가치가 있다. 당신은 사업상의 결정을 더 강하고 더 빠르고, 더 현명하게 내릴 수 있게 된다. 그들의 지식에 접근할 수 있다면 모든 성공의 비결이 다 적혀 있는 완벽한 또 하나의 사업 계획을 갖고 있는 것이나 다름이 없다.

멘토는 아주 가까이에 있으며 당신이나 내가 갖고 있는 어떤 자산보다도 많은 경험을 한 사람들이다. 이들과의 관계로 인해 정말 놀라운 사업상의 경험을 할 수 있다. 마치 은행에 있는 돈이 쌓여 있는 것처럼 수많은 사람과, 전 세계에 걸쳐 인연을 맺게 해줄 것이다. 사실 이런 인연들은 돈보다 훨씬 더 가치가 있다. 이들이 결국 새로운 사업을 시작하고자 할 때 그 문을 활짝 열어줄 것이기 때문이다. 이런 네트워크는 당신이 사업을 하는 데 큰 도움이 될 서비스와 사람을 찾을 수 있도록 도움을 줄 것이다. 또한 사업이 성장하게 되면 수백만 달러의 자금에 접근할 수 있도록 도와줄 것이다. 그들은 당신이 이전에는 존재하는지 알지도 못했던 자금의 다양한 원천을 열어준다.

"알고 있는 것이 아니라 알고 있는 사람이 당신을 규정할 것이다."라는 말을 들어본 적이 있는가? 때때로 필요한 연줄을 확보한 사람들은 시장에서 뚜렷한 경쟁력을 보인다. 더 많은 사람을 알고 있을수록 성공이, 직업을 구하고 원하는 걸 얻는 것이 훨씬 쉬워진다. 이는 모두 그들의 이름 때문이며 그 이름이 비즈니스 세계와 커뮤니티에서 갖고 있는 영향력과 존경심 때문이다. 성경에서 좋은 이름이 금이나 은보다 낫다고 말하는 건 전혀 놀랄 일이 아니다.

> ▪▪▪ 많은 재물보다 명예를 택할 것이요, 은이나 금보다 은총을 더욱 택할 것이니라.(잠언 22:1)

밖으로 나가 활발하게 활동하는 사업가들과 대화를 나누면 당신에게 문을 열어주고 미래로 가는 길을 발견하게 도와줄 가치 있는 멘토링 연락처들을 확보할 수 있게 될 것이다. 내가 그동안 했던 모든 사업에서 멘토들은 내게 길을 보여주었다. 그들이 없었다면 사업에 필요한 지식을 얻는 데 더 많은 시간이 걸렸을 것이다.

사실 나는 사업을 시작할 때, 특히 경험이 없는 사업을 시작할 때는 절대로 멘토 없이는 시도할 생각도 하지 말라고 사람들에게 항상 말한다. 내 말을 믿기 바란다. 멘토가 없이 창업이라는 모험에 뛰어드는 것은 마치 사업상의 자살을 선택하는 것과 같다.

사람들은 어찌된 일인지 자기가 모든 실수를 반복해야 한다는 의무감을 지고 있는 것처럼 보인다. 또한 어려움을 참고 이겨내면서 자기 사업의 궤도를 새로이 만들어내려 한다. 또한 그렇게 하는 데 일종의 자랑스러움을 느끼는 것 같다. "그들은 무엇을 해야 하는지에 대해서 다른 사람에게 이야기를 들은 적도 없대요. 저 사람들은 자기만의 방식으로 일해 성공했어요"라는 말을 들으면서 말이다. 그러나 그들은 단지 팀을 꾸리는 데 매우 불편함을 느끼는 사람일 뿐이다. 그리고 대개 그것이 그들의 자존감이나 자신감 혹은 자아에 해가 되기 때문이다. 나의 고모가 늘 말씀하시던 것처럼 그들을 '어려운 길'을 걸어가는 것이다.

나는 할 수만 있다면 쉬운 길로 가고 싶다. 그리고 누군가 이미 경험해본 사람, 지식이 있는 사람을 찾아내서 그들의 조언을 활용하고 싶다. 물론 그 조언을 받아들이는 데는 나만의 필터가 있어야겠지만 어쨌든 실제로 들어보아야 한다. 그러면 몇 년의 경험치를 얻게 된다. 다른 사람이 이미 했던 실수를 모두 반복할 필요는 없다. 정말 단순한 과정인데 사람들은 "그래, 하지만……" 하면서 이 모든 것을 다 어렵게 만들고 있다.

■■■ 우리는 우리가 경험해보지 않은 것은 알 수 없다.

사람은 자신이 모든 것을 다 알고 있다고 생각하기가 쉽다. 하지만 실제로는 많은 경우에 필요한 답을 찾아내기 위해서 어떤 것을 물어야 할 것인지조차 모를 때가 많다. 인생에서든, 비즈니스에서든 말이다. 나의 경우는, 나는 정말 필요한 도움은 모두 다 받고 싶다.

나는 어린 나이에 사업을 시작했고, 첫 번째 회사를 운영할 때는 너무 어려서 내 이름으로 된 계좌조차 갖지 못했다. 그래서 부모님이 나 대신 해주셔야 했다. 그러나 나는 내가 모르는 일이나 나 혼자의 힘으로는 할 수 없는 일이 내가 필요한 것을 얻는 과정을 막도록 하지는 않았다. 내 자아나 잘못된 자신감 때문에 "나는 도움이 필요해요"라고 말하지 못하는 건 어리석다고 생각했다. 다른 사람들은 내가 자존심이 없어 보인다고 말할지도 모르겠다.

나는 너무 어려서 시작했기 때문에 내가 아직 모르는 것이 너무 많다는 점을 잘 인지하고 있었다. 나는 내가 필요한 지식을 찾아 나서야 한다는 것을 잘 알고 있었지만 내가 얼마나 모르는지에 관해서는 알 방법이 없었다. 그리고 지금도 역시 나는 계속 배우고 있다. 여전히 나는 멘토를 찾아다니고 있다.

나는 모든 것을 멘토로부터 배웠다

■ □ ■

내가 아는 것의 대부분은 흥망성쇠를 모두 거치며 시간을 보낸 다른 사람, 즉 멘토들에게서 배운 것이다. 나는 그들이 배운 교훈을 그대로 배운다. 또한 그들의 성공과 실패로부터 배우기도 한다. 이런 이유로 내가 배운 것은 대부분 멘토들로부터 배웠다고 말하는 것이 옳다.

여기 구체적인 예가 있다. 고등학교에 다닐 무렵 나는 워크-스터디 프로그램에 등록해서 하루의 반은 학교에서 공부하고 나머지 반은 기업에서 인턴으로 일했다. 거기서 존 밴더웰이라는 사람 밑에서 일할 기회를 얻었다.

존은 남아프리카 출신이었다. 남아프리카의 백인이었던 것이다. 그리고 나는 당시 미시시피 주에서 온 왜소하고 작은 흑인 아이였을 뿐이다. 하지만 당시 그와 맺은 관계로 인해 고등학교를 다니며 나의 첫 번째 인터넷 기업을 세울 수 있었다. 그는 '테바'라는 제약회사의 전 CEO이자 당시에는 의약 제품 검증 회사인 클린트하우스의 CEO였다. 그는 비즈니스와 계약 체결뿐 아니라 성과가 거의 없는 기업을 다시 회생키는 데도 아주 경험이 많은 사람이었다. 나는 그가 컨설팅 세션을 진행할 때 필기를 하면서 그 자리에 앉아 몰래 모든 것을 관찰했다. 마치 스펀지처럼 모든 정보와 지식을 흡수했다.

나는 그저 회사에 나가 시간만 때우지 않았다. 필요한 일이라면 무슨 일이든지, 그게 얼마의 시간이 걸리든 상관없이 했다. 직원들의 잔심부름을 하기도 했고 서류 정리도 했으며 다른 수많은 기업들의 리서치도 했고 다른 사장들을 만나는 데 따라가기도 했다. 정말 많은 일을 했다. 돈은 조금도 받지 못했지만 기업을 이해하는 데 있어서는 금쪽같은 지식을 얻었다.

나는 이 사내와 일주일에 60시간 혹은 80시간을 일했고 심지어는 주말에도 일을 했는데, 그렇게 3~4년을 보냈다. 내 친구들은 모두 나더러 미쳤다고 했다. 그가 나를 이용하고 있다면서 그를 고소해야 한다고 말하기도 했다. 친구들은 모두 돈을 벌 수 있는 일, 이를테면 동네 햄버거 가게 등과 같은 일을 구했다. 그러나 존은 내게 왜 회사가 망하는지 연구하도록 했다. 왜 그들이 망해가고 있는지, 그리고 그들을 회생시키려면 무엇이 필요하겠는지 말이다. 그렇다면 이렇게 오랜 시간 투자한 대가로 내가 받은 것은 무엇이었을까?

내 나이 불과 열넷 혹은 열다섯에 나는 이미 성공한 비즈니스 사업가로 둘러싸인 환경 한복판에서 쓰러져가는 수많은 기업에 대한 연구를 했다. 나는 그때 어떻게 회사를 운영해야 하는지 배웠고 모든 계약을 어떻게 활용하는지도 알아냈다. 또한 회사를 움직이는 것이 무엇인지, 무엇이 회사를 죽이는지도 깨달았다. 그 결과 새로운 벤처기업들을 보면 대부분의(95퍼센트 혹은 그 이상이 될 수도 있다) 회사가 망하는 공통된 실수가 뭔지 알게 되었다. 물론 그 외에도 그다지 일반적이지 않은 실패의 원인들도 잘 알고 있다. 사업을 할 때 어떤 것을 추구해야 하는지, 무엇을 피해야 하는지 알았다. 또한 헐값에 나온 회사를 다시 수익성 있는 회사로 만들기 위해서 무엇을 해야 할지도 안다. 현재 그 회사를 소유하고 있는 사람이 회사를 살릴 수 있는 모든 비법을 알려줄 멘토를 찾아내는 데 충분한 시간을 들이지 않았기 때문에 알지 못하는 정보들을 나는 갖고 있기 때문이다.

지금 나는 어떤 부실 자산이라도 가져다가 다시 제 기능을 하도록 만들어 수익을 내는 비법을 알고 있다. 사실 그래서 내 모든 사업 계획을 한 문장으로 요약할 수 있다. 그게 부동산이든, 석유나 천연 가스든, 기술이든, 어떤 영역이든 상관이 없다. 오너들이 그 사업체를 지키기 위해 긴급 자금을 진작 요청할 거라고 생각하는가? 아니다, 절대 그렇지 않다. 그들은 단지 회사를 팔아치우고 돈을 요구할 뿐이다.

먼 길을 돌아가면서 수많은 구멍에 빠지고 수많은 실수를 반복하는 것 대신 나는 빠른 길을 택했다. A부터 Z까지 모든 단계를 10년에 걸쳐 가는 대신 나는 2년 안에 가는 길을 택했다. 나는 지금 (멘토로부터 배운 지식을 토대로) 부실한 회사나 자산을 싼 값에 사들여 우리 회사의 일원으로서 다시금 이윤을 창출하도록 만들고 있다.

나는 나의 멘토 역할을 해주는 존에게 내가 할 수 있는 책임을 다하려고 했다. 그의 충고를 들어보고 내키면 받아들이고 그렇지 않으면 무시하는 그런 태도를 취하지 않았다. 열심히 일하며 그의 지도를 구했으며 그런 후에 그가 하라고 하는 것은 아무리 불편하게 느껴지더라도 했다. 끊임없이 배우고 발전해가야 하는 그 과정은 정말 녹초가 될 만큼 힘든 것이었다.

당시에는 실제로 사업하는 사람들이 잘못하고 있는 것이나 잘하고 있는 것을 배우는 이 모든 과정이 훗날 내 성공에 얼마나 직접적으로 영향을 미칠지에 대해서 알 길이 없었다. 실패하는 사람들은 그저 자리에 앉아서 시장이 안 좋았다느니, 관리진이 엉망이라느니, 그 지역에 경쟁이 심해 포화상태라느니, 대규모 상점이나 인터넷 업체들과는 경쟁을 하는 것 자체가 불가능하다느니 하는 말들을 늘어놓았다. 정말 나는 그곳에서 변명이란 변명은 다 들어본 것 같다. 그런 상황에서 존은 우리 팀을 이끌고 가서 적자를 보는 그들의 기업을 수익을 내는 업체로 바꾼 후 애초에 들인 돈보다 더 많은 돈을 받았다.

이 과정을 내가 모두 다 배울 수 있었던 것은 오랜 시간 동안 일하는 것을 마다하지 않았으며 그가 내게 맡긴 책임을 다했기 때문이다. 이것은 모두 의식적인 결정을 내리려는 내 결심으로 거슬러 올라간다. 나는 내가 원하는 것을 배우기 위해서 어떤 대가가 없더라도 존에게 책임을 다하는 사람이 되고 싶었다.

존은 내게 1:1로 자신이 아는 지식을 알려주고, 현장 교육을 시켜주고, 내가 읽어야 할 책을 알려준 다음 읽어 오라는 숙제를 내주며 나를 집으로 보냈다. 그런 후 다음에 만나면 내가 책에서 배운 것들을 때로는 사람들 앞에서 공개적으로 묻곤 했다. 그는 내가 배운 것을 나의 언어로 설명하길 원했다. 때로는 책 내용에 대해서 내가 그에게 더 많은 질문을 하기도 했다. 물론 그는 질문에 대한 답을 모두 은쟁반에 담아 내게 가져다주지는 않았다. 그는 내가 스스로 노력하게 했다. 만약 그렇게 하지 않았다면 지금 아는 많은 것들을 결코 알지 못했을 것이다. 내가 우리 회사 중 하나에 'Own the Pond(호수를 소유하라)'라는 이름을 붙인 것은 이 때문이었다. 존이 자주 하던 말이 "네가 어떤 사람에게 물고기를 잡아주면 그가 하루는 먹을 수 있을 것이다. 하지만 그에게 물고기를 어떻게 잡는지 그 방법을 가르쳐주면 이것은 그에게 평생 먹고 사는 법을 알려주는 것이다"란 것이었기 때문이다. 그는 나를 먹였고, 어떻게 물고기를 잡는지 그 방법을 알려주었으며, 결국은 호수 전체, 즉 '자신의 지식'이라는 호수를 내게 주었다. 그래서 나는 전 생애 동안 끊임없이 물고기를 공급받을 수 있었다.

나 역시 내 멘티가 될 가능성이 있는 고등학생이나 대학생 인턴들이 찾아오면 똑같은 일을 한다. '정상적인' 10대 청소년들이라면 읽으려고 하지 않고 읽고 싶어하지도 않을 책을 한 묶음 가져다준다. 그 책은 아마도 켄 블랜차드가 지은 《1분 경영(원제: The One Minute Manager)》이나 하비 멕케이가 쓴 《상어와 함께 수영하되 잡아먹히지 않고 살아남는 법(원제: Swim With Sharks Without Being Eaten Alive)》 등일 것이다.

그들이 내가 준 책을 실제로 읽기 시작하면 그 친구들은 "나는 당신이 알고 있는 것을 다 알게 되길 원해요. 다 배우기 위해서라면 무슨 일이든지 하겠어요"라는 말을 하게 될 것이라 생각한다. "필요한 무슨 일이든 다 할 거예요"라는 말을 하는 것은 매우 쉽다. 하지만 실제로 일이 주어지면 백 명에 한 명 정도만 실천을 한다. 필요한 마음가짐을 가지고 있다는 것이 검증되기만 하면 나는 그들의 그 마음을 성공의 패턴으로 바꾸어놓을 수 있다. 나는 설명과 실례를 들어 특정한 상황에 어떻게 적용할 수 있는지, 퍼즐의 모든 조각을 다 본 후에 머릿속에서 어떻게 그 모든 조각을 다 맞출 수 있을지 등에 대해 내가 가진 모든 지식을 나누어줄 수 있다. 모든 계약은 퍼즐이고 각각의 비즈니스 계약은 완성된 그림이다. 한 조각이 없어지면 결코 완벽한 그림이 될 수 없다. 또한 상태가 안 좋은 조각들이 많아지면 결국 전체적인 그림은 망치게 될 것이다.

예전에는 젊은이가 신발은 어떻게 만드는지, 혹은 빵을 어떻게 굽는지에 대해 배우고 싶을 때 몇 년 동안 책만 읽는 그런 일은 하지 않았다. 그 대신 신발 만드는 사람 혹은 빵 굽는 사람에게로 가서 견습공이 되었다. 그는 그의 멘토, 즉 스승을 그림자처럼 따라다니며 배우는 모든 것을 즉시 자신의 일에 적용하였다. 실제 사례로, 경험으로, 응용함으로써 일을 배우는 것이다. 물론 실수도 하겠지만 처음에 그에게 주어지는 책임은 작기 때문에 실수도 작은 것일 수밖에 없다. 그는 점차 성장하면서 더 많은 책임을 부여받게 될 것이다. 기초부터 차근차근 배웠기 때문에 점차 큰 업무를 맡을 수 있게 되고 결국 자신의 기술을 성공적으로 다 익히게 된다. 그가 비틀거린다고 해도 멘토는 항상 옆에 있을 것이다. 때로는 그를 교정해주기도 하고 때로는 실패하는 것도 그냥 내버려둔다. 그렇게 시행착오와 시도와 성공이 반복된다. 그는 배우고 일하며, 또 일하면서 배운다.

■■■ 말 자체는 의미하는 바가 아무것도 없다. 행동이 유일하게 중요한 것이다. 무엇인가를 하는 것 그것만이 유일하게 의미를 가지는 것이다. (어니스트 S. 게인스)

이는 정말 단순하게 들리겠지만 실제로 연습을 하는 과정은 매우 힘든 것이다. 거기에는 파티도 없고 술을 마시는 일도 없으며 다른 젊은이들이 당연히 자신의 것이라고 생각하는 온갖 화려한 것에는 관심을 끊은 채 오로지 오랜 시간 계속 일만 해야 함을 의미한다. 왜 그래야 하느냐고? 내 이야기를 하자면 나는 내 아버지가 걸었던 그 과정을 그대로 반복하고 싶지 않았다. 나는 그가 아직도 걸어가고 있는 그 길, 누군가 다른 사람 밑에서 30년 동안 일해야 하는 그것을 똑같이 반복하고 싶지 않았다. 나는 빨리 갈 수 있는 길이 있단 걸 알았으며, 그 목표를 달성하기 위해서라면 이성적인 범위 내에서 할 수 있는 모든 일을 하리라 마음먹었다. 그게 법적이며 도덕적이고 윤리적이고 적어도 한 번 이상 성공했다고 검증된 방법이기만 하다면 무엇이든 필요한 방법을 취할 것이다. 사실 이 마인드가 오늘날까지도 내가 어떤 비즈니스 벤처에 관여할 것인지의 여부를 결정하는 기준이다.

결국 중요한 것은 기꺼이 행동하고자 하는 마음이다. 알고 잇는 것을 생각만 할 것이 아니라 정보를 바탕으로 행동하여 더 큰 계약, 더 큰 아이디어를 향해 나아가는 것이다. 행동이 필요한 기회가 생길 때마다 알고 있는 것을 토대로 즉시 움직여라. 필요한 정보를 얻고, 자세히 살펴본 후, 결정을 빨리 내리도록 해야 할 것이다.

배운 것을 응용하기

■ □ ■

멘토링에서의 '응용' 과정은 그것이 훨씬 '실시간'적이라는 것을 제외하고는 다른 지식을 현장에 응용하는 것과 크게 다르지 않다. 멘토링으로 배운 것을 적용하는 일은 어느 정도 시간이 지나고 난 뒤에 시작하는 것이 아니다. 배우고 있는 것을 잘게 쪼개서 조각내어 점진적으로 조금씩 적용하는 것이다.

10년 정도 멘토의 발밑에 앉아서 뭔가를 들은 후에 실제 생활로 나아가 돈을 버는 것이 아니라는 뜻이다. 반드시 배우는 동시에 활용해야만 한다. 배운 것을 가지고 현장으로 나가 그것을 토대로 활용한다. 그리고 그 결과를 가지고 다시 멘토에게 돌아가 보고하고, 그 과정에서 일어난 문제점에 대한 교정을 받고 다시 시도한다. 그러는 동안에 새로운 지식과 새로운 정보를 습득하게 되며 동시에 그 새로운 지식을 다시 현장에서 테스트하게 된다.

백만 달러짜리 계약이어야 할 필요는 없다. 또한 거대한 세계 최정상급의 예술 작품이나 히트송일 필요도 없다. 처음에는 아주 작은 부분부터 검증해나가고 점차 그 범위를 넓혀나가라. 그러나 계속해서 앞으로 나아가려고 시도하기만 한다면 결국에는 그렇게 된다. 내가 처음에 사업을 시작할 때 아주 거대한 계약과 대단한 결정을 가지고 했을 것이라고 생각하는가? 물론 그렇지 않았다. 나는 당시 비디오게임을 갖지 못해서 징징거리는 것보다는 하나 새로 만드는 것이 낫겠다는 결정을 하고 일을 시작했다. 그리고 나서 각 단계가 가능하도록 만드는 조치들을 취해간 것이다. 그리고 나 자신을 위해 만든 그 상품을 가지고 나가서 실제로 팔기 시작했다. 또 다른 회사에서 사용할 수 있는 프로그램을 기획하여 돈을 벌면서 내가 획득한 그 지식을 사용하기 시작했다.

■■■ 성공은 행동하는 것과 분명 연관이 있는 것 같다. 성공하는 사람은 앞으로 움직인다. 실수도 하긴 하지만 그렇다고 해서 멈

추지도 않는다.(콘래드 힐튼)

또 다른 멘토를 찾고 또 다른 지식을 습득하는 과정에서 나는 새로운 경험을 얻어나갔다. 그리고 이런 경험들은 서로 연결되어 각각 다른 멘토들로부터 각각의 다른 시기에 배운 내용을 모두 융합해 행동으로 옮길 수 있게 되었다. 멘토의 수를 늘려가고 지식을 더 많이 쌓아갈수록 퍼즐의 모든 조각들이 한곳으로 모여 새로운 방식으로 작품을 만들어가는 것 같아 보였다.

내 지식과 경험은 내 모든 멘토들로부터 배운 지식과 나의 지식 그리고 재능을 모두 합친 것이라고 할 수 있다. 우리 인생에는 많은 부분들이 있다. 그래서 어느 날 갑자기 자신의 모습이 어떤 부분들의 전체 합보다 더 큰 유기적인 존재라는 것을 깨닫게 된다. 생각과 아이디어의 집합 그 이상인 것이다. 그 생각과 아이디어를 현실에 적용했을 때 나타나는 시너지 효과가 바로 우리들이다. 점차 성장하여 결국 멘토보다 더 큰 존재가 될 것이며 어느 날 멘토가 자신이 가르친 것보다 더 많이 성장했다고 말한다면 그의 진실성이 진정 드러났다고 봐도 좋다.

나는 여전히 멘토들에게 의존한다

■ □ ■

새로운 멘토를 찾는 것을 절대로 멈추어서는 안 되며 새로운 것을 배우는 과정도 멈추어서는 곤란하다. 2006년 무렵 나는 하비 린치를 만났다. 하비는 정말 아는 것이 많은 사람이었다. 그는 라디오 분야에서 누구에게도 뒤지지 않는 배경을 갖고 있다. 그는 그가 맡았던 미 전역으로 방송되는 라디오 프로그램의 진행자 자리를 톰 조이너에게 물려주고 나서 수년간 국제적 사업가로서의 면모를 보여왔다. 미국과 남아프리카, 짐바브웨, 스와질란드를 비롯한 여타 아프리카 대륙의 나라들 그리고 영국, 독일, 벨기에 등의 유럽 국가들을 무대로 사업을 펼쳤다. 그는 주로 석유와 가스 산업 분야의 공급자로서 활동했다.

하비는 아프리카와 유럽을 비롯한 해외 사업장으로부터 파이프를 가져다가 이를 각 부품이 작동하는 데 필요한, 상상 가능한 모든 형태로 조작한다. 로프, 파이프, 다른 제품들, 즉 구멍이 있는 모든 것들에 딱 들어맞도록 말이다. 하비는 석유와 가스 산업 분야에서 몇 안 되는 흑인 비즈니스 오너 중 하나였고 자신이 갖고 있는 그 지식과 경험의 이점들을 다음 세대에 넘겨주길 원했다. 그는 흑인이나 모든 소수 인종들에게 대규모 산업 분야에서 성공하는 방법을 보여줄 수 있도록 특히 젊은 롤모델을 발굴하길 원했다. 하비는 그래서 인터넷에서 '흑인 CEO'라는 말로 검색을 했고, 내 이름을 발견했다고 한다.

하비는 나를 말 그대로 수제자로 삼았다. 그는 내게 "이 산업에서 내가 알고 있는 모든 것을 자네에게 넘겨줄 생각이네. 내가 사업을 시작할 때 내게 기회가 주어졌고, 그 기회가 이제 자네 앞에 있네. 그건 바로 흑인과 미국 내 소수민족들의 이미지를 바꾸고 그들에게 성공이 충분히 가능하다는 새로운 비전을 심어줄 기회야"라고 말했다. 하비와 만난 이후 나도 그와 똑같은 비전을 가졌다.

하비는 큰 그림을 볼 줄 알았다. 그건 단순히 돈을 얼마나 벌 수 있을까에 관련된 것은 아니었다. 그는 잠재력을 볼 줄 알았고 돈보다 훨씬 더 큰 이유들을 찾아냈다. 그는 우리가 성공하면 어떤 인종이든 막론하고 젊은이들이 자신의 재능과 꿈에 대해서 보다 향상된 시선을 갖게 될 것임을 잘 알고 있었다. 우리는 고센에너지라는 시티캐피털 그룹의 자회사를 새로이 만들었다. 그리고 하비는 폐허가 된 부동산을 사들이는 것과 비슷한 방식으로 내가 첫 번째 천연가스 계약을 체결하게끔 도와주었다. 멕시코 만에 유동 굴착 장치가 있었는데 2004년의 허리케인 카트리나로 인해 크게 손실을 입은 상태였다. 그것은 4800만 달러 정도의 가치를 가진 가스 생산 정유 시설이었다. 80억 큐빅피트의 천연가스 비축지였던 것이다. 80억. 나는 그 말만으로도 좋았다. 그 생산시설이 다시 풀가동될 수 있도록 하기 위해서 우리가 해야 할 일은 새로운 기계를 구비하는 것이었다. 이전의 압축기가 완전히 닳았기 때문이었다. 압축기는 그 정유시설이 수지가 맞을 만큼 충분한 가스를 뽑아내지 못하고 있었으며, 일련의 투자자들은 펌프와 플랫폼을 복구해서 스피드를 원래 상태로 돌려놓는 것보다는 바로 현금을 뽑아내길 원했다.

우리는 약 60만 배럴의 원유를 비축할 수 있다고 추정되는 유정도 사들였다. 이는 약 380억 달러의 가치가 있는 것이었다. 믿을 수 없는 일이었다. 이 과정에서 다른 멘토들의 지식을 다 이용했지만 계약을 체결하기 위해서 내 지갑에서 직접 현금을 꺼내 써본 적은 없다. 투자자들의 현금과 주식을 합쳐서, 그 거래는 거의 하룻밤 만에 체결되었다.

하지만 내 멘토는 이미 이보다 훨씬 더 큰 무언가를 위해 문을 열어주고 있었다. 그건 바로 바이오 연료였다. 석유와 가스를 채굴하기 위한 계약을 체결함과 거의 동시에 우리는 그 영역에서 빠져나와 바이오 연료를 개발하는 데 초점을 맞추기 시작했던 것이다.

에탄올에 대해 들어봤을 텐데, 이는 주로 옥수수나 콩에서 생산되는 것이다. 하지만 이런 작물보다 에이커당 더 많은 기름을 생산해낼 수 있는 수천 가지의 다른 작물이 있는데 이들은 시장에 반영되지 않았다. 더 많은 에탄올을 생산하고자 하는 거대한 흐름이 있음에도 불구하고 이 책을 쓰는 동안에도 뉴스에서는 이런 작물에 의존하고 있는 다른 식품들, 이를 테면 달걀이나 고기 등의 가격을 치솟게 하는지에 대해 초점을 맞춘 보고들이 잇따랐다.

우리는 고센에너지를 끌어들여 바이오 디젤과 그 밖에 다른 연료를 생산하고자 하는 우리의 계획을 정중히 받아들일 준비를 하고 있는 커뮤니티를 찾았다. 이는 살 만한 주택을 바라는 도시들을 찾았던 부동산 개발 사업과 맥을 같이하는 일이었다. 모든 사람들은 자신들이 구입할 수 있는 수준의 연료를 원하며 재생 가능 연료는 환경적으로 안전한 방식으로 이 필요를 채울 수 있도록 도와주었다. 또한 이는 외국산 석유의 지배력을 낮추는 데 도움을 줄 수 있는데, 모든 사람들이 다른 나라의 자원에 덜 의존할 수 있게 되기를 바라던 때였다.

각 주의 대표자들은 내게 전화를 걸어왔고, 심지어 다른 나라의 지도자들조차 내게 연락을 해서 우리 회사를 유치하기 위해 필요한 땅과 여타의 인센티브를 제공하겠다고 말했다. 나는 이 기회야말로 내가 우리 회사를 놓고 꿈꾸던 미래의 모습이라는 것을 깨달았다. 나는 여러 부동산 프로젝트를 놓고 몇 채의 집을 공급하는 데 드는 시간과 비용을 계산해보았다. 이 계산치를 수백만 갤런의 원유를 지속적으로 생산하는 공정을 만드는 과정의 상대적 용이성과 비교해보았더니, 이는 경쟁이 되지 않는 게임이었다. 이것은 고센에너지 및 시티캐피털 사가 장기간의 수입을 확보하는 데 확실히 도움이 되었다. 나는 우리 회사가 기울이는 노력을 가다듬고 재조정하여 우리에게 접근한 시와 계약을 맺는 동시에 우리 회사가 소유한 땅의 실질적인 개발을 맡아줄 부동산 분야의 파트너를 찾았다.

이 책이 다 쓰일 무렵이면 나는 시티캐피털사의 전환을 거의 다 마쳤을 것이다. 우리는 이미 바이오 에너지라는 새로운 영역으로 진입하고 있으며 내년 안에 바이오 에너지가 우리 그룹의 주요 사업이 되게 만들 것이다.

하비 린치와 같은 멘토를 만나는 것이 인생의 전망 그리고 비즈니스의 미래까지도 바꿀 수 있다는 것은 말할 필요도 없을 것이다. 하비는 나를 찾아와주었지만, 대개의 멘토들은 아마도 당신이 편하게 만날 수 있는 사람인지도 모르며 당신이 도움을 청하기만을 기다리고 있는 주변의 그 누구인지도 모른다. 그러나 제대로 연구하고 조사할 시간을 내지 않고 다가간다면, 그리고 당신 역시 뭔가를 줄 수 있다는 마음으로 접근하지 않으면 결코 그를 찾을 수 없을 것이다.

궁극적인 유산: 불멸

■ □ ■

멘토들이 바로 당신을 통해 자신이 갖고 있는 가장 큰 꿈의 실현 가능성을 가늠하고 있다는 것을 알겠는가? 그것은 바로 불멸성의 가치이다. 물론 그 어떤 것도 우리를 죽지 않는 존재로 만들지는 못한다. 하지만 그 비슷하게 갈 수는 있다. 후계자를 그의 유산으로 삼는 것이다.

앞에서 말했듯이 멘토의 자녀 그리고 가족은 그들의 진정한 가치를 몰라주고 아마도 그다지 신경 쓰지 않을 것이다. 단지 자신의 아버지 혹은 어머니나 누이, 형제, 삼촌이나 이모로서 사랑할 뿐이다. 만약 당신이 멘티가 되어 그들을 알게 된다면 가족보다도 더 그를 친밀하게 파악할 수 있다. 그들은 인생의 진리를 당신에게 전달해주고 싶어한다. 여기에서 멘토링이 왜 그렇게 큰 힘이 있는지 알 수 있을 것이다. 진정한 멘토와 함께하고 있다면 그들은 결코 당신에게서 뭔가를 얻으려고 하지 않는다. 그들은 주고자 한다.

"그게 너에게 어떤 의미가 있어?"

이는 마치 성화를 다음 주자에게 넘겨주는 것과 같으며 그가 죽더라도 그의 지식은 계속 살아 있는 것을 의미한다.

이 이유 때문에 진정한 멘토라면 뒤로 물러서지 않을 것이며 그들이 얻은 모든 것을 당신에게 나누어주고 싶어할 것이다. 또한 같은 이유 때문에 그들은 당신을 매우 엄하게 다룰 것이다. 쓸데없는 이야기는 듣지 않을 것이며 변명도 받아들이지 않을 것이다. 진정한 멘토라면 당신이 진지하지 않고, 그들의 시간만 낭비하고 있다는 생각이 들며, 경주에서 최선을 다해 뛰고 있다는 느낌을 받지 못한다면 그 즉시 등을 돌려버릴 수도 있다. 그 이유는 그들이 결국 원하는 것은 우승자이지 '우승자가 되고 싶은 사람'이 아니기 때문이다.

■■■ 당신이 해야 할 일은 그저 챔피언이 되고 싶어하는 겁니다. 승리자, 그리고 인생에서의 승리. 여러분은 그렇게 하고 있습니까?

당신에게 정말 그런 꿈이 있다면 스스로 멘토를 찾아 그들과 관계를 맺도록 하라. 그리고 필요한 모든 것을 하고 그들에게서 배운 지식을 먼저 활용하라. 실수를 하기도 할 것이며 정말 어려운 경험을 하게 될 수도 있다. 그러나 이 모든 과정을 홀로 하게 되었을 때 겪을 어려움에 비하면 아무것도 아니다. 왜냐하면 경험하지 못한 것은 결코 알 수 없기 때문이다. 이 장의 앞부분에서 말한 것처럼 나에게는 멘토 없이 사업을 한다는 것은 마치 자살행위와도 같다. 그들은 이미 그 사업을 경험해보았으며 다 이루어본 사람들이고 당신이 여태껏 소유했던 티셔츠보다 훨씬 더 많은 티를 가져보기도 하고 버리기도 했으며 태워보기도 했다. 그러니 당신이 필요한 그 멘토를 찾기 위해서 필요한 일은 무엇이든지 해야 한다.

Create

크리에이트 석세스

Success

패배자의 말에
귀를 닫아라

7

만약 내가 여태껏 했던 모든 일은 쉽기만 했으며 아무 문제 없이 순조로웠다고 말한다면 그건 거짓말일 것이다. 당신이 무슨 일을 하기로 결정했든 그 과정에는 반드시 장애물이 있다. 더 안 좋은 것은 무슨 일을 하든지 간에 항상 당신의 의지를 꺾으려는 일련의 무리가 있으리라는 사실이다. 그게 잘못된 사랑의 발현이든, 질투이든 혹은 정말 완전히 못된 성질 때문이든 간에 그들은 당신이 하는 모든 일은 잘못되었다. 주장을 할 것이다.

그 말을 하는 사람이 당신의 베스트 프렌드일 수도 있고 부모님이나 배우자일 수도 있으며 학교를 함께 다니던 친구 혹은 당신이 고용한 종업원일 수도 있다. 이런 사람들은 거의 자동적으로 자신이 훨씬 더 좋은 답안을 갖고 있다고 생각한다. 하지만 대개 이들의 충고는 결국 내 계획을, 그것이 무엇이든 하지 말라는 것이다. 그들은 당신에게 타이밍이 안 좋고, 입지도 좋지 않으며, 이름이 엉망이고, 로고는 형편

없으며, 제품은 터무니없고, 아무도 그 물건을 사지 않을 것이라고 이야기한다.

하지만 스스로에 대해 의심하지 않는다면 이들의 말은 그 자체로는 전혀 힘이 없다. 그들은 당신의 꿈을 위아래로 흔들어놓고 잘 만들어진 계획을 무산시키려 할 테지만, 당신은 그들의 말을 듣지 않고 무시해야 한다. 그들이 말이 아무리 훌륭하게 들려도, 그 의미가 깊은 것이라고 하더라도 그 부정성은 당신을 다치게 할 뿐이다.

부정적인 참견꾼들이 시끄럽게 말을 하려고 할 때마다 명심해야 할 것이 두 가지 있다. 첫째는 먼저 그들의 자질에 관한 것이다. 그들이 충고를 하려 할 때마다 이런 질문을 던져라.

- 그들이 당신이 하려고 하는 일에 근접하기라도 한 일을 실제로 이룬 적이 있는가?
- 자신들이 직접 경험을 하긴 했던가?
- 그 분야에서 그들이 전문가로 활동하고 있나?

99퍼센트는 '아니요'일 것이다. 그들은 단지 피상적인 지식만을 가지고 모든 것을 안다고 말하는 그런 종류의 사람들이며, 단지 그 지식만으로도 누군가에게 충고를 해줄 만큼 전문가라고 믿고 있을 뿐이다.

그 사업 분야에 대해서 흠잡을 데가 없는 학위나 두 말할 필요 없는 경험을 갖고 있는 것이 아니라면 그 충고들은 실제로 가치가 없다고 봐도 무방하다. 심지어 그들이 비슷한 분야에서 어떤 일을 했다고 할지라도 그들이 하는 말은 전혀 중요하지 않다.

두 번째로 물어야 할 질문들은 훨씬 더 중요한 것이다. 이는 부정적 참견꾼들의 목적과 관련되어 있다.

- 그들은 어디에서 온 사람들인가?
- 저 충고의 뒤에는 어떤 배경이 있는가? 이를테면 배우자는 당신에게 리스크를 지지 말라고 이야기할 수 있는데, 왜냐하면 당신이 가정의 재정적 지원을 담당해야 하기 때문이다. 이때 배우자는 사실상 현재 상황을 그대로 유지하는 데에 자신의 이익이 달려 있는 셈이다. 하지만 불행히도 당신이 기회를 잡지 않는다면 결코 전진할 수 없다. 그리고 기존의 일을 계속 반복해서 하면서 행복하다고 느끼지 않을 가능성이 매우 높다. 이런 경우에는 배우자에게 나를 믿고 꿈을 찾기 위한 투쟁을 지지해달라고 부탁해야 할 것이다.
- 다른 문제가 얽혀 있는 것이 아닐까? 당신이 그 사업에 진출하지 않거나 아예 실패하는 것이 그들에게 더 큰 이득을 가져다주는 것이 아닐까? 한 번도 성공해보지 못한 친구는 당신 역시 성공하지 않았으면 하고 바랄 수도 있다. 그들은 결코 그렇게 말하지 않겠지만 마음속 아주 깊은 곳에서는 당신이 계속 그 상태에 머물렀으면 하고 바라는 것이다. 그래야만 자신의 세계가 지금 자신이 원하는 방식으로 그대로 유지되기 때문이다.

이런 이슈들이 꼭 돈과 연결되지는 않는다는 점을 명심하라. 이유는 매우 감정적인 것이 될 수도 있다. 어떤 사람들은 당신에 대해 고정적인 이미지를 갖고 있길 원한다. 그들은 당신을 그저 학교에 다니고 직장에 다니면서, 일상을 벗어나는 어떤 일도 하지 않는 사람으로 그리고 있을 수도 있다. 그들은 당신의 진정한 잠재력에 대해서는 전혀 모르기 때문에 사업가로서는 자질이 부족하다고 함부로 말할 수도 있다. 토머스 에디슨을 산만하고 혼란스러운 아이라고 보았던 그 선생님처럼 그들은 당신이 할 수 있는 것에 대해서는 아는 바가 전혀 없을 수도 있다. 한편 멘토 후보자로 만났는데 반대를 하는 사람이라면 어떨까? 그 역시 자신만의 이유를 가지고 있는 셈이다. 그는 정말 진정 걱정하는 마음으로 당신 역시 같은 운명에 처하지 않기를 바랐을 수도 있다. 그들처럼 당신도 망해서 그만둘 수도 있기 때문에 그 새로운 모험을 시작하지 말라고 강하게 이야기한 것일 수도 있다. 혹은 당신이 성공할 수 있을 것처럼 느껴져서 자신의 실패에 대해 만들어놨던 온갖 변명들이 힘을 잃는 것이 싫었을 수도 있다. 당신이 그들에게 말할 수 있는 것은 그저 "그때는 그때이고 지금은 지금입니다"라는 말뿐이다. 당신은 실패한 그와는 다른 비즈니스 계획을 세운 완전히 다른 사람이며, 그들이 실패했다고 해서 당신 역시 실패해야 한다고 결정되어 있는 것이 아니다.

자신이 원하는 것을 얻기 위한 여정에서 부정적인 참견꾼으로 가득한 바다를 힘들게 건너지 않아도 되었던 사업가는 아마도 이 지구상에 한 명도 없었을 것이다. 부정적인 말이 갖고 있는 가장 핵심적인 문제는 이 말들이 목표에 품고 있는 주의력을 흩어버릴 수 있다는 점

이다. 또한 자신감을 흔들 수도 있으며 스스로에 대해 다시 생각하게
하여 이 꿈이 비생산적인 것이 아닐까 반문하게 만들 수도 있다.

　이런 패배자들과 징징거리는 사람들의 말을 듣기 시작하면 정말 위
험하다. 내가 다시 말할 필요도 없이 그런 말들이 어떤 결과를 낳을지
이미 알고 있을 것이다. 이건 그리 간단한 문제가 아니다. 단 두 가지
자질만이 이런 일이 일어나는 것을 막을 수 있다. 강인함과 바로 집중
이다.

　나에게는 내가 하려는 일을 비판하고 우습게 생각하는 친구들과 친
척들에게 강인한 모습을 보여주는 것이 그리 어려운 일은 아니다. 지
난 인생에서 나는 늘 그래왔기 때문이다. 부정적인 말을 하면 나는 그
냥 털어버리고 다른 사람에게로 가서 다른 피드백을 듣는다. 어떤 사
람들은 아주 조그마한 비판이라도 들으면 그들의 가능성이 닫혀버리
는 것 같다고 이야기한다. 그들은 '거절'이라고 생각되는 어떠한 것도
해결하지 못한다. 하지만 이를 처리하도록 하라. 오히려 이런 일들을
미리 기대하고 환영하는 마음으로 받아들여라. 거절당하는 것은 괴로
운 일이라고 생각하겠지만, 대부분의 경우 그 거절하는 말의 이면에
는 어떤 것이 숨어 있다(그래서 이런 것들을 미리 간파하기 위해 위의 질문
항목들을 제시한 것이다).

　하지만 사랑하고 아끼는 사람들, 또 당신을 사랑하고 걱정하는 사
람들에 대해서도 단호한 태도를 유지한다는 것은, 특히 그들의 말이
오로지 당신을 위한 것일 때는 단호해지기가 쉽지 않다. 대개 그들의
충고는 "네가 더 높은 곳으로 올라가려고 하면 더 심하게 다치게 될

거야" 류의 항목으로 분류된다. 그 말도 주의를 기울일 만한 가치가 있을지도 모르므로 그들의 이야기도 그냥 들어주도록 하라. 그 사람들은 적어도 그 정도 대우를 받을 만한 가치가 있다.

다만 당신의 꿈과 목표 그리고 비전을 이루는 데 전혀 도움이 되지 않는 끊임없는 토론거리의 주인 없는 대상이 되지 않도록 주의하라. 이런 말들은 결코 유쾌하지 않은 과거의 실패를 떠올리게 할 수도 있다. 이런 가운데에서도 단호하고 흔들리지 않는 입장을 취하는 것이 중요하다. 강인한 자세를 가지고 이 모든 부정적인 이야기가 시작되기 전에 손을 들어 그 이야기를 막도록 하라. 스스로 떨치고 일어나 진지한 태도로 친구와 친척들에게 정말로 그들이 당신을 사랑하고 생각한다면 그런 식으로 부정성과 비판의 대상으로 삼지는 말아달고 말하라. 그들이 걱정해주는 것을 감사하게 생각하고, 만약 그들이 정말 구체적인 안건과 제안을 가지고 있다면 존중하여 그 말을 들어보라. 그러나 더 확실히 해야 할 것은 성공하기로 마음을 굳게 먹고 스스로의 목표와 수단을 지켜갈 것이라는 마음가짐을 갖는 것이다.

집중하라. 성공을 위한 과정에서 버틸 수 있는 근원적인 힘은 집중을 통해서 찾을 수 있다. 목표에 집중하고, 우리가 이전에 나누었던 이야기를 명심하라. 그 목표는 살아 있는 것이어야 한다. 살아 있게 만들고 심장이 뛰게 만들며 그것을 느껴라. 목표는 당신이 나서서 잡아주기를 기다리고 있는 매우 실제적인 것이다. 목표는 당신만의 것이기도 하다. 그 목표를 이루는 과정에서 모든 사람들의 의견을 다 묵살할 필요는 없으며 사람들을 혐오하거나 미워하는 사람이 될 필요도 전혀 없다. 또한 얼간이가 될 필요도, 불법적인 행동이나 비도덕적인 행동을 해야 할 이유도 없다. 다만 집중하라. 그것이 성공을 위해 가는 과정에서 만날 수밖에 없는 모든 위기와 불과 같은 위험 그리고 수많은 구멍들 사이에서 자신의 힘을 새롭게 하고 큰 그림을 생동감 있게 유지시켜줄 수 있는 하나의 요소이다.

항상 집중하고 있는 것은 결코 쉽지 않은 일이다. 크고 작은 일의 시작과 끝, 어려움과 장애물을 처리하고 다루는 일은 모두 집중력을 필요로 하며 이 모든 어려운 상황 속에서 계속해서 믿음을 유지하는 것은 정말 진이 빠지는 일이다. 목표를 달성하기 위해서 항상 신체적으로나 정서적으로 준비된 마음으로 전장에 나가고 자신의 꿈이 이뤄진다는 것을 믿어라.

때로는 사랑하는 사람들을 피해 다녀야 하는 시점이 올 수도 있다. 정말 슬픈 일이긴 하지만, 더 나은 세상으로 나아가는 과정에서 전혀 움직이고 싶어하지 않는 사람들을 뒤에 두고 떠나는 일은 충분히 생길 수 있는 일이다. 성공하고 난 후에 그들을 리드할 수 있을지는 모르지만, 속담에 나온 것처럼 그들을 올가미로 묶어 끌고 올 수는 없는 노릇이다. 정말 진실된 사람들이라면 그들은 여전히 당신을 사랑하고 아낄 것이다. 진실된 친구들이라면 화를 내거나 분노하지 않고 결국에는 당신의 결정을 받아들여 훗날 성공을 함께 축하해줄 것이다. 그렇게 하지 못하는 사람들이라면 이때 자신의 본색을 드러낼 것이며, 대부분의 경우 그런 관계는 상처만 남긴다. 그러나 결국 선택은 그들 자신의 것이다. 당신은 목표를 향해 나아가겠다는 결정을 내렸다. 당신은 진정한 성공은 자신 안에 있으며 내부의 자기 마음으로부터만 그 성공을 만들어갈 수 있다는 것을 깨달은 사람이다.

에필로그: 더 큰 꿈을 꾸어라

한번은 내 멘토들 중 한 사람이 내게 테드 터너와 터너 방송국에 대해 이야기해준 적이 있다. 테드의 아버지는 돌아가실 때 그에게 수백만 달러와 이 충고를 남겼다고 한다.

"네가 일생을 걸쳐서 다 이룰 수 없을 만큼 큰 꿈을 꾸어라."

내가 이 책을 통해 여러분과 함께 계속 이야기했듯이 이기적인 이유로 인해 성공하겠다고 마음먹었다면 그것은 정말 진실된 성공이라고 보기 어렵다. 진정한 성공은 개인의 인생과 가족들 그리고 공동체까지 일으켜 세워준다. 진정한 성공은 가진 것을 나누어주는 것이며 다른 사람들을 위한 다리를 놓아주는 것이다. 진정한 성공은 받는 것이 아니라 주는 것에 관한 긍정적인 변화의 유산을 남겨주는 것이다.

꿈을 꾸고 싶은가? 그렇다면 아주 큰 꿈을 꾸기 바란다! 이 책을 쓸 수 있도록 큰 도움을 준 에머슨 브랜틀리를 떠올릴 때 내가 감사하는 것은 그가 내 비전으로 인해 압도되지 않았다는 점이다. 사실 그는 그 꿈을 나만큼 크게 보았다. 나는 원래 수백만 달러를 버는 회사를 세우고 싶었다. 그런데 에머슨은 내게 최소 1억 달러 규모의 회사를 추진하지 않는다면 단지 시간을 낭비하는 것일 뿐이라는 말을 했다. 나는 민자 회사를 만들어 매매하고자 했는데 이렇게 하면 보통 3~5배 정도의 수익을 거둘 수 있다. 그런데 그는 내게 왜 상장회사를 만들어 그보다 훨씬 더 큰 수익을 얻지 않느냐고 말했다. 하긴 나는 항상 상장회사를 만들고자 하는 꿈이 있었지만 매일 회사를 경영한다는 전쟁 같은 일상 속에서 꿈에 대한 기대치 자체가 낮아졌던 것이다.

당신의 꿈은 얼마나 큰가

대부분의 사람들은 자신의 꿈을 스스로 제한하고 있다. 자신의 꿈이 꽤 크다고 생각하더라도 그 꿈을 더 키워라. 만약 첫해에 1000명의 고객을 확보하고 싶다면 이를 1만 명 혹은 10만 명으로 늘리도록 하라. 만약 정말 거대한 성공을 꿈꾼다면 그냥 그럭저럭 할 수 있는 일을 계획할 때보다 더 앞으로 나아갈 확률이 높아진다. 오래된 속담에서 말하지 않는가!

■■■ 별들을 목표로 하고 나아가서 달에 가서 닿는 것이 달을 목표로 해서 헛간에 닿는 것보다 낫다.

앞일은 정말 모르는 것이다. 당신이 무엇을 할 수 있는지 또 얼마나 자랄 수 있는지에 대한 보수적인 추정치에 왜 스스로를 제한하는가? 거기서 머물지 말고 앞으로 나아가라!

보수적인 추정치는 손익분기점을 계산하는 데만 그 실효성이 있을 뿐이다. 또한 손해와 이익이 같아진다는 것은 단지 '제로'를 의미할 뿐이다. 여태껏 투자한 비용은 뽑아냈지만 아직 돈은 전혀 벌지 못했다는 것이다. 최악의 시나리오들 가운데 그나마 나은 것이며 최상으로 가는 시나리오 중에서는 아직 최악의 지점에서 머물러 있는 것이다. 또한 일종의 평균치라고 볼 수 있다. 당신은 그 평균치를 훨씬 더 뛰어넘어야 한다. 이미 당신은 내면에 성공의 씨앗을 가지고 있다. 단 하나의 진정한 한계는 당신이 받아들이는 그것뿐이다.

이 세상에는 현재 체결되는 계약들보다는 훨씬 더 많은 자본이 있다는 말을 한 것을 기억하는가? 에머슨이 내게 설명해준 이유는 이러하다. 대부분의 사람들은 은행원이나 친구들에게 자신의 거래에 대해서 이야기할 때 의기소침해지는 경향이 있다고 한다. 그래서 자신의 비즈니스 계약의 폭을 줄여서 '그럭저럭 버틸 만큼'의 정도로만 설명한다. 문제는 자신의 목표를 낮춤으로써 스스로의 입지마저 낮추게 된다는 점이다. 진지하게 업무를 처리하는 대출업 종사자들은 신청자가 설정한 '보수적인' 추정치를 보고는 이들이 멀리까지 내다보고 있지 않다고 생각할 것이다. 즉 중소 수준의 사업체만을 원한다고 생각하게 된다. 하지만 만약 전혀 예상하지 못했던 일이 발생한다면 어떻게 할 것인가? 머피의 법칙이 휩쓸고 지나가고 어려운 시기를 맞으면 이를 견뎌낼 힘이 이들 업체에게 있겠는가? 어려운 시기나 전혀 예상하지 못한 일이 생길 때 이를 대비해 비축한 '자본금'은 어디 있단 말인가.

그러니 대출업자들도 큰 그림을 보고 싶어하는 것이다. 만약 당신이 100만 달러만 필요하다면 은행에 가서는 500만 혹은 1000만이라고 과감하게 숫자를 불러라. 그리고 그 돈을 당신 계획을 이루려는 데 어떻게 활용할 것인지에 대해서 구체적으로 설명하라. 상대방에게 당신의 비전과 꿈을 펼쳐 보여라.

원하는 것이 무엇인가
■ □ ■

사업체에 대한 비전과 꿈을 갖고 있는 것은 매우 중요하다. 하지만 당신이 일생 동안 꾸려갈 관계, 결혼생활 그리고 가족생활의 경영 계획은? 다른 사람들에게 나누어주기 위해서, '받기 전에 선불로 무엇인가를 나누어주기' 위해서 당신이 세우고 있는 계획은 무엇인가? 이런 목표들에 대해서도 크게 생각하고 생각의 범위를 넓혀라. 나는 아프리카에 대한 사명을 더 많이 감당하길 원했는데 이건 단지 의료 구호 용품을 제공하는 일에 멈추는 것이 아니었다. 나는 그들의 마을과 온 나라를 바꿀 수 있기를 원했다. 또한 이들 국가들에 바이오 연료를 제공하고 싶었으며 그 밖의 다른 자원도 공급하여 그 나라 시민들이 자족할 수 있게 되기를 꿈꾸었다. 우리가 이미 이야기를 나누었듯이 나는 내 꿈을 더욱더 키우고 있는 셈이다. 이제 우리 회사는 이곳의 거대한 농장에서는 수백 명의 사람들에게 직업을 제공하고, 지방의 농부들이 우리의 바이오 연료 생산으로부터 나오는 부산물을 가축의 사료나 농장의 비료로 사용할 수 있게 하고 있다.

나는 더 많은 도시와 주 정부 그리고 국가와의 협력 관계를 넓혀갈 계획이다. 하나님께서 내게 주신 재능과 성공의 경험을 활용해서 마을들이 자족할 수 있게끔 도와주고 각 가족들이 살아남기 위해서 가축이나 말라비틀어진 경작지에 의존하지 않게끔 할 것이다. 그래서 가족과 1년 이상이나 떨어져 지내면서 정유 시설이나 다이아몬드 광산에서 일해야 할 필요가 없도록 말이다. 나는 이런 거대한 꿈을 갖고 있다. 당신의 꿈은 무엇인가? 그 꿈을 더욱 크게 만드는 것을 주저하지 말기 바란다.

나는 성공하기 훨씬 전부터 꿈을 꾸기 시작했다

■ □ ■

마음을 열고 걱정은 그만하자. 스스로를 믿기 바란다. "이렇다면 어떨까?"라는 가정을 반복해서 해보고 마음속에 떠오르는 것들을 종이 위에 적어가라. 꿈을 꾸는 것은 공짜이다. 처음부터 모든 구체적인 세부 계획을 세울 필요는 없다. 먼저 인생에서 하고자 하는 일에 대해 그림을 그렸다면 그다음에 이 책에서 말한 내용들을 실천하는 단계를 밟도록 하라. 우선순위를 매기고, 각 항목의 가치를 평가하고, 실행을 위한 스케줄을 세운 다음 처음 단계를 밟기 시작하라. 두려움을 대면하고, 변명은 그만두자. 안전지대에서 걸어 나왔다는 느낌을 즐길 수 있게 되길 바란다. 멘토를 찾도록 하라. 이 일을 시작하는 데는 나이가 너무 많은 사람도, 너무 적은 사람도 있을 수 없다. 당신의 인생이고 당신의 꿈이 달려 있다. 그 꿈을 향해 나아가라.

당신에게 이 말을 남기고자 한다. 스스로 자기 안에서 위대한 것을 찾아내기로 마음먹어라. 앞으로 무슨 일이 생기든 성공할 때까지 그 물결을 당당히 헤쳐 나가라. 그리고 다른 사람의 인생을 바꾸기 위해 그 경험을 이용하라. 큰 꿈을 꾸고 그 꿈에 다리와 발을 달아 움직일 수 있게 하라. 다음 세대가 당신을 존경할 수 있도록 당당한 리더가 되어 그들에게 유산을 남겨주어라. 큰 꿈을 꾸어라. 그리고 더 중요한 것은 이 모든 성공은 오직 당신의 내면에서만 발견될 수 있다는 것이다.